솔로몬의 어머니
밧세바와
아브라함의 조카
롯

**신학을 전공한 정신과 의사의
성경인물 이야기, 네 번째**

솔로몬의 어머니
밧세바와
아브라함의 조카
롯

지은이 | 최관호
표지 디자인 | 한영애
펴낸이 | 원성삼
펴낸곳 | 예영커뮤니케이션
초판 1쇄 발행 | 2024년 7월 5일
등록일 | 1992년 3월 1일 제2-1349호
주소 | 03128 서울시 종로구 대학로3길 29, 313호 (연지동, 한국교회100주년기념관)
전화 | (02) 766-8931
팩스 | (02) 766-8934
이메일 | jeyoung@chol.com
ISBN 979-11-89887-82-7 (03230)

값 18,000원

모든 인간은 하나님의 형상을 닮은 존귀한 존재입니다. 사람은 인종, 민족, 피부색,
문화, 언어에 관계없이 모두 다 존귀합니다. 예영커뮤니케이션은 이러한 정신에 근
거해 모든 인간이 존귀한 삶을 사는 데 필요한 지식과 문화를 예수 그리스도의 사랑으로 보급
함으로써 우리가 속한 사회에 기여하고자 합니다.

신학을 전공한 정신과 의사의
성경인물 이야기, 네 번째

솔로몬의 어머니
밧세바와

아브라함의 조카
롯

최관호 지음

두 인물 내면에 깊이 새겨진 각각의 '상처',
'마음의 흉터'가 자녀에게 끼친 영향을 추적하다!
'믿음의 다음 세대'를 위해서 무엇을 피해야 하는가?

예영

Bathsheba & Lot

차 례

서문   6

1부   솔로몬의 어머니 밧세바

밧세바는 범죄의 피해자인가 아니면 협조자인가?   ● 16

우리아의 아내, 밧세바   ● 41

수넴 여자 아비삭, 왕이 잠자리는 같이하지 아니하였더라   ● 65

밧세바는 다윗을 사랑했을까?   ● 92

다윗이 밧세바를 사랑한 이유   ● 129

2부   아브라함의 조카 롯

롯의 심리적 부모, 아브라함과 사라   ● 178

마음의 상처, 서운함   ● 200

전형적인 소돔의 여인, 롯의 두 딸   ● 225

양육 가설   ● 256

서문

상처는 흔적을 남긴다. 몸에 남은 흉터는 지난 세월을 되새기게 한다. 하지만 눈에 보이는 흔적보다 더 깊은 상처는 '보이지 않는 곳'에 자리 잡게 마련이다. 그것이 흔히 말하는 '마음의 쓴 뿌리'이든 '트라우마(trauma)'이든 우리는 그 상처에서 쉽게 헤어 나오지 못한다. 하지만 우리는 그 상처로부터 빠져나와야 한다. 물론 쉽지 않은 일이다. 우리 안에 새겨진 상처는 그것으로 끝나지 않는 특성이 있다. 상처는 나와 가장 가까이에 있는 사람들에게 영향을 주는 특징이 있기 때문이다. 문제는 나와 가장 가까이에 있는 사람 대부분이 내가 가장 사랑하는 사람이라는 점이다. 그 결과 우리 안에 내재된 상처는 더 깊이 덧나 우리를 아프게 한다. 아픈 상처를 후벼 판다는 말은 이런 경우를 두고 하는 말일 것이다.

이 책은 성경인물 중 주변부에 있는 사람들의 이야기다. 물론 그들은 다윗과 아브라함 곁에 살았던 인물들이다. 그래서 누구나 들어본 이름들이다.

그러나 교회 역사상 어느 누구도 주목하지 않았던 사람들이다. '병풍과도 같은 배역'이 있다면 이들을 가리키는 것이다. 그러나 '하나님의 형상'은 누구나 동일하다. 누구 하나 소중하지 않은 인생이 없다. 우리 각자는 하나님께서 주신 '우리 인생의 주인공'이다. 우리 각자가 보는 세상에서 우리는 주인공이다. 마찬가지로 '우리아의 아내'로 불리는 '밧세바' 또한 그녀 인생의 주인공이었다. 그리고 솔로몬의 하나밖에 없는 어머니였다. 마찬가지로 '아브라함의 조카'로 불린 '롯' 또한 그의 인생의 주인공이었다. 이 책은 그렇게 '그녀의 그리고 그의 인생의 주인공'이었던 '밧세바와 롯'의 인생을 추적한 결과물이다.

이 책은 '유한한 존재'인 나의 입장에서는 '우연히' 쓰여졌다.[1] 이야기는 이렇게 시작된다. 2023년 여름이 끝나갈 무렵이었다. 내가 사역하는 한국누가회(CMF) 캠퍼스의 학생들이 '2학기 사역을 위한 준비 모임'을 가지자고 했다. 그러면서 '짧은' 설교를 부탁해 왔다. 당연한 요구였다. '2학기 사역을 위한 준비 모임'은 캠퍼스 리더(leader)들 사이에 오갈 의견교환이 중요하다. 평소와 같이 긴 설교는 민폐였다. 그래서 생각했던 것이 '아브라함의 조카, 롯'이었다. 평소 인물 설교를 해오던 나였다. 그러니 성경에 나오는 인물 중, 비중이 작은 인물을 찾다가 생각난 인물이었다. 그렇게 20-30분 정도의 설교 시간을 예상하고 설교문을 쓰기 시작했다. 그리고 약간의 시간이

---

[1] 당연히 하나님의 입장에서 이 책은 하나님께서 정하신 때에 '필연적'으로 쓰여졌다. 이것이 나의 고백이다.

지난 뒤 깨닫게 되었다. 롯이라는 인물에 발을 잘못 들여 놓았다는 생각을
했다. 그래도 한 번에 다룰 수 있을 것이라 생각했다. 하지만 조금의 시간이
더 지난 뒤 다시 깨닫게 되었다. 도저히 한 번에 다룰 수 있는 내용이 아니
었다. 그래서 두 번에 나누어 설교문을 써야겠다고 마음먹었다. 하지만 두
번째 설교문을 쓰면서 또다시 깨닫게 되었다. 한편의 설교문이 더 필요하다
는 생각이 들었다. 그렇게 한편에 또 한편을 더해가다가 깨닫게 되었다. 나
는 '믿음의 다음 세대'를 남기기 위한 교훈을 성경에서 캐내고 있었다.

  '롯 설교문'을 미리 읽어보신 어느 목사님[2]이 내게 이렇게 말씀하셨다.
"이 설교문은 한국 교회를 향한 하나님의 강력한 경고다. 특별히 신실해 보
이는 성도들의 자녀교육에 대한 경고다. 자녀의 신앙교육에 실패하고 있는
모든 성도들의 이야기다. 그리고 어느 누구 하나 자유로울 수 없는 이야기
다." 맨 처음 목사님의 이야기를 들었을 때는 그렇게 크게 와닿지 않았다.
하지만 목사님의 두 번째 방문을 받고, 그분의 고뇌에 찬 얼굴 표정을 접하
고 나서 설교문을 다시 살펴보게 되었다. 그리고 이 문제가 간단한 문제가
아님을 깨닫게 되었다.

     [6]소돔과 고모라 성을 멸망하기로 정하여 재가 되게 하사 후세에 경건하
     지 아니할 자들에게 본을 삼으셨으며 [7]**무법한 자들의 음란한 행실로 말**
     미암아 고통당하는 의로운 롯을 건지셨으니 [8](이는 이 의인이 그들 중에

---

2   그분은 나를 한국누가회(CMF) 간사로 양육하신 분이셨다.

거하여 날마다 저 불법한 행실을 보고 들음으로 그 의로운 심령이 상함이라) ⁹주께서 경건한 자는 시험에서 건지실 줄 아시고 불의한 자는 형벌 아래에 두어 심판 날까지 지키시며(베드로후서 2:6-9)

아브라함의 조카 롯은 '의인(義人)'이었으며 '경건한 자'였다. 물론, 성경에서 어떤 인물을 향하여 '의인(義人)'이라고 할 때는 '상대적(相對的)인 의(義)'를 의미한다. '절대적(絕對的)인 의(義)'는 오직 하나님께만 돌려진다. 그럼에도 불구하고, 롯은 의인이라고 불리던 인물이었다. 그런데 그의 자손들은 '하나님의 원수'가 되었다. 즉 롯은 '의인(義人)'이었으나 그의 자손들은 '저주받은 족속'이 되었다.

암몬 사람과 모압 사람은 여호와의 총회에 들어오지 못하리니 그들에게 속한 자는 십 대뿐 아니라 영원히 여호와의 총회에 들어오지 못하리라 (신명기 23:3)

도대체 어떻게 살면 '호부견자(虎父犬子)'가 나올까? 도대체 어떻게 하면 '경건한 자의 자녀'가 '저주받은 하나님의 원수'가 되는 것일까? 롯 그에게는 무슨 일이 있었기에 그의 자손들은 '여호와의 총회'에 들어오지 못하게 되었을까? 비로소 나는 롯 이야기 가운데 숨겨져 있는 '신앙의 대물림'에 대한 경고를 보게 되었다. 이때 비로소 나는 '아브라함의 조카, 롯' 인물 설교를 하게 된 것이 '하나님의 이끄심'이었음을 또렷이 깨닫게 되었다. '신앙의 대물림'에 대해 좀 더 자세히 다룰 필요가 생긴 것이다.

비로소 나는 '솔로몬의 어머니 밧세바와 아브라함의 조카 롯' 양쪽 모두에 공통된 질문을 던질 수 있게 되었다. "사람의 인격과 가치관은 어떻게 형성되는가?" "인간의 성격[3]은 어떻게 만들어지는가?" 지난 세기 인류는 이 질문에 대한 답을 이렇게 정리했다. "사람의 인격은 유전과 환경이 만나 형성된다."

그리고 지난 세기 많은 학자들은 두 요소 중 '변화시킬 수 없는 유전'을 제외한 '환경'에 관심을 집중했다. 이미 주어진 '유전'을 바꾸는 것은 불가능하니, '우리의 능력과 노력으로 바꿀 수 있을 것 같은 환경'에 집중하겠다는 시도였다. 그 과정에서 주요하게 부각(浮刻)된 지점이 바로 '양육(養育)'이었다. 쉽게 말해 좋은 양육 환경을 제공하는 훌륭한 부모 밑에서는 훌륭한 인격을 가진 아이들이 성장하고, 그렇지 못한 부모 밑에서는 사회에 해악(害惡)을 끼치는 아이들이 성장한다는 가설이 성립되었다. 그 결과 사회에 해악을 끼친 범죄에 대한 '책임자(責任者)들'을 쉽게 지목할 수 있게 되었다. 사회에 해악을 끼친 범죄자의 부모는 '죄인(罪人)'이 되었다. 동시에 훌륭한 인물의 부모에게는 찬사(讚辭)가 이어졌다. 이것이 바로 '양육 가설'[4]이다.

그런데 모압과 암몬의 조상, 롯은 의인(義人)이었다. 집권 말기 우상에 빠진 솔로몬의 아버지는 다윗이었다.

---

3 인성(人性)
4 '가설'이라는 명칭은 그것이 전부가 아니라는 말이다. 이 부분은 이 책 본문에서 자세히 다루었다.

⁹솔로몬이 마음을 돌려 이스라엘의 하나님 여호와를 떠나므로 여호와께서 그에게 진노하시니라 **여호와께서 일찍이 두 번이나 그에게 나타나시고** ¹⁰**이 일에 대하여 명령하사 다른 신을 따르지 말라 하셨으나** 그가 여호와의 명령을 지키지 않았으므로(열왕기상 11:9-10)

솔로몬은 하나님께서 직접 두 번이나 그를 만나 우상숭배에서 돌이킬 것을 명령하셨지만 듣지 않았다. 그런데 그의 아버지 다윗은 "하나님의 마음에 맞는 사람"이었다. 그의 계보를 통해 '우리 주 예수 그리스도'께서 이 땅에 오셨다.

²¹그 후에 그들이 왕을 구하거늘 하나님이 베냐민 지파 사람 기스의 아들 사울을 사십 년간 주셨다가 ²²폐하시고 다윗을 왕으로 세우시고 증언하여 이르시되 **내가 이새의 아들 다윗을 만나니 내 마음에 맞는 사람이라 내 뜻을 다 이루리라** 하시더니 ²³하나님이 약속하신 대로 **이 사람의 후손에서 이스라엘을 위하여 구주를 세우셨으니 곧 예수라**(사도행전 13:21-23)

도대체 무슨 일이 있었기에 이러한 일이 일어나게 되었을까? 나는 비로소 '밧세바와 룻' 두 인물 각각의 '상처'에 주목하게 되었다. 그들의 상처가 '자녀 양육(子女 養育)'에 끼친 영향을 추적하게 되었다. 그들 내면에 깊이 새겨진 '마음의 흉터'가 그들로 끝나지 않고 자녀에게 영향을 준 통로를 추적하게 되었다. 이 책을 다 읽은 뒤, 독자들은 자녀교육과 연관된 많은 사실을

깨닫게 될 것이다. '믿음의 다음 세대'를 위해서는 무엇을 피해야 하는지 알
게 될 것이다.

　이 책을 읽는 독자는 깊은 감정의 소용돌이에 휩싸이게 될 것이다. 이렇
게까지 집요하게 한 인물의 상처를 추적할 필요가 있을까? 라는 생각이 들
것이다. 하지만 이러한 작업은 반드시 필요하다. 그래야 지금 이 순간 우리
가 우리의 상처에서 헤어 나올 수 있기 때문이다. 아니, 그럴 수 있기를 바
라는 마음에서 나는 '밧세바와 롯의 마음에 새겨진 상처'를 추적했다. 우리
안에 새겨진 상처가 우리 자신으로 끝나기를 바라는 마음으로 '밧세바와 롯
의 상처'를 추적했다. 그리하여 우리 안에 새겨진 '마음의 흉터'가 우리로 끝
나기를 희망했다. 우리 각자의 상처가 우리 대(代)에서 끝나기를 바랬다. 그
리하여 우리의 사랑하는 자녀 세대에게는 그루터기에 새순이 돋아나듯이
아름다운 믿음이 열매 맺기를 기도했다. 이것이 전혀 어울릴 것 같지 않은
두 인물이 한 책으로 묶인 계기다.

　이 책은 처음 글이 쓰여진 순서와는 반대로 밧세바로부터 시작된다. 그
렇게 순서를 바꾼 이유는 간단하다. 이 책의 내용은 모두 내가 사역하는 한
국누가회(CMF) 캠퍼스에서 선포된 설교다. 쉽게 말해, '청중의 반응'을 확인
한 내용들이다. 그런데 '솔로몬의 어머니, 밧세바' 설교에 대한 반응이 뜨거
웠다. 예상치 못한 반응이었다. 설교를 마치고 나오는 나를 잡고 "다음 주
설교문은 언제 완성되냐?"면서 성화였다. 나를 통해 선포되는 설교를 듣는
지체들이 항상 하는 말이 있다. "간사님 설교를 들으면서 조는 것은 정말 힘

든 일이지요." 하지만, 밧세바 설교는 그런 수준을 완전히 뛰어넘는 것이었다. 20년 가까이 설교한 설교자로서 이런 경험은 처음이었다. 출판을 결심한 뒤, 밧세바와 롯의 설교문을 가만히 보면서 생각했다. '순서를 바꾸어도 흐름에 큰 문제가 없겠는데?'

그렇게 전혀 어울리지 않는 두 인물이 '믿음의 다음 세대'를 위한 명목으로 묶여 세상에 나오게 되었다. '솔로몬의 어머니 밧세바와 아브라함의 조카 롯', 두 인물의 상처를 추적한 이 작업이 오늘날 우리 한국 교회에 '믿음의 다음 세대'를 위한 소중한 발판이 되기를 기도하며 네 번째 책을 세상에 내보낸다.

1부

—·◦¿◦·—

솔로몬의 어머니
밧세바

밧세바는 범죄의 피해자인가
아니면 협조자인가?

[26]여드레를 지나서 제자들이 다시 집 안에 있을 때에 도마도 함께 있고 문들이 닫혔는데 예수께서 오사 가운데 서서 이르시되 너희에게 평강이 있을지어다 하시고 [27]도마에게 이르시되 네 손가락을 이리 내밀어 내 손을 보고 네 손을 내밀어 내 옆구리에 넣어 보라 **그리하여 믿음 없는 자가 되지 말고 믿는 자가 되라** [28]도마가 대답하여 이르되 나의 주님이시요 나의 하나님이시니이다 [29]예수께서 이르시되 **너는 나를 본 고로 믿느냐 보지 못하고 믿는 자들은 복되도다** 하시니라(요한복음 20:26-29)

믿지 않는 가족에게 전도하는 과정에서, 이런 말을 들어본 독자들이 있을 것이다. "하나님이 지금 내 눈앞에 나타나 믿으라고 하면 믿겠다." 억지를 부리는 그의 말대로 하나님께서 나타나신다면 믿을까? 아니, 믿지 않을 확률이 더 높다. 하나님을 직접 보면 믿는다? 사람이라는 존재는 그런 존재가 아니다. 출애굽 당시, 만나를 먹었던 이스라엘 백성들이 하나님의 말씀에 순종했던가? 그렇지 않다. 하늘에서 매일 먹을 것이 내렸는데도 말이다. 그런 점에서, 부활하신 예수님께서 하셨던 말씀이 맞다. 직접 눈으로 하나님을 보지 못했음에도 믿는 자가 복되다.

같은 맥락으로, 성경에는 하나님께서 두 번이나 직접 나타나 명령하셨음에도 불구하고 끝까지 우상숭배를 고집했던 왕이 나온다. 그의 이름은 다윗의 아들 '솔로몬'이다.

> [9]솔로몬이 마음을 돌려 이스라엘의 하나님 여호와를 떠나므로 여호와께서 그에게 진노하시니라 **여호와께서 일찍이 두 번이나 그에게 나타나시고** [10]**이 일에 대하여 명령하사 다른 신을 따르지 말라 하셨으나** 그가 여호와의 명령을 지키지 않았으므로(열왕기상 11:9-10)

어떻게 이런 일이 벌어진 것일까? 그 이유에 대해 성경은 이렇게 설명하고 있다.

> [1]**솔로몬 왕이 바로의 딸 외에 이방의 많은 여인을 사랑하였으니** 곧 모압과 암몬과 에돔과 시돈과 헷 여인이라 [2]여호와께서 일찍이 이 여러 백성에 대하여 이스라엘 자손에게 말씀하시기를 너희는 그들과 서로 통혼하지 말며 그들도 너희와 서로 통혼하게 하지 말라 그들이 반드시 너희의 마음을 돌려 그들의 신들을 따르게 하리라 하셨으나 솔로몬이 그들을 사랑하였더라 [3]왕은 후궁이 칠백 명이요 첩이 삼백 명이라 **그의 여인들이 왕의 마음을 돌아서게 하였더라** [4]솔로몬의 나이가 많을 때에 **그의 여**

인들이 그의 마음을 돌려 다른 신들을 따르게 하였으므로 왕의 마음이
그의 아버지 다윗의 마음과 같지 아니하여 그의 하나님 여호와 앞에 온
전하지 못하였으니 ^{5}이는 시돈 사람의 여신 아스다롯을 따르고 암몬 사
람의 가증한 밀곰을 따름이라(열왕기상 11:1-5)

일의 시작은 솔로몬의 '외교 정책'에 있었다. 솔로몬은 정략결혼을 통하
여 국가의 안정을 꾀했다. 그리고 솔로몬의 이러한 정책은 표면적으로 볼
때 성공한 것으로 보였다.[1] 적어도 그의 집권 초기에는 그러했다. 하지만 이
것이 '함정'이었다. 처음에는 '정치적 이익'을 위해 했던 결혼이었다. 하지만
사람의 마음이라는 것이 그렇게 간단하지 않다. 매일 살과 얼굴을 마주하고
마음을 나누다 보면 정이 들게 마련이다. 정치적 목적으로 시작한 결혼이었
지만, 솔로몬은 결국 바로의 딸과 많은 이방 여인들을 사랑하게 되었다. 그
수가 후궁이 칠백 명이요, 첩이 삼백 명이었다고 성경은 증언하고 있다. 결
국, 그 여인들이 왕의 마음을 하나님으로부터 돌아서게 하였다. 그녀들이
고국에서 가져온 우상들을 따르게 하였다. 그런데 그러한 '솔로몬'은 다름
아닌 '다윗의 아들'이었다.

^{21}그 후에 그들이 왕을 구하거늘 하나님이 베냐민 지파 사람 기스의 아
들 사울을 사십 년간 주셨다가 ^{22}폐하시고 다윗을 왕으로 세우시고 증

---

1 "전에 애굽 왕 바로가 올라와서 게셀을 탈취하여 불사르고 그 성읍에 사는 가나안 사람을 죽이
고 그 성읍을 자기 딸 솔로몬의 아내에게 예물로 주었더니"(열왕기상 9:16).

언하여 이르시되 **내가 이새의 아들 다윗을 만나니 내 마음에 맞는 사람
이라 내 뜻을 다 이루리라** 하시더니 [23]하나님이 약속하신 대로 **이 사람
의 후손에서 이스라엘을 위하여 구주를 세우셨으니 곧 예수라**(사도행전
13:21-23)

　다윗은 "하나님의 마음에 맞는 사람"이었다. 하나님께서 '직접 하신 말씀'
이다. 개역한글 번역은 다윗을 향하여 '내 마음에 합한 사람'이라고 기록하
고 있다.[2] 성경에 기록된 인물 중, '하나님의 벗'이라 칭(稱)함을 받았던 아브
라함[3] 외에 이보다 더한 극찬(極讚)이 있을까? "이 사람의 후손에서 이스라
엘을 위하여 구주를 세우셨으니 곧 예수라." 더군다나 이러한 다윗의 후손
으로 예수께서 오셨다. 우리를 구원하러 오셨다. 그런 다윗의 아들이 마음
을 돌려 이스라엘의 하나님 여호와를 떠났다. '롯의 후손인 모압과 암몬의
신들'을 섬기고 그 앞에 분향하며 제사했다.[4] 성경은 그 이유를 이렇게 설명
한다. 솔로몬이 그의 이방 여인들을 위하여 그런 일을 했다고 고발한다. 다
윗의 아들이 '하나님의 대적(對敵)인 모압과 암몬의 신들'을 섬겼다. 직접 유
대인들에게 물어본 적은 없지만, 솔로몬은 유대인들이 가장 싫어하는 왕 중

2　"폐하시고 다윗을 왕으로 세우시고 증거하여 가라사대 내가 이새의 아들 다윗을 만나니 **내 마
음에 합한 사람이라 내 뜻을 다 이루게 하리라 하시더니**"(사도행전 13:22, 개역한글).

3　"이에 성경에 이른 바 **아브라함**이 하나님을 믿으니 이것을 의로 여기셨다는 말씀이 이루어졌
고 그는 **하나님의 벗**이라 칭함을 받았나니"(야고보서 2:23).

4　"[6]솔로몬이 여호와의 눈앞에서 악을 행하여 그의 아버지 다윗이 여호와를 온전히 따름 같이 따
르지 아니하고 [7]모압의 가증한 그모스를 위하여 예루살렘 앞 산에 산당을 지었고 또 암몬 자손
의 가증한 몰록을 위하여 그와 같이 하였으며 [8]그가 또 그의 이방 여인들을 위하여 다 그와 같
이 한지라 그들이 자기의 신들에게 분향하며 제사하였더라"(열왕기상 11:6-8).

하나라고 전해진다. 그도 그럴 것이, 솔로몬의 실정(失政)과 불신앙(不信仰)으로 말미암아 '통일왕조였던 이스라엘'은 '북방 이스라엘'과 '남방 유다'로 분열되고 말았기 때문이다.[5]

2부에서 다루게 될 '의인 롯'의 딸들에 이어 '하나님의 마음에 맞는 사람 다윗'의 아들까지 ⋯ 도대체 솔로몬 그에게는 무슨 일이 있었던 것일까? 무엇이 문제였을까? 의대생 시절 들었던 말이 있다. "의사는 의학서적을 통해 만들어지는 것이 아니다. 의사는 의사와 의사 사이에서 오랜 세월을 지내는 가운데 되는 것이다. 많은 선배 의사들과 동료 의사들 사이에서 오랜 시간을 함께하다 보면, 나도 모르게 되어 있는 것이 의사다. 그러므로 가장 중요한 것은 아무리 힘들고 어려워도 도망가지 않고, 그 자리에서 버티는 것이다." 사람의 '성품과 가치관을 만드는 환경'에 대해 이보다 좋은 설명이 있을까? 결국, 솔로몬은 그가 선택한 '이방 여인'이라는 '또래 집단'[6]을 따르게 되었다. 그녀들을 닮게 되었다. 이러한 '집단의 힘'이 얼마나 강한지는 따로 설명할 필요가 없을 것이다.

5　"[11]여호와께서 솔로몬에게 말씀하시되 **네게 이러한 일이 있었고 또 네가 내 언약과 내가 네게 명령한 법도를 지키지 아니하였으니** 내가 반드시 이 나라를 네게서 빼앗아 네 신하에게 주리라 [12]그러나 네 아버지 다윗을 위하여 네 세대에는 이 일을 행하지 아니하고 네 아들의 손에서 빼앗으려니와 [13]오직 내가 이 나라를 다 빼앗지 아니하고 내 종 다윗과 내가 택한 예루살렘을 위하여 한 지파를 네 아들에게 주리라 하셨더라"(열왕기상 11:11-13).

6　서문에서도 밝혔듯이, 이 책은 '롯과 밧세바의 순서를 바꾸어 출판했다. 즉 사람의 '성품과 가치관을 만드는 환경'에서 가장 중요한 것이 '또래 집단'이라는 사실은 2부에 좀 더 자세히 설명되어 있다.

이 책 2부에서 다루겠지만, 한 사람의 성장 과정에 가장 큰 영향을 주는 환경은 '또래 집단'이다. 쉽게 말해, 그가 '일상적으로 어울리는 사람들'이 '그를 만드는 환경'이 된다. 여기에서 한 가지 사실을 짚고 넘어가자면 이렇다. '또래 집단'이라 하면 '비슷한 나이 또래'를 의미한다. 그런 점에서 '일상적으로 어울리는 사람들'은 엄밀히 말해 '또래 집단'과는 구별된다. 그러나 나는 이 책에서 '일상적으로 어울리는 사람들'과 '또래 집단'을 구별하지 않았다. 이렇게 한 이유는 근대(近代) 이후 현재 우리가 살고 있는 환경 때문이다. 인류가 본격적으로 공교육(公敎育)을 시작한 것은 공화국(共和國)의 형성 이후다. 즉 공교육이 시작된 이후, 한 사람의 성장 과정에서 '일상적으로 어울리는 사람들'과 '또래 집단'은 대부분의 경우 겹치게 되었다.

그러나, 이전 시대는 그렇지 않았다. 즉 성경에 나오는 인물들의 성장 과정에 영향을 준 사람들은 지금의 '또래 집단'과는 차이가 있었다. 오히려 성경에 나오는 인물들의 성장에 영향을 준 인물들은 나이대가 다른 주변 사람들이었다. 그럼에도 불구하고, '또래 집단'이라는 단어를 '주변 사람들'과 구별하지 않고 쓴 이유는 이러하다. 성경인물들의 삶을 통해 얻은 교훈을 적용해야 하는 시대가 지금이기 때문이다. '일상적으로 어울리는 사람들'과 '또래 집단'이 구별되지 않는 지금이기 때문이다. 즉 솔로몬이 '일상적으로 어울렸던 사람들'과 '또래 집단'은 서로 어긋나 보일 수 있으나, 나는 이 둘을 구별하지 않을 것이다.

어찌 되었든, 근대 이후에는 공교육을 통해 '같은 연령(年齡)'의 아이들이 '또래 집단'을 형성했다. 시간이 흘러 지금의 대한민국은 '학원 친구'가 그 역할을 하는 것 같다. 이러한 '또래 집단'은 성인기에 들어간 뒤에는 '그 연령

(年齡)이 확장되는 '경향'이 있다. 의대생을 기준으로 설명하자면 이와 같다. 의대 졸업 후 '인턴 레지던트 트레이닝(training)'을 위해 들어간 '의국(醫局)'에서 어떤 선배 의사를 만나느냐가 환자를 대하는 그의 태도를 결정한다. 권위적인 선배 의사 밑에서 '트레이닝(training)' 받는 경우, 그는 자신도 모르는 사이에 권위적인 의사가 되고 만다. 환자의 눈높이에서 친절한 태도가 몸에 밴 선배 의사를 만나는 경우, 자신도 모르는 사이에 그 모습을 닮게 된다. 즉 사람에게 가장 영향력 있는 환경은 그를 둘러싼 사람이다. 그런 점에서, 나를 둘러싼 사람들의 모습은 '미래의 나'다.

그렇다면, 다윗의 아들 솔로몬은 어린 시절 누구에게 둘러싸여 있었을까? 우선 솔로몬은 성장 과정 내내 '왕의 식탁'에 함께했을 것이다. 특별한 일이 없는 한, 다윗과 함께 식사했을 것이다. 그리고 그 자리에는 '다윗의 아들딸들'이 함께했을 것이다.[7] 또한, '다윗의 중요한 신하들' 또한 그 자리

---

7 "¹다윗이 이르되 사울의 집에 아직도 남은 사람이 있느냐 내가 요나단으로 말미암아 그 사람에게 은총을 베풀리라 하니라 ²사울의 집에는 종 한 사람이 있으니 그의 이름은 시바라 그를 다윗의 앞으로 부르매 왕이 그에게 말하되 네가 시바냐 하니 이르되 당신의 종이니이다 하니라 ³왕이 이르되 사울의 집에 아직도 남은 사람이 없느냐 내가 그 사람에게 하나님의 은총을 베풀고자 하노라 하니 시바가 왕께 아뢰되 **요나단의 아들 하나가 있는데 다리 저는 자니이다** 하니라 ⁴왕이 그에게 말하되 그가 어디 있느냐 하니 시바가 왕께 아뢰되 로드발 암미엘의 아들 마길의 집에 있나이다 하니라 ⁵다윗 왕이 사람을 보내어 로드발 암미엘의 아들 마길의 집에서 그를 데려오니 ⁶사울의 손자 요나단의 아들 므비보셋이 다윗에게 나아와 그 앞에 엎드려 절하매 다윗이 이르되 므비보셋이여 하니 그가 이르기를 보소서 당신의 종이니이다 ⁷다윗이 그에게 이르되 무서워하지 말라 내가 반드시 네 아버지 요나단으로 말미암아 네게 은총을 베풀리라 내가 네 할아버지 사울의 모든 밭을 다 네게 도로 주겠고 **또 너는 항상 내 상에서 떡을 먹을지니라** 하니 ⁸그가 절하여 이르되 이 종이 무엇이기에 왕께서 죽은 개 같은 나를 돌아보시나이까 하니라 ⁹왕이 사울의 시종 시바를 불러 그에게 이르되 사울과 그의 온 집에 속한 것은 내가 다 네 주인의 아들에게 주었노니 ¹⁰너와 네 아들들과 네 종들은 그를 위하여 땅을 갈고 거두어

에 함께했을 것이다.[8] 이렇게 다윗의 식탁에 참여하는 사람들이 솔로몬이 '일상적으로 만나게 되는 환경'이었을 것이다. 그러나 솔로몬에게는 이들보다 더 강력한 환경이 있었다. 그것은 그의 어머니 '밧세바'였다.

> 이새는 다윗 왕을 낳으니라 **다윗은 우리야[9]의 아내에게서 솔로몬을 낳고**(마태복음 1:6)

그러니 문제는 여기에 있었다. 솔로몬은 '다윗의 아들'이다. 하지만 동시에 '우리아의 아내 밧세바의 아들'이었다. 비록 '하나님의 마음에 맞는 사람'이었으나, 다윗에게는 '하나님의 마음에 맞지 않는 결정적인 과오(過誤)'가 있었다. 그것은 '헷 사람 우리아의 일'이었다. '우리아의 아내 밧세바'에 관한 일이었다.

> 이는 다윗이 **헷 사람 우리아의 일 외에는** 평생에 여호와 보시기에 정직

네 주인의 아들에게 양식을 대주어 먹게 하라 **그러나 네 주인의 아들 므비보셋은 항상 내 상에서 떡을 먹으리라** 하니라 시바는 아들이 열다섯 명이요 종이 스무 명이라 [11]시바가 왕께 아뢰되 내 주 왕께서 모든 일을 종에게 명령하신 대로 종이 준행하겠나이다 하니라 므비보셋은 왕자 중 하나처럼 왕의 상에서 먹으니라"(사무엘하 9:1-11).

8 "[24]다윗이 들에 숨으니라 초하루가 되매 왕이 앉아 음식을 먹을 때에 [25]왕은 평시와 같이 벽 곁 자기 자리에 앉아 있고 요나단은 서 있고 아브넬은 사울 곁에 앉아 있고 다윗의 자리는 비었더라 [26]그러나 그날에는 사울이 아무 말도 하지 아니하였으니 이는 생각하기를 그에게 무슨 사고가 있어서 부정한가보다 정녕히 부정한가보다 하였음이더니 [27]이튿날 곧 그 달의 둘째 날에도 **다윗의 자리가 여전히 비었으므로** 사울이 그의 아들 요나단에게 묻되 **이새의 아들이 어찌하여 어제와 오늘 식사에 나오지 아니하느냐** 하니"(사무엘상 20:24-27).

9 개역개정 성경 마태복음에는 '우리야'로 표기되었으나, 구약에는 '우리아'로 표기되어 있다. 이 책에서는 '구약의 표기'로 통일하겠다.

하게 행하고 자기에게 명령하신 모든 일을 어기지 아니하였음이라(열왕기상 15:5)

그리고 그런 밧세바는 솔로몬의 어린 시절 '결정적인 환경'이었다. 당연한 일 아닌가? 여러 아내를 둔 왕에게서 태어난 왕자와 공주들은 누구의 손에 키워졌을까? 아버지인 왕의 영향을 많이 받았을까? 아니면 그들을 낳은 어머니의 영향을 많이 받았을까? 따로 설명하지 않아도 되리라 믿는다. 양육의 측면에서 볼 때, 솔로몬은 '다윗의 아들'이기보다는 '밧세바의 아들'이었다. 물론 이런 구분이 낯설어 보일 수 있다. 하지만 내가 지금 무슨 말을 하려는지 모두가 이해했을 것이다. 그런 점에서, 지금부터 나는 '밧세바'에 집중하려 한다. 솔로몬의 어린 시절 '솔로몬을 둘러쌌을 가장 강력한 환경'을 집중적으로 살펴볼 계획이다.

그러면 솔로몬의 생애 초반 '결정적인 환경'이 되었을 밧세바의 삶을 살펴보자.

²저녁 때에 다윗이 그의 침상에서 일어나 왕궁 옥상에서 거닐다가 그곳에서 보니 **한 여인이 목욕을 하는데 심히 아름다워 보이는지라** ³다윗이 사람을 보내 그 여인을 알아보게 하였더니 그가 아뢰되 그는 엘리암의 딸이요 헷 사람 우리아의 아내 밧세바가 아니니이까 하니 ⁴다윗이 전령을 보내어 그 여자를 자기에게로 데려오게 하고 **그 여자가 그 부정함을 깨끗하게 하였으므로** 더불어 동침하매 그 여자가 자기 집으로 돌아가니

라 [5]그 여인이 임신하매 사람을 보내 다윗에게 말하여 이르되 내가 임신
하였나이다 하니라(사무엘하 11:2-5)

이전에 나는 밧세바에 대해 부정적인 시선을 가지고 있었다. 특별한 이
유는 없었다. 그냥 내게 밧세바가 '비호감(非好感)'이었다. 어쩌면 내가 가지
고 있었던 '다윗을 향한 애정 어린 시선'이 원인이었을 것이다. '다윗의 삶에
대한 안쓰러운 감정'[10] 때문이었을 것이다. 그냥 막연히 밧세바 그녀가 '허영
심과 과시욕'[11]이 가득하다고 생각했다. 외모가 출중한 동시에 '머리가 비어
있는'[12] 여인으로만 느껴졌었다.

물론 지금은 그렇게 생각하지 않는다. 다윗이 밧세바 그녀의 삶 가운데
들어간 이후, 그녀가 견뎌내야 했을 '고뇌(苦惱)와 아픔'이 느껴질수록 지난
날의 '나의 선입견(先入見)' 때문에 미안한 마음이다.

물론, 이러한 나의 선입견은 나만 가지고 있었던 것이 아니다. 누구나 한
번쯤은 왕을 유혹하기 위해, 왕궁 옥상에서 볼 수 있는 장소에서 목욕했던
한 여인에 대한 이야기를 들어봤을 것이다. 쉽게 말해, 우리가 처음 추적해
야 하는 지점은 바로 이 부분이다. "밧세바 그녀는 다윗이 저지른 범죄의 일

---

10 나는 정말 다윗이 안쓰럽다. 그 이유는 후에 하나님의 은혜로 다윗에 대한 성경인물 설교 기회
　　가 있을 때 밝히겠다. 설교를 듣고 나면, 모두 나와 같은 감정이 될 것이다.

11 지금 와서 돌이켜 보면 뚜렷한 근거는 없었다. 막연히 그렇게 느꼈을 뿐이다. 어떤 사람과 인
　　생에 대해 '막연한 이미지(image)와 느낌'을 근거로 쉽게 예단(豫斷)하는 것의 위험성이 여기에
　　있다.

12 이러한 판단은 '아도니야'와 연관된 열왕기상의 기록 때문이었다. 그러나 이마저도 생각이 많
　　이 바뀌었다. 이 부분은 뒤에서 다루겠다.

방적인 피해자인가? 아니면 범죄의 협조자인가?" 아니 더 나아가 "다윗의 약점을 공략해 그를 넘어뜨린 악녀(惡女)인가?" 혹은 "자신의 허영을 위해 남편을 죽음에 이르게 한 악마(惡魔)인가?"이다.

> [26]**우리아의 아내는 그 남편 우리아가 죽었음을 듣고 그의 남편을 위하여 소리내어 우니라** [27]그 장례를 마치매 다윗이 사람을 보내 그를 왕궁으로 데려오니 그가 그의 아내가 되어 그에게 아들을 낳으니라 **다윗이 행한 그 일이 여호와 보시기에 악하였더라**(사무엘하 11:26-27)

바로 위에 인용한 성경 본문 중, 이전에는 항상 이 구절만 내 눈에 들어왔었다. "장례를 마치매 다윗이 사람을 보내 그를 왕궁으로 데려오니 그가 그의 아내가 되어 그에게 아들을 낳으니라." 밧세바는 남편의 전사(戰死) 소식을 들었을 때, '남편의 죽음'과 '그녀의 임신'이 별개(別個)의 사건이 아님을 알았을 것이다. 물론 물증(物證)은 없었겠지만, 모르는 게 더 이상하지 않은가?

'그렇다면 우리아의 장례 기간은 며칠이었을까? 그런데 그 짧은 장례 기간을 마치고 자신의 남편을 죽인 원수에게로 가서 그의 아내가 되었다고?' 이런 생각이 들자 밧세바의 울음소리가 가증스럽게 들렸다. "우리아의 아내는 그 남편 우리아가 죽었음을 듣고 그의 남편을 위하여 소리내어 우니라."

그러나 이번에는 성경을 펴면서 결심했다. 다윗과 밧세바에 대한 '성경의 평가'를 냉정히 살펴보아야겠다. 나의 선입견(先入見)을 내려놓고, 이 일에

관하여 성경은 다윗과 밧세바 각각을 어떻게 평가하는지 살펴보아야겠다고 마음먹었다. 그러한 결심 후, 내 눈에 들어온 성경 말씀은 이 부분이었다. "다윗이 행한 그 일이 여호와 보시기에 악하였더라." '밧세바는? 이 일은 밧세바 그년이 다윗을 유혹하면서 일어난 난리가 아닌가?' 왜 "다윗과 밧세바가 행한 그 일이 여호와 보시기에 악하였더라"라고 하시지 않았지? 혹시 다윗과 밧세바가 행한 일의 '대표성'이 다윗에게 있어서 그런 것은 아닐까?

좀 더 성경의 증언을 자세히 살펴보기로 했다. 두 번째로 내 눈에 띈 성경 말씀은 이 부분이었다.

> [1]여호와께서 나단을 다윗에게 보내시니 그가 다윗에게 가서 그에게 이르되 한 성읍에 두 사람이 있는데 한 사람은 부하고 한 사람은 가난하니 [2]그 부한 사람은 양과 소가 심히 많으나 [3]가난한 사람은 아무것도 없고 자기가 사서 기르는 작은 암양 새끼 한 마리뿐이라 **그 암양 새끼는 그와 그의 자식과 함께 자라며** 그가 먹는 것을 먹으며 그의 잔으로 마시며 그의 품에 누우므로 그에게는 딸처럼 되었거늘 [4]어떤 행인이 그 부자에게 오매 부자가 자기에게 온 행인을 위하여 자기의 양과 소를 아껴 잡지 아니하고 **가난한 사람의 양 새끼를 빼앗아다가 자기에게 온 사람을 위하여 잡았나이다** 하니(사무엘하 12:1-4)

비유는 현실을 반영하게 마련이다. '나단 선지자'가 '밧세바 사건'[13]과 밧

---

13 이렇게 범죄와 연관된 사건을 칭(稱)하는 경우, 그 '범죄의 피해자의 이름'을 사건 명칭에 넣는

세바의 남편 '우리아의 죽음'에 관하여 다윗을 책망하는 과정에서 '예로 들었던 비유'에서 '암양 새끼'는 밧세바를 가리킴에 틀림이 없다. 그렇다면 '그'는 '우리아'…, 그런데 '그의 자식?', 그렇다면 우리아와 밧세바 사이에 자식이 있었다는 이야기인가? 물론 '암양 새끼'가 주인의 자식을 낳을 리는 없으니 이러한 나의 상상은 억측(臆測)일 가능성이 높다.

당연히 성경에는 '다윗의 강간 사건' 당시 밧세바에게 자녀가 있었다는 기록은 없다. 또한, 교회사에도 정확한 기록을 찾을 수 없었다. 그러나 우리아가 '암몬과의 전쟁에 참전했다는 사실'을 염두에 둘 때, 우리아와 밧세바는 그 시절 최소한 신혼은 아니었을 것이다. 암몬과의 전쟁에 나선 군대는 누가 뭐래도 '언약 백성의 군대'였다. 그러니 결혼한 지 일 년이 채 안 되는 신혼생활 중인 군인이 전쟁에 참전했을 리는 없다.[14] 그리고 성경의 기록으로 볼 때, 밧세바는 다윗과의 관계에서 쉽게 임신이 된다는 사실을 알 수 있다.[15] 그렇다면, 밧세바는 우리아와의 사이에 정말 자녀가 없었을까?

사실 우리아와 밧세바 사이에 자녀가 있었는지 없었는지는 중요한 일이

것은 좋은 선택이 아니다. 범죄와 연관된 사건의 이름에는 반드시 '범죄자의 이름'과 그 '범죄자가 저지른 범죄 행위'가 언급되어야 한다. 그런 점에서, '밧세바 사건'은 '다윗의 강간 사건'으로 바꾸어 명명(命名)하는 것이 옳다. 그러나 '밧세바 사건'은 오랜 시간 교회 역사에서 굳어진 이름이기에 그대로 사용했다.

14 "사람이 새로이 아내를 맞이하였으면 그를 군대로 내보내지 말 것이요 아무 직무도 그에게 맡기지 말 것이며 그는 일 년 동안 한가하게 집에 있으면서 그가 맞이한 아내를 즐겁게 할지니라"(신명기 24:5).

15 "예루살렘에서 그가 낳은 아들들은 이러하니 시므아와 소밥과 나단과 솔로몬 네 사람은 다 암미엘의 딸 밧수아의 소생이요"(역대상 3:5).: '밧수아'와 '밧세바'는 동일 인물이다. 즉 밧세바는 죽은 첫째를 포함해 다윗과의 사이에 다섯 아들을 낳았다. 이 부분은 다음 단원에 자세히 설명해 두었다.

아니다. 다만 나는 그 순간 내가 밧세바에 대해 너무도 아는 것이 없다는 사실을 깨닫게 되었다. 도대체 그동안 나는 밧세바 그녀에 대해 무슨 오해를 하며 살았던 것일까? 비로소 나는 반드시 해야만 했던 질문으로 돌아가게 되었다.

"밧세바 그녀는 다윗이 저지른 범죄의 일방적인 피해자인가? 아니면 범죄의 협조자인가?"

범죄 관련 학자들은, 피해자의 '적극적 소극적 협조'가 필요한 대표적인 범죄로 '사기'를 들곤 한다. 사기라는 범죄는 대부분의 경우[16] '피해자의 마음속에 있는 욕심과 욕망'이 범죄에 협조한 결과라는 것이다. 쉽게 말해, 사기라는 범죄는 마음속에 욕심과 허영이 없는 사람에게는 거의 불가능한 사건이라는 것이다. 나는 비로소 살펴보아야 할 정확한 지점이 보이기 시작했다. **"이 사건은 다윗의 나태와 음욕이 밧세바의 허영을 만나서 이루어진 범죄인가? 아니면 밧세바 그녀는 다윗이 벌인 범죄의 일방적인 피해자인가?"**

적지 않은 수의 한국 교회 성도들은 "밧세바가 다윗을 의도적으로 유혹했다"라는 취지의 설교를 들어본 기억이 있을 것이다. 다른 사람들이 볼 수 있는 장소에서 목욕하는 여인, 동시에 그러한 시선을 은근히 즐기는 여인으

---

[16] '전체'라고 하지 않은 것은 '의도적인 표현'이다. 또한 '다윗의 강간 사건'이 '사기 사건'이라는 의미로 이 이야기를 한 것 또한 아니다. '다윗의 강간 사건과 우리아의 죽음'에 '밧세바의 암묵적 협조 혹은 동의가 있었는지를 살펴보게 되었다는 의미로 인용한 문장이다.

로 밧세바를 묘사하는 글 또한 비교적 쉽게 접할 수 있었을 것이다. 그런 점에서, 이 부분부터 분명히 할 필요가 있다.

물론 성경에 증언된 나단 선지자의 비유에 답은 이미 나와 있다. "가난한 사람의 양 새끼를 빼앗아다가", '빼앗아다가' 무슨 뜻인가? 다윗과 밧세바 사이에 있었던 첫 번째 동침(同寢) 가운데, '밧세바 쪽에서의 의도(意圖) 혹은 의사(意思)'는 전혀 반영되어 있지 않았다는 이야기다. 이 사건의 전 과정에 걸쳐, 오직 '다윗의 강압(强壓)'만이 존재했다는 이야기다. 이제 그 구체적인 정황을 살펴보기로 하자.

성경을 통해 알 수 있는 첫 번째 상황은 '밧세바가 목욕했던 시간대'와 연관된다. "저녁때에 다윗이 그의 침상에서 일어나 왕궁 옥상에서 거닐다가 그곳에서 보니 한 여인이 목욕을 하는데 심히 아름다워 보이는지라." 이러한 성경의 증언으로 볼 때, 밧세바가 목욕했던 시간대는 하루 중 저녁때였다. 그렇다면 왜 밧세바는 저녁때에 남들이 엿볼 수 있는 장소에서 목욕했을까?

나는 다윗 당시의 가옥구조를 먼저 알아보았다. '밧세바 사건' 당시 다윗 성(예루살렘)에 있었던 가옥의 일반적인 구조에 대한 기록이 남아 있었다. 당시 다윗의 왕궁 아래 있었던 가옥의 경우, 보통 4개의 방을 가진 구조로 한 쪽은 지붕이 없었다고 전해진다. 그리고 사람들은 지붕이 없는 그곳에서 음식을 하거나 몸을 씻었다고 한다. 당연한 이야기다. 음식을 조리하는 과정에서 나오는 연기와 몸을 씻는 과정에서 발생했을 습기가 빠져나갈 공간이 필요했을 것이다. 음식을 하거나 몸을 씻는 과정에서 발생하는 습기로 인해 가옥 벽면에 발생할 수도 있었을 곰팡이를 생각한다면, 이러한 일은 당연히 환기가 잘 되는 지붕이 없는 공간을 이용하는 것이 상식이었을 것이다. 비록 그 지역이 건조한 기후라고는 하지만 습기를 없애는 데는 환기보다 좋은 방법이 없었을 것이다. 게다가 당시 주변 환경은 왕궁을 제외하고는 모두 단층 건물이었다. 그러니 일부러 이웃집 여인의 목욕 장면을 엿보려는 불순한 의도를 가진 '찌질한(?)' 남자가 있지 않고서는 '타인의 시선'을 걱정할 필요가 없었다. 결과적으로 여인들이 지붕이 없는 그 공간에서 목욕하는 것은 당연한 일이었다. 동시에 그 당시에 그 지역의 모든 여인들이 하는 행동이었다.

게다가 밧세바가 목욕했던 시간대는 대낮이 아니었다. 저녁때였다. 이 말뜻을 21세기 대한민국의 젊은 세대들은 이해하지 못할 것이다. 지금과 같이 모든 욕실이 밀폐된 동시에 독립된 공간인 시대에는 상상도 못할 일이다. 그러나 나의 어린 시절을 생각할 때, 밧세바의 행동은 너무도 당연한 일이다. 나의 어린 시절, 단독주택의 경우 밀폐된 동시에 독립된 욕실을 가진 집이 거의 존재하지 않았다. 단독주택의 경우, 마당을 지나 집 한쪽 구석 약간 후미진 곳에 '수돗가'라는 공간이 위치했다. 그리고 그 공간이 바로 가족 모두의 목욕 공간이었다. 물론 명절 전에는 연례행사로 대중목욕탕을 찾아 '때'로 인해 두꺼워진 피부를 정상으로 되돌려놓는 대작업(?)을 하던 시절이었다. 대낮에는 손님이나 이웃이 찾아오는 경우[17]가 많았기 때문에 목욕 시

---

17 '마실'을 오는 경우: '마실'을 온다는 것은 그냥 친한 사이에 격식 없이 아무 때나 놀러 오는 경

간은 당연히 저녁 시간대가 되었다. 왜 한밤중에 목욕하지 않느냐고 물을
수 있다. 이유는 간단하다. 그 시절에는 수돗가를 비추는 전등이 흔하지 않
았기 때문이다. 즉 낮에는 타인의 방문 때문에, 한밤중에는 아무것도 보이
지 않기 때문에, 사람들은 모두 저녁 무렵에 젊은 처자들마저도 수돗가에서
목욕했다. 그리고 수돗가에서 물소리가 나는 경우, 그곳에 가지 않는 것은
초등학교 저학년이었던 나도 알고 있었던 상식이었다.

"그 여자가 그 부정함을 깨끗하게 하였으므로 더불어 동침하매", 게다가
밧세바의 목욕은 규례를 따른 것이었다.[18]

결과적으로 이러한 당시의 가옥구조와 율법을 고려하면, 밧세바가 저녁
때에 목욕한 것은 그 시절 모든 여인이 당연히 하는 일인 동시에 규례를 따
른 행위였다. 그런 점에서 밧세바가 남들이 볼 수 있는 공간에서 목욕하며
남편이 전장(戰場)에 나가 '홀로 된 시간의 외로움'을 '은근한 노출'로 풀었다
는 이야기는 '삼류소설'에 불과하다. 왕궁 옥상을 거니는 '다윗을 유혹하기
위해 그 시간에 맞추어 목욕했다는 주장'은 그 근거가 희박해 보인다.[19]

우를 뜻한다.
18 "[19]어떤 여인이 유출을 하되 그의 몸에 그의 유출이 피이면 이레 동안 불결하니 그를 만지는 자
마다 저녁까지 부정할 것이요 [20]그가 불결할 동안에는 그가 누웠던 자리도 다 부정하며 그가
앉았던 자리도 다 부정한즉 [21]그의 침상을 만지는 자는 다 그의 옷을 빨고 **물로 몸을 씻을 것이**
요 저녁까지 부정할 것이며 [22]그가 앉은 자리를 만지는 자도 다 그들의 옷을 빨고 **물로 몸을 씻**
을 것이요 저녁까지 부정할 것이며"(레위기 15:19–22).
19 다윗 당시의 가옥구조를 알기 전까지, 나 또한 이러한 주장에 별다른 이의를 제기하지 못했다.

다윗과 밧세바가 동침하게 된 그날의 상황을 알게 되자, 밧세바에 대한 나의 기존의 관점이 송두리째 흔들리게 되었다.

"밧세바 그녀는 다윗이 저지른 범죄의 일방적인 피해자인가? 아니면 범죄의 협조자인가?"

그렇다. 밧세바는 다윗이 저지른 범죄의 일방적인 피해자였다! 그렇다면 밧세바에 대한 기존의 나의 평가는 전부 뒤집어져야 하는 것이었다. 당연히 만에 하나 밧세바 그녀의 마음 한가운데 허영심이 있었다 한들, 그것은 전혀 문제가 될 일이 아니었다. **이제 나에게는 '범죄의 피해자'로서 '생존'해야만 했던 한 여인의 인생을 추적하는 숙제가 남게 되었다.**

때는 암몬과의 전쟁 시기였다. 다윗과 은혜로운 관계를 유지하고 있었던 암몬에 왕이 바뀌자 일어난 일이었다. 성경의 증언으로 보아, 암몬이 다윗에게 저지른 일은 오해와 두려움 때문에 일어난 실수로 보인다. 아직 국제 정세에 밝지 않은 젊은 왕이 주변 관리들의 충동질에 넘어가 벌인 실책(失策)으로 보인다. 그러나 국가 간에 해서는 안 되는 일이었다.

[1]그 후에 암몬 자손의 왕이 죽고 그의 아들 하눈이 대신하여 왕이 되니 [2]다윗이 이르되 내가 나하스의 아들 하눈에게 은총을 베풀되 그의 아버지가 내게 은총을 베푼 것 같이 하리라 하고 다윗이 그의 신하들을 보내 그의 아버지를 조상하라 하니라 다윗의 신하들이 암몬 자손의 땅에

이르매 ³암몬 자손의 관리들이 그들의 주 하눈에게 말하되 **왕은 다윗이 조객을 당신에게 보낸 것이 왕의 아버지를 공경함인 줄로 여기시나이까 다윗이 그의 신하들을 당신에게 보내 이 성을 엿보고 탐지하여 함락 시키고자 함이 아니니이까** 하니 ⁴이에 **하눈이 다윗의 신하들을 잡아 그들의 수염 절반을 깎고 그들의 의복의 중동볼기까지 자르고 돌려보내매** ⁵사람들이 이 일을 다윗에게 알리니라 그 사람들이 크게 부끄러워하므로 왕이 그들을 맞으러 보내 이르기를 너희는 수염이 자라기까지 여리고에서 머물다가 돌아오라 하니라 ⁶암몬 자손들이 자기들이 다윗에게 미움이 된 줄 알고 암몬 자손들이 사람을 보내 벧르홉 아람 사람과 소바 아람 사람의 보병 이만 명과 마아가 왕과 그의 사람 천 명과 돕 사람 만 이천 명을 고용한지라(사무엘하 10:1-6)

물론, 다윗이 보낸 사신들에게 '암몬 왕과 그의 신하들이 보인 반응'은 전혀 근거가 없는 것은 아니었다.

다윗이 또 모압을 쳐서 그들로 땅에 엎드리게 하고 줄로 재어 그 두 줄 길이의 사람은 죽이고 한 줄 길이의 사람은 살리니 모압 사람들이 다윗의 종들이 되어 조공을 드리니라(사무엘하 8:2)

사무엘하 8장에 나오는 모압은 암몬의 바로 아래 위치한 나라였다. 이 둘은 '아브라함의 조카 롯'의 혈통을 이어받은 국가였다. 그런 점에서 다윗이 모압을 정복했을 때 했던 일은 새로 즉위한 암몬의 젊은 왕에게 위협으로 느껴졌을 것이다. 그러나 분명히 다윗은 암몬에게 화친(和親)의 손을 내밀고 있었다. "내가 나하스의 아들 하눈에게 은총을 베풀되 그의 아버지가 내게 은총을 베푼 것 같이 하리라." 다윗의 이 말을 생각해볼 때, 다윗의 조문(弔問)은 진심이었던 것으로 보인다. 그러므로 암몬의 새로운 왕은 선대(先代) 왕과 다윗 사이에 있었던 선린외교(善隣外交)의 기조를 그대로 이어나가면 될 일이었다.

이 당시 수염은 그 사람의 '인격'을 의미했다. 또한, 긴 수염은 유대인들에게 있어 그 사람의 '권위와 힘'을 뜻했다. 즉 그 사람이 '존귀한 사람'임을 나타내는 표시였다.[20] 게다가 암몬 왕이 했던 행동은 다윗으로 하여금 그가 사울을 피해 도망 다니던 시절 가드 왕 아기스 앞에서 했던 아픈 기억을 떠올리게 했을 것이다. 살기 위해 몸부림쳐야 했던 다윗의 처참한 시절을 떠올리게 했을 것이다.[21]

많은 설교자들이 밧세바 사건을 인용할 때마다 지적하는 지점이 있다. 그것은 다윗이 '왕들이 출전할 때'에 전쟁터에 나가지 않고 나태했다는 것이

---

[20] "¹보라 형제가 연합하여 동거함이 어찌 그리 선하고 아름다운고 ²머리에 있는 보배로운 기름이 수염 곧 아론의 수염에 흘러서 그의 옷깃까지 내림 같고"(시편 133:1-2).

[21] "¹⁰그날에 다윗이 사울을 두려워하여 일어나 도망하여 가드 왕 아기스에게로 가니 ¹¹아기스의 신하들이 아기스에게 말하되 이는 그 땅의 왕 다윗이 아니니이까 무리가 춤추며 이 사람의 일을 노래하여 이르되 사울이 죽인 자는 천천이요 다윗은 만만이로다 하지 아니하였나이까 한지라 ¹²다윗이 이 말을 그의 마음에 두고 가드 왕 아기스를 심히 두려워하여 ¹³그들 앞에서 그의 행동을 변하여 미친 체하고 대문짝에 그적거리며 침을 수염에 흘리매 ¹⁴아기스가 그의 신하에게 이르되 너희도 보거니와 이 사람이 미치광이로다 어찌하여 그를 내게로 데려왔느냐 ¹⁵내게 미치광이가 부족하여서 너희가 이 자를 데려다가 내 앞에서 미친 짓을 하게 하느냐 이 자가 어찌 내 집에 들어오겠느냐 하니라"(사무엘상 21:10-15).

다. 그것이 '밧세바 사건'의 원인이라는 것이다. "저녁때에 다윗이 그의 침상에서 일어나 왕궁 옥상에서 거닐다가", 이분들은 이 구절을 근거로 다윗이 오후 늦게까지 잠을 잤다는 사실을 강조한다. 이 사실을 '다윗의 나태'와 '범죄 가능성'을 연결 짓는 근거로 들곤 한다. 그리고 설교자들의 이러한 지적은 전쟁터에서 예루살렘으로 불려온 '우리아의 충성스러운 태도'와 대조를 이룬다. 그 결과, 이 부분은 '나태에 대한 경고'를 극적으로 표현하는 데 사용된다.

> [1]그 해가 돌아와 왕들이 출전할 때가 되매 다윗이 요압과 그에게 있는 그의 부하들과 온 이스라엘 군대를 보내니 그들이 암몬 자손을 멸하고 랍바를 에워쌌고 **다윗은 예루살렘에 그대로 있더라** [2]**저녁 때에 다윗이 그의 침상에서 일어나 왕궁 옥상에서 거닐다가** 그곳에서 보니 한 여인이 목욕을 하는데 심히 아름다워 보이는지라(사무엘하 11:1-2)

> **그러나 우리아는 집으로 내려가지 아니하고 왕궁 문에서 그의 주의 모든 부하들과 더불어 잔지라**(사무엘하 11:9)

물론 맞는 지적이다. 그러나 밧세바에 대한 시각이 달라진 뒤, 내 눈에는 약간 다른 지점이 보였다. 우리 말에 "부부는 닮는다"라는 속담이 있다. 그런 점에서 볼 때, 어쩌면 성경이 드러내고 싶었던 속마음은 '다윗의 나태'보다는 다른 곳에 있지 않았을까? 밧세바의 남편 우리아를 통해 간접적으로나마 '밧세바의 인성(?) 혹은 그녀의 삶에 대한 자세'를 드러내고 싶었던 것은 아니었을까? 즉 성경은 이 부분에서 '다윗의 나태'보다는 **'우리아와 밧세바의 인성(人性)과 신실한 삶의 자세'**를 강조한 것은 아닐까?

나의 이러한 생각은 '저녁때에 다윗이 그의 침상에서 일어났다.'라는 사실과 연관된다. 무슨 말인가? 전투 병과로 군대에 다녀온 사람들은 한여름이면 의무적으로 자야만 했던 '오침(午寢)'에 대한 기억이 있을 것이다. 군대에서는 기온이 30도를 웃도는 경우, 오후에 2시간 정도 낮잠을 자는 제도가있다. 이유는 간단하다. '전투력 손실'을 막기 위해서이다. 개별 군 병력의 '체력소모'는 곧 '전투력 손실'을 의미한다. 그러한 이유로 군에서는 '폭염(暴炎) 특보'가 발령되는 경우, 경계병을 제외하고는 전 병력에게 취침을 명령한다.

그런데 지구상에는 같은 맥락으로 오침(午寢)을 하는 지역이 있다. 그곳은바로 다윗이 살았던 지역이다. 팔레스타인 지역의 낮잠 문화는 다른 대륙다른 지역에도 잘 알려진 사실이다. 그렇다면 다윗이 저녁때에 그의 침상에서 일어난 것은 거의 모든 설교자가 말하는 '나태'와는 거리가 있는 이야기가 된다. 나태보다는 그 '지역의 기후적 특성'과 연관되었을 가능성이 높다. 또한, 다윗이 저녁에 일어나 왕궁 옥상을 거닐었던 시간은 이러한 오침(午寢)의 기상 시간과도 일치한다. 게다가 다윗은 암몬과의 전쟁에 전혀 출전하지 않았던 것이 아니다. 그런 점에서 나는 성경의 이 본문을 '다윗의 나태'만을 강조하는 근거 구절로 사용하는 것에 약간의 이견(異見)을 가지고 있다. 오히려 성경의 이 부분은 **'우리아와 밧세바의 충성심과 성실한 삶에 대한 태도'**를 드러내는 본문이라는 내 주장이 과연 무리한 발상(發想)일까?

²⁶요압이 암몬 자손의 랍바를 쳐서 그 왕성을 점령하매 ²⁷요압이 전령을 다윗에게 보내 이르되 내가 랍바 곧 물들의 성읍을 쳐서 점령하였으니 ²⁸이제 왕은 그 백성의 남은 군사를 모아 그 성에 맞서 진 치고 이 성읍을 쳐서 점령하소서 내가 이 성읍을 점령하면 이 성읍이 내 이름으로 일컬음을 받을까 두려워하나이다 하니 ²⁹**다윗이 모든 군사를 모아 랍바로 가서 그곳을 쳐서 점령하고** ³⁰**그 왕의 머리에서 보석 박힌 왕관을 가져오니 그 중량이 금 한 달란트라 다윗이 자기의 머리에 쓰니라** 다윗이 또 그 성읍에서 노략한 물건을 무수히 내오고 ³¹그 안에 있는 백성들을 끌어내어 톱질과 써레질과 철도끼질과 벽돌구이를 그들에게 하게 하니라 암몬 자손의 모든 성읍을 이같이 하고 다윗과 모든 백성이 예루살렘으로 돌아가니라(사무엘하 12:26-31)

"다윗이 모든 군사를 모아 랍바로 가서 그곳을 쳐서 점령하고, 그 왕의 머리에서 보석 박힌 왕관을 가져오니 그 중량이 금 한 달란트라. 다윗이 자기의 머리에 쓰니라." 이스라엘의 역사를 연구하는 학자들은 이때부터 '유다와 이스라엘의 왕'이었던 다윗이 '암몬의 왕'으로도 통치권을 가지게 되었다고 증언한다. 그러니 암몬과의 전쟁 내내 다윗이 전쟁에 참여하지 않고 나태했다는 주장은 설득력이 떨어진다.

⁶다윗이 요압에게 기별하여 헷 사람 우리아를 내게 보내라 하매 요압이 우리아를 다윗에게로 보내니 ⁷우리아가 다윗에게 이르매 다윗이 요압의 안부와 군사의 안부와 싸움이 어떠했는지를 묻고 ⁸그가 또 우리아에게

이르되 네 집으로 내려가서 발을 씻으라 하니 우리아가 왕궁에서 나가 매 왕의 음식물이 뒤따라 가니라 [9]그러나 우리아는 집으로 내려가지 아니하고 왕궁 문에서 그의 주의 모든 부하들과 더불어 잔지라 [10]어떤 사람이 다윗에게 아뢰되 우리아가 그의 집으로 내려가지 아니하였나이다 다윗이 우리아에게 이르되 네가 길 갔다가 돌아온 것이 아니냐 어찌하여 네 집으로 내려가지 아니하였느냐 하니 [11]우리아가 다윗에게 아뢰되 **언약궤와 이스라엘과 유다가 야영 중에 있고 내 주 요압과 내 왕의 부하들이 바깥 들에 진 치고 있거늘 내가 어찌 내 집으로 가서 먹고 마시고 내 처와 같이 자리이까 내가 이 일을 행하지 아니하기로 왕의 살아 계심과 왕의 혼의 살아 계심을 두고 맹세하나이다** 하니라 [12]다윗이 우리아에게 이르되 오늘도 여기 있으라 내일은 내가 너를 보내리라 우리아가 그 날에 예루살렘에 머무니라 이튿날 [13]다윗이 그를 불러서 그로 그 앞에서 먹고 마시고 취하게 하니 저녁때에 그가 나가서 그의 주의 부하들과 더불어 침상에 눕고 그의 집으로 내려가지 아니하니라(사무엘하 11:6- 13)

오해하지 않기를 바란다. 나는 밧세바 사건에 '다윗의 나태'가 일정 부분 기여했다는 사실을 부정하는 것이 아니다. 내가 강조하고 싶은 점은 이것이다. 오히려 성경은 이 부분에서 '은연중에 한 가지 사실을 추가로 증언'하고 싶은 것으로 보인다는 것이다. 사무엘하 11장의 시작 부분에 나오는 "다윗의 나태"와 대조를 이루는 "**우리아의 충성스러운 모습에서 우리아와 한 가정을 이루어 삶을 꾸려나가고 있었던 '밧세바의 인성(人性)과 삶의 태도'를**

엿볼 수 있지 않느냐?"라는 문제 제기다.

이번 단원에서 했던 질문은 이것이었다. **"솔로몬의 어린 시절, 솔로몬의 결정적인 환경이 되었을 밧세바 그녀는 다윗이 저지른 범죄의 일방적인 피해자인가? 아니면 범죄의 협조자인가?"** 그리고 이제 이 질문에 대한 답은 명확해졌으리라 믿는다. 그렇다면 '다윗의 강간 사건'의 생존자로서 밧세바 그녀는 이후 어떤 시간을 보내게 되었을지에 대해 다음 단원에서 이어 나가도록 하겠다.

우리아의 아내,
밧세바

솔로몬은 '다윗의 아들'이다. 그러나 솔로몬은 '인성(人性) 형성의 관점'에서 보면 '밧세바의 아들'이다. 다윗은 솔로몬에게 있어서 '그의 어머니를 권력으로 겁탈한 거역할 수 없는 힘'이었을 것이다. 문제는 그런 다윗이 '그의 근원이며 뿌리'였다는 점이다. 이렇게 양립할 수 없는 현실을 받아들이며 생존해야 했을 솔로몬을 생각하면, 초기에는 위대한 왕이었던 그가 왜 후기에는 우상숭배에 빠진 정신없는 왕이 되었는지 가늠할 수 있게 된다. 그런 점에서, 자녀를 양육하는 부모에게 있어서 주의해야 할 점은 자녀를 향한 '이중(二重) 메시지(message)'다. 교회에서는 둘도 없이 좋은 신자이지만, 직장과 가정에서는 세속적인 사람의 자녀가 어떻게 자랄지는 솔로몬을 통하여 알 수 있다.

다시 한번 강조하지만, 솔로몬은 생물학적으로는 '다윗의 아들'이 맞다. 그러나 '인성(人性) 형성의 관점'에서 그는 다윗이 아닌 '밧세바의 아들'이다. 그의 인성(人性)이 형성되는 시기, 그를 둘러싼 가장 믿을 수 있는 환경은 밧세바였을 것이다. 그가 가장 의지해야 할 곳은 밧세바였을 테니 말이다. 그러나 솔로몬 그가 가장 의지해야만 했던 밧세바는 아들을 품을 준비가 되어 있었을까? 모두가 예상할 수 있는 사실이다. 준비는커녕 오히려 어린 솔로몬이 밧세바를 품어야 했을 것이다. 어린 솔로몬은 일찍부터 밧세바 앞에서는 어른처럼 굴어야 하는 아이였을 것이다.

그런 점에서, 이번 단원부터는 '다윗의 강간 사건'의 생존자로서 밧세바의 '심리 상태'를 추적해보려 한다. 제일 먼저 살펴봐야 할 부분은 소위(所謂) 밧세바의 '출신성분(出身成分)'이다.

밧세바는 소위(所謂) '문무(文武)'를 모두 갖춘 집안'의 자손이었다.

> 요압의 아우 아사헬은 **삼십 명 중의 하나요** 또 베들레헴 도도의 아들 엘하난과(사무엘하 23:24)

바로 위에 인용한 성경 구절은 그 유명한 '다윗의 삼십 용사' 명단이 시작되는 부분이다. 바로 이 명단에 '밧세바의 남편과 아빠 그리고 할아버지'의 이름이 등장한다.

> 마아가 사람의 손자 아하스배의 아들 엘리벨렛과 길로 사람 **아히도벨의 아들 엘리암과**(사무엘하 23:34)

아히도벨은 '밧세바의 할아버지'이며 '다윗의 모사(謀士)'였다. 그리고 '다윗의 삼십 용사'였던 엘리암은 '밧세바의 아빠'다.

> **그때에 아히도벨이 베푸는 계략은 사람이 하나님께 물어서 받은 말씀과**
> **같은 것이라** 아히도벨의 모든 계략은 다윗에게나 압살롬에게나 그와 같
> 이 여겨졌더라(사무엘하 16:23)

더군다나 밧세바의 할아버지인 아히도벨은 그렇고 그런 다윗의 여러 모
사(謀士) 중 하나가 아니었다. 다윗 당시, '아히도벨의 계략'은 하나님께 물어
서 받은 말씀과 같았다고 성경은 증언한다. 게다가 '아히도벨의 계략'을 성
경은 아히도벨이 **'베푸는'** 계략이라고 표현하고 있다. 이러한 성경의 표현을
통해서도 우리는 아히도벨이 다윗에게 어떤 존재였는지 쉽게 추측할 수 있
다. 수많은 대적들에게 둘러싸여 죽음의 위기를 끊임없이 넘어온 다윗이었
다. 그러한 다윗의 삶을 생각할 때, 아히도벨은 다윗의 '생명의 은인'이었을
것이다.

> **헷 사람 우리아**라 이상 총수가 삼십칠 명[22]이었더라(사무엘하 23:39)

그리고 밧세바의 남편 우리아는 다윗의 삼십 용사 중 '막내'였던 것으로
보인다. 이유는 간단하다. 성경에 기록된 인물들은 특별한 경우가 아니면

---

22 삼십칠 명이라고 하는 이유는 '다윗의 삼십 용사' 명단 앞에 언급된 '다윗의 삼십 용사'보다 뛰
어난 용사들까지 포함한 숫자이기 때문이다.

'나이순'으로 기록된다. 이때 특별한 경우는 이러하다. 하나님 나라에서 맡은 위치가 독보적이거나 그의 능력이 탁월할 때는 이러한 나이순을 무시하기도 한다. 이러한 사실을 염두에 두고 우리아가 언급된 명단을 살펴보면 이러하다. 우선 '다윗의 삼십 용사' 이전에 '다윗의 삼십 용사'보다 뛰어난 용사들의 이름은 따로 언급되어 있다. 그들의 뛰어남의 순서가 자세히 기록되어 있다.[23] 그러나 '다윗의 삼십 용사'의 경우, 특별한 언급 없이 이름이 나열되어 있다. 이것으로 보아 이들의 능력은 비슷했던 것으로 보인다. 즉 '다윗의 삼십 용사' 그룹(group) 내에서의 기록 순서는 나이 순서였을 것이다.

그렇게 놓고 보면, 엘리암은 '다윗의 삼십 용사' 중 막내였던 우리아에게 딸을 줬다는 이야기가 된다. 이 사실까지 알게 되면, 우리아와 밧세바의 결혼이 이들에게 있어서 얼마나 큰 기쁨이 되었을지 쉽게 예상할 수 있다. 이 둘의 결혼을 두고 다윗의 용사들 사이에 어떤 이야기와 장난 혹은 축복이 오갔을지 눈에 훤할 것이다.

동시에, 우리아가 어떤 '인성(人性)과 삶의 태도'를 소유한 사람이었는지 예측할 수 있다. '다윗의 삼십 용사'들이 사는 세계는 소위(所謂) '남자들의 세계'다. 그것도 삶과 죽음의 경계를 매일 넘나드는 극한(極限)에 처한 '남자들의 세계'다. 그런 세계에서 오랜 세월을 같이한 동료 전사(戰士)가 자신의 딸을 준다는 것이 무엇을 의미하는지 따로 설명해야 할까? 사람이 사는 세상에서, 이보다 더한 보증(保證)이 가능할까? 그런 점에서, 앞 단원 마지막에

---

23 "그는 세 사람 중에 가장 존귀한 자가 아니냐 그가 그들의 우두머리가 되었으나 **그러나 첫 세 사람에게는 미치지 못하였더라**"(사무엘하 23:19).: "**삼십 명보다 존귀하나 그러나 세 사람에게는 미치지 못하였더라** 다윗이 그를 세워 시위대 대장을 삼았더라"(사무엘하 23:23).

언급한 우리아와 밧세바의 '인성(人性)과 삶의 태도'는 '다윗의 나태함'을 드러내는 데 전혀 부족함이 없었을 것이다.

　이러한 배경을 가진 밧세바를 강간하여 임신시킨 것은 바로 다윗이었다. 있을 수 없는 일이 벌어진 것이다. 상상할 수조차 없는 범죄가 일어난 것이었다. 이러한 범죄를 은폐(隱蔽)하려 다윗이 벌인 일은 전쟁터에 있던 우리아를 예루살렘으로 불러들이는 것이있다. 그러나 이러한 다윗의 계획은 '우리아의 충성심'으로 말미암아 실패하고 말았다. 그리고 이러한 '우리아의 충성심'은 그에게 죽음을 가져오고 만다.

　　¹⁴아침이 되매 다윗이 편지를 써서 우리아의 손에 들려 요압에게 보내니 ¹⁵그 편지에 써서 이르기를 **너희가 우리아를 맹렬한 싸움에 앞세워 두고 너희는 뒤로 물러가서 그로 맞아 죽게 하라** 하였더라(사무엘하 11:14-15)

　우리아는 전쟁터에 복귀하면서, 자신의 '사형선고(死刑宣告)'가 담긴 편지를 들고 갔다. 다윗의 편지를 뜯어보지 않고, 요압에게 고이 전해준 그의 '성실함'이 '죽음'으로 돌아왔다.

　다윗에게는 돌이킬 기회가 있었다.

　다윗이 사람을 보내 그 여인을 알아보게 하였더니 그가 아뢰되 **그는 엘**

리암의 딸이요 헷 사람 우리아의 아내 밧세바가 아니니이까 하니(사무엘하 11:3)

다윗이 목욕하던 여인을 알아보라고 보낸 사람이 돌아와서 했던 보고다. "그는 엘리암의 딸이요 헷 사람 우리아의 아내 밧세바가 아니니이까?" 이 말은 다윗의 의중(意中)을 간파(看破)한 신하가 미리 경계(警戒)하여 다윗의 면전(面前)에 대고 직언(直言)을 한 셈이었다. "밧세바 그녀는 당신이 절대로 넘보거나 건드려서는 안 되는 여자입니다!" 그러나 이미 욕정(慾情)에 눈이 먼 다윗은 '죽음을 부르는 범죄'를 향해 거침이 없었다.

¹⁷사울이 다윗에게 이르되 **내 맏딸 메랍을 네게 아내로 주리니 오직 너는 나를 위하여 용기를 내어 여호와의 싸움을 싸우라** 하니 이는 그가 생각하기를 내 손을 그에게 대지 않고 블레셋 사람들의 손을 그에게 대게 하리라 함이라 ¹⁸다윗이 사울에게 이르되 **내가 누구며 이스라엘 중에 내 친족이나 내 아버지의 집이 무엇이기에 내가 왕의 사위가 되리이까** 하였더니 ¹⁹사울의 딸 메랍을 다윗에게 줄 시기에 므홀랏 사람 아드리엘에게 아내로 주었더라 ²⁰사울의 딸 미갈이 다윗을 사랑하매 어떤 사람이 사울에게 알린지라 사울이 그 일을 좋게 여겨 ²¹스스로 이르되 **내가 딸을 그에게 주어서 그에게 올무가 되게 하고 블레셋 사람들의 손으로 그를 치게 하리라** 하고 이에 사울이 다윗에게 이르되 네가 오늘 다시 내 사위가 되리라 하니라(사무엘상 18:17-21).

우리는 우리아를 죽인 다윗의 행위에서 놀라운 점을 발견할 수 있다. 그
것은 '피해자'가 성장해서 '가해자'가 될 수도[24] 있다는 무서운 사실이다. 다
윗이 '암몬 자손의 칼로 우리아를 죽인 일'은 이전에 '사울이 다윗에게 했던
시도'와 동일(同一)하다. 사울이 그의 '맏딸 메랍 뿐 아니라 미갈과의 혼인을
권하면서 다윗에게 했던 일'과 그 의도가 동일하다.

> [6]무리가 돌아올 때 곧 다윗이 블레셋 사람을 죽이고 돌아올 때에 여인들
> 이 이스라엘 모든 성읍에서 나와서 노래하며 춤추며 소고와 경쇠를 가
> 지고 왕 사울을 환영하는데 [7]여인들이 뛰놀며 노래하여 이르되 **사울이**
> **죽인 자는 천천이요 다윗은 만만이로다** 한지라 [8]사울이 그 말에 불쾌하
> 여 심히 노하여 이르되 다윗에게는 만만을 돌리고 내게는 천천만 돌리
> 니 그가 더 얻을 것이 나라 말고 무엇이냐 하고 [9]그날 후로 사울이 다윗
> 을 주목하였더라(사무엘상 18:6-9)

때는 다윗이 골리앗을 죽이고 돌아올 때였다. 다윗이 큰 공을 세우고 돌
아오던 길이었다. 여인들이 이스라엘 모든 성읍에서 나와 노래하고 춤추며
소고와 경쇠를 가지고 환영하는 과정에서 일어난 사건이었다. 문제는 여인
들이 뛰놀며 노래했던 가사였다. 어느 정도 교회를 다닌 세월이 있는 독자
라면 누구나 아는 유명한 가사다. "사울이 죽인 자는 천천이요 다윗은 만만
이로다."

---

24 '된다는'이 아니라 '될 수도'라고 표현한 것은 의도적인 표현이다.

¹²**여호와께서 사울을 떠나 다윗과 함께 계시므로 사울이 그를 두려워한 지라** ¹³그러므로 사울이 그를 자기 곁에서 떠나게 하고 그를 천부장으로 삼으매 그가 백성 앞에 출입하며 ¹⁴다윗이 그의 모든 일을 지혜롭게 행하니라 여호와께서 그와 함께 계시니라 ¹⁵**사울은 다윗이 크게 지혜롭게 행함을 보고 그를 두려워하였으나** ¹⁶온 이스라엘과 유다는 다윗을 사랑하였으니 그가 자기들 앞에 출입하기 때문이었더라(사무엘상 18:12-16)

사울이 다윗을 두려워했던 이유는 하나님께서 다윗과 함께 계셨기 때문이다. 당연히 하나님께서 함께하신 다윗은 모든 것을 지혜롭게 행하게 되었다. 그로 말미암아 온 이스라엘과 유다가 다윗을 사랑하게 되었다. 이러한 상황에서 사울이 했던 제안이 사울의 맏딸 메랍과의 혼인이었다. 물론 사울은 다윗을 사위 삼을 생각이 없었던 것으로 보인다. 사울이 다윗을 진심으로 자신의 가족으로 받아들였다면 어땠을까? 다윗과 자신의 딸 사이에서 태어날 외손주를 설레는 마음으로 기대했다면 사울의 인생은 완전히 달라졌을 것이다. 사울이 다윗을 견제할 목적이 아니라 사랑의 마음으로 이 제안을 했다면, 사울은 다윗과 함께하신 하나님의 울타리 아래 평온한 삶을 누릴 수 있었을 것이다. 그러나 사울은 자신의 딸마저도 '정적을 제거하는 수단'으로 이용하는 데 머뭇거림이 없었다. 사울은 그의 딸을 아내로 주겠다는 명분으로 다윗을 블레셋과의 격렬한 전투에 내보내려 했다. 그렇게 블레셋 사람들의 손을 빌려 다윗을 죽이고자 했다. 그러나 이러한 '사울의 계략'은 '다윗의 겸손' 때문에 실패하고 만다. '우리아의 충성심' 때문에 '다윗의 계략이 실패한 것과 같이 …

> ²³그들과 함께 말할 때에 마침 블레셋 사람의 싸움 돋우는 가드 사람 골리앗이라 하는 자가 그 전열에서 나와서 전과 같은 말을 하매 다윗이 들으니라 … ²⁵이스라엘 사람들이 이르되 너희가 이 올라 온 사람을 보았느냐 참으로 이스라엘을 모욕하러 왔도다 **그를 죽이는 사람은 왕이 많은 재물로 부하게 하고 그의 딸을 그에게 주고 그 아버지의 집을 이스라엘 중에서 세금을 면제하게 하시리라** ²⁶다윗이 곁에 서 있는 사람들에게 말하여 이르되 **이 블레셋 사람을 죽여 이스라엘의 치욕을 제거하는 사람에게는 어떠한 대우를 하겠느냐** 이 할례 받지 않은 블레셋 사람이 누구이기에 살아 계시는 하나님의 군대를 모욕하겠느냐 ²⁷백성이 전과 같이 말하여 이르되 그를 죽이는 사람에게는 이러이러하게 하시리라 하니라(사무엘상 17:23, 25-27)

사실 다윗은 이때 이미 사울의 사위가 될 정당한 권리를 가지고 있었다. 사울은 이미 골리앗을 죽이는 사람에게 많은 것을 약속한 상황이었다. 그것은 많은 재물과 '사울의 딸과의 혼인' 그리고 골리앗을 죽인 사람의 아버지 집의 세금 면제였다. 그리고 골리앗을 죽인 사람은 분명히 '다윗'이었다.

이렇게 블레셋 사람의 칼을 빌려 자신을 죽이려 했던 사울과 같은 행동을 다윗이 하고 만다. 이러한 사실들을 통하여 우리가 기억해야 하는 것은 바로 이것이다. 성경에서 말씀하시는 거룩은 '구별됨'이다. 왜 그럴까? 피조물인 우리에게는 '거룩'이 존재하지 않기 때문이다. 오직 하나님만이 거룩하시다. 그러므로 피조물인 우리가 거룩해질 수 있는 유일한 길은 '타락한 이 세상으로부터 구별되어' 거룩하신 하나님으로부터 '거룩'을 공급받는 것이다. 포도나무 가지가 포도나무 줄기에 붙어 있을 때만 포도나무의 진액을 공급받을 수 있는 것과 같이[25] 하나님과 동행할 때만 가능한 일이다.[26]

이러한 '삼위일체 하나님의 거룩함'은 오직 '아들을 통하여 성령 안에서' 우리를 만나주시는 '하나님 아빠 아버지의 은혜'로만 가능하다. 즉 하나님께서 다윗과 함께 계실 때, 다윗은 하나님과 사람들 앞에서 모든 일을 지혜롭게 행할 수 있었다. 그 결과, 사울을 제외한 사울에게 속한 거의 모든 사람들이 다윗을 사랑하게 되었다. 이렇듯이 '다윗의 다윗 됨'은 오직 타락한 이 세상과 '구별'되어 '하나님의 거룩'을 공급받을 때만 가능했다.

그러나 자신의 거룩함과 지혜가 오직 하나님으로부터만 공급된다는 사실을 망각한 순간, 다윗은 '사울과 똑같은 존재'가 되어 버렸다. 다윗이 골리앗과 블레셋 사람들을 물리친 후 시기와 질투에 눈이 멀어 자신의 딸마저 미끼 삼았던 '사울'이 되어 버렸다. 그를 블레셋 사람들의 칼을 빌려 죽이려 했던 '사울'이 되어 버렸다.

그런 점에서 보면, 우리네 인생에는 '다윗과 같은 사람' 혹은 '사울과 같은 사람'은 존재하지 않는다. 오직 인생의 여정(旅程) 가운데 '다윗과 같은 시기'

---

25 "'내 안에 거하라 나도 너희 안에 거하리라 가지가 포도나무에 붙어 있지 아니하면 스스로 열매를 맺을 수 없음 같이 너희도 내 안에 있지 아니하면 그러하리라 ⁵나는 포도나무요 너희는 가지라 그가 내 안에, 내가 그 안에 거하면 사람이 열매를 많이 맺나니 나를 떠나서는 너희가 아무 것도 할 수 없음이라"(요한복음 15:4-5).

26 "에녹이 하나님과 동행하더니 하나님이 그를 데려가시므로 세상에 있지 아니하였더라"(창세기 5:24).

혹은 '사울과 같은 시기'가 존재할 뿐이다. 분명히 '밧세바와 우리아의 일'과 연관하여, **그 시기 다윗은 사울이었다.**

> 그 여인이 임신하매 사람을 보내 다윗에게 말하여 이르되 **내가 임신하였나이다** 하니라(사무엘하 11:5)

성경에는 밧세바가 다윗에게 강간을 당하고 그녀의 임신 사실을 알게 된 이후에 보인 반응이 기록되어 있다. "내가 임신하였나이다." 이 말은 무미건조한 사실 전달만을 하고 있다. 내가 처음 밧세바 그녀가 어떤 사람이었는지를 추적하는 데 어려워했던 이유가 여기에 있다. 성경은 밧세바와 연관된 기록에 있어서 '그녀의 내면'보다는 '외적으로 드러난 그녀의 말과 행동 그리고 사건'만을 무미건조하게 전달한다.

밧세바에 대한 성경의 이러한 기록 방식이 처음에는 많이 의아했다. 그러나 그녀가 다윗이 저지른 범죄의 일방적인 희생양이었다는 사실을 알게 된 후, 나는 밧세바에 대한 성경의 이러한 묘사에 대해 이런 생각을 하게 되었다. '이것은 다윗에게 강간당한 후 일평생 메마른 감정으로 지내야만 했던 밧세바의 내면을 간접적으로 드러내기 위함이 아닐까?'

"내가 임신하였나이다." 무엇을 해 달라는 말도 없고, 그냥 일이 이렇게 되었다는 상황 보고만 있을 뿐이다. "이제 어떻게 하나요?"라는 걱정이나 불안 또한 표현되어 있지 않다. 심지어 원망의 표현조차 없다. 물론 절대 권력자인 다윗을 향해 원망이 가능이나 했을까?

"밧세바 그녀는 다윗이 저지른 범죄의 일방적인 피해자인가? 아니면 범죄의 협조자인가?" 이 질문에서 시작하여, 그녀가 다윗이 저지른 범죄의 일방적인 피해자였다는 사실을 확인한 이후, 나는 밧세바가 다윗에게 전한 말에서 마치 군인과 같은 말투를 느꼈다. "내가 임신하였나이다."

그리고 이런 나의 느낌을 보면서 '역시 피조물이란 어쩔 수 없어.'라는 생각을 했다. 이전까지는 그렇게 밧세바라면 '비호감(非好感)의 대명사'로 보았던 내가 아니었던가? 그런데 이렇게까지 생각과 느낌이 바뀌다니? 사람이라는 존재는 보고 듣고 느끼는 것에서마저도 '한계투성이'라는 점이 다시 한번 내 양심을 두들겼다. 그녀의 '허영심'이 그녀의 임신을 불렀다고 생각했을 때는, 한편으로 이 말이 그녀의 '허영과 목적 성취에 대한 기쁨(?)'으로 들렸었다. 그래서 밧세바에 대한 성경인물 설교 요청을 받을 때마다 거절했었다. "그럴만한 가치가 없다"라는 말까지 덧붙여서 매몰차게 딱 잘라서 말했었다. 이렇게 '같은 문장'이 전혀 '다른 의미'로 해석되는 일은 우리 일상 가운데서 흔한 일이다. 특별히 얼굴을 마주 대하여 말하기보다는 '카톡이나 문자'로 다른 사람의 말이 전달되는 요즘은 더욱 그러하다.

"내가 임신하였나이다." 사실 밧세바가 다윗에게 전한 이 보고(報告)는 대단한 위험을 감수해야만 하는 일이었다. 밧세바는 '그녀의 남편과 아빠 그리고 할아버지'와 '다윗의 관계'를 잘 알고 있었을 것이다. 그것도 어린 시절부터 말이다. 그런 점에서 밧세바는 다윗이 절대 상상조차도 할 수 없는 일을 자신에게 저질렀다는 사실을 깊이 이해하고 있었을 것이다. '그녀의 남편과 아빠 그리고 할아버지'를 생각할 때, 이 일은 사람이 사는 세상에서는 불가능한 일이었다. 그만큼 있을 수 없는 일이었다. 즉 다윗에게 강간당하기 전까지 그녀는 다윗을 영웅으로 보았을 것이다. 그런 만큼 약간 의아하다는 생각은 했겠지만, 경계심 없이 갔던 '다윗의 부름'이었을 것이다. 그러나, 그 일 이후 다윗에 대한 그녀의 신뢰는 바닥을 쳤을 것이다. 그토록 겉모습과 뒷모습이 다른 사내에게 자신의 임신 사실을 알리는 것이 어떠한 위험을 초래할 수 있는지 그녀 자신도 잘 알고 있었을 것이다.

> **어떤 남자가 유부녀와 동침한 것이 드러나거든** 그 동침한 남자와 그 여자를 둘 다 죽여 이스라엘 중에 악을 제할지니라(신명기 22:22)

물론 율법에서는 유부녀와 어떤 남자가 동침한 것이 드러나는 경우, 남녀 모두 죽이라고 되어있다. 하지만 밧세바는 잘 알고 있었을 것이다. 이런 경우 현장에서 두 남녀가 발각되는 경우라 할지라도, 죽음을 맞이하는 대상은 항상 여자뿐이라는 사실을 밧세바는 인생 경험을 통하여 잘 알고 있었을 것이다. 이러한 정황은 예수님의 때에도 마찬가지였다. 음행은 여성 혼자서 하는 것이 아니다. 하지만 음행 중에 현장에서 잡혀 오는 사람은 항상 여성 혼자였던 것이 이스라엘의 현실이었다.[27]

게다가 상대는 절대 권력자 다윗이 아니던가? 그녀가 보기에 다윗은 그

---

[27] "²아침에 다시 성전으로 들어오시니 백성이 다 나아오는지라 앉으사 그들을 가르치시더니 ³서기관들과 바리새인들이 음행중에 잡힌 여자를 끌고 와서 가운데 세우고 ⁴예수께 말하되 **선생이여 이 여자가 간음하다가 현장에서 잡혔나이다** ⁵모세는 율법에 이러한 여자를 돌로 치라 명하였거니와 선생은 어떻게 말하겠나이까"(요한복음 8:2-5).

녀와의 관계를 부정하고 밧세바만을 정죄할 가능성이 커 보였을 것이다. '평생에 피로 맺어진 그녀의 남편과 아빠 그리고 할아버지와의 신의(信義)'마저 그렇게 쉽게 버릴 수 있는 남자에게 밧세바 그녀가 어떤 믿음이나 기대를 가졌을 리는 없는 일이었다. 즉 "내가 임신하였나이다"라는 밧세바의 말은 '그녀의 생명의 처분권'을 다윗에게 넘기는 행위였다. 어쩌면 그렇게 '그녀의 인생이, 이 강간 사건'이 마무리 되기를 바랬을 수도 있다. 이미 그녀의 인생에 희망과 즐거움은 끝난 것으로 보이지 않은가? 더 험한 꼴을 당하기 전에 그렇게 인생을 끝내는 것이 나아 보였을 것이다.

성경에 명시적(明示的)인 기록은 없지만, 우리아는 밧세바의 아빠인 엘리암이 맺어준 신랑이었을 것이다. 그리고 밧세바는 그녀의 남편 우리아의 '신실(信實)한 성품과 삶의 태도'를 누구보다도 잘 알고 있었을 것이다. 다윗의 삼십 용사에 이름을 올린 남편이었다. 그렇게 '무(武)'에 능한 남자가 '신실(信實)한 성품'까지 소유했다면 밧세바 그녀가 남편에게 어떤 사랑을 받았을지는 따로 설명하지 않아도 될 것이다. 게다가 그녀의 남편을 바라보는 밧세바 아빠의 눈이 사랑하는 아들을 바라보는 눈빛이었을 것이 분명하지 않은가? 그녀의 할아버지 아히도벨은 어떠했을까? 다윗에 의해 파괴되어 버린 '그녀의 따뜻한 세상'을 더 설명할 필요가 있을까? 더군다나 그녀의 집은 다윗의 왕궁 가까이에 있었다. 부동산을 사랑하는 대한민국 사람들은 이것이 무엇을 의미하는지 잘 알 것이다. 그녀는 소위(所謂) 모든 것을 다 가진 사람이었다. 사람이 상상할 수 있는 모든 사랑을 다 받던 여인이었다.

그런 그녀가 망가져 버린 자신의 모습을 사랑하는 사람에게 보이고 싶었을까? 전쟁이 끝나고 여느 때처럼 수많은 전리품을 가지고 돌아올 남편에게 자신을 내보일 엄두가 났을까? 그녀의 일생을 둘러싼 모든 믿음들이 송두리째 무너져 버린 상황이었다. 그러니 어쩌면 그녀는 겉모습과 뒷모습이 다른 다윗이 그녀의 남편이 돌아오기 전에 자신의 생명을 거두어 주기를 바라는 마음에서 했던 말일 수도 있다. "내가 임신하였나이다."

혹자는 성경에 밧세바가 다윗과의 동침 과정에서 적극적으로 반항하거나 저항했던 기록이 없다는 점을 들어 "밧세바의 암묵적인 혹은 소극적인 동의가 있지 않았겠느냐?"라는 의문을 표하기도 한다. 그들이 인용하는 성경 구절은 바로 이것이다.

> [23] 처녀인 여자가 남자와 약혼한 후에 어떤 남자가 그를 성읍 중에서 만나 동침하면 **[24] 너희는 그들을 둘 다 성읍 문으로 끌어내고 그들을 돌로 쳐죽일 것이니 그 처녀는 성안에 있으면서도 소리 지르지 아니하였음이요** 그 남자는 그 이웃의 아내를 욕보였음이라 너는 이같이 하여 너희 가운데에서 악을 제할지니라(신명기 22:23-24)

"그 처녀는 성안에 있으면서도 소리 지르지 아니하였음이요." 물론 21세기 대한민국의 '성인지 감수성(性認知 感受性)'과는 차이가 있는 내용이다. 성경의 이러한 명령들은 '21세기 대한민국의 사회경제문화적 맥락'에 맞추어서 해석하면 안 된다. 이러한 명령들은 '성경이 기록될 당시의 사회경제문화적 맥락'에서 주어진 것이기 때문이다. 즉 이 말씀을 주시는 '하나님께서 이 말씀 가운데 지키고 싶은 대상과 가치'가 무엇인지를 깊이 성찰하여 적용하면 된다. 어찌 되었든, 다윗의 강간 순간 밧세바는 소리를 질렀을까? 성경에 정확한 기록이 없으므로 확정하여 말할 수는 없지만, 밧세바는 소리지르지 않았을 것이다. 소리를 지른다 해도 얻을 수 있는 구원이나 유익이 없었을 것이기 때문이다. 장소는 다름 아닌 절대 권력자 다윗의 왕궁이었다. 이 점을 마음에 두고 다음 성경 구절을 살펴보자.

> [25]만일 남자가 어떤 약혼한 처녀를 들에서 만나서 강간하였으면 그 강간한 남자만 죽일 것이요 [26]처녀에게는 아무것도 행하지 말 것은 **처녀에게는 죽일 죄가 없음이라 이 일은 사람이 일어나 그 이웃을 쳐죽인 것과 같은 것이라 [27]남자가 처녀를 들에서 만난 까닭에 그 약혼한 처녀가 소리질러도 구원할 자가 없었음이니라**(신명기 22:25-27)

누구나 쉽게 동의할 수 있듯이, 다윗의 강간이 있었던 날 밧세바는 들에 있는 상황보다도 더 외진 곳에 처해 있었다.

> 다윗이 전령을 보내어 그 여자를 자기에게로 데려오게 하고 **그 여자가 그 부정함을 깨끗하게 하였으므로** 더불어 동침하매 그 여자가 자기 집으로 돌아가니라(사무엘하 11:4)

"그 여자가 그 부정함을 깨끗하게 하였으므로 더불어 동침하매" 밧세바는 월경이 끝난 날 다윗에게 강간당했다. 밧세바는 그날 '율법의 명령'에 따라 목욕을 마친 상황이었다. 밧세바는 그녀가 해야 할 일에 성실했다.

즉 신명기에서 명령하는 율법에 따르면, '밧세바 사건'을 통하여 쳐 죽여야 할 대상은 오직 한 사람 '다윗'만 존재하게 된다. 성경에 밧세바를 향한 정죄의 말이 단 한마디도 언급되어 있지 않은 것은 이러한 사실을 확증한다.

> [6]다윗이 요압에게 기별하여 헷 사람 우리아를 내게 보내라 하매 요압이 우리아를 다윗에게로 보내니 [7]우리아가 다윗에게 이르매 **다윗이 요압의 안부와 군사의 안부와 싸움이 어떠했는지를 묻고** [8]그가 또 우리아에게 이르되 네 집으로 내려가서 발을 씻으라 하니 **우리아가 왕궁에서 나가매 왕의 음식물이 뒤따라 가니라** [9]그러나 우리아는 집으로 내려가지 아니하고 왕궁 문에서 그의 주의 모든 부하들과 더불어 잔지라 [10]**어떤 사람이 다윗에게 아뢰되 우리아가 그의 집으로 내려가지 아니하였나이다** 다윗이 우리아에게 이르되 네가 길 갔다가 돌아온 것이 아니냐 어찌하여 네 집으로 내려가지 아니하였느냐 하니(사무엘하 11:6-10)

그렇다면 다윗에게 임신 사실을 알린 이후, 우리아가 전쟁터에서 예루살렘으로 불려온 사실을 밧세바는 알고 있었을까? 당연히 알았을 것이다. 왜 모르겠는가? 밧세바의 집은 왕궁의 옥상에서 욕실이 보이는 거리에 있었다. 즉 밧세바의 집은 다윗의 왕궁으로부터 상당히 가까운 거리에 있었다. 또한, 다윗 당시 예루살렘(다윗성)의 인구는 대략 2,500명 정도였다고 전해진다. 전쟁 시기, 그 작은 성에서 전쟁에 참전했던 사람이 우리아만 있었을까? 당시 예루살렘 주민 대부분은 다윗의 최측근 용사들의 가족들로 알려져 있다. 무슨 말인가? 우리아가 잠시 귀환했을 당시, 예루살렘에 거주하는 가정 대부분에는 암몬과의 전투에 참전한 가족이 있었다는 이야기다. 아마도 우리아가 다윗의 권유를 거절하고 집으로 가지 않은 이유 또한 이와 무관하지 않을 것이다. 우리아가 성문에서 잔 이유는 예루살렘에 가득했을 참전(參戰) 가족들을 위한 배려도 있었을 것이다.

가족을 전쟁터에 보내본 적이 있는가? 나는 1991년 1차 걸프전에 참전했었다. 그 당시 우리 집의 TV와 배달되어오는 신문에서 어느 기사가 가장 먼저 그리고 반복적으로 우리 가족의 눈과 귀를 사로잡았을까? 1차 걸프전이 끝난 후, 나는 TV에서 내 얼굴을 봤다는 가족들의 이야기를 전해 들을 수 있었다. 우리아가 암몬과의 전쟁에 참전했을 당시는 이러한 언론 매체가 없던 시절이었다. 그런데 한창 전투 중인 전쟁터에서 장수 한 명이 잠시 귀환한 상황이었다. 게다가 그는 다윗 왕에게 '군사의 안부와 싸움의 정황'을 보고하려고 왔다고 한다. 당연히 예루살렘에 있는 모든 사람은 우리아의 귀환을 알았을 것이다. 하물며 그의 아내 밧세바가 모를 리 없지 않은가?

그러니 우리아에게 '군사의 안부와 싸움의 정황'을 묻는 사람은 당연히 다윗만이 아니었을 것이다. 사람들은 벌떼처럼 우리아의 주위에 몰려들었을 것이다. 각자 가족의 안부를 물었을 것이다. 게다가 다윗이 우리아에게 "네 집으로 내려가서 발을 씻으라"고 한 뒤에 '왕의 음식물'이 뒤따라갔다. 이 기록으로 보아 밧세바의 집으로 '왕의 음식물'이 배달되었을 것이 분명하다. 집 문을 두들기는 소리에 문을 열어보니 이제는 여러 번 만나 어느 정도 눈에 익은 왕궁의 사람들이 '왕의 음식물'을 들고 서 있었을 것이다. 밧세바는 당연히 '왕의 음식물'이 온 연유(緣由)를 물었을 것이다. 그러나 '왕의 음식물'보다 먼저 도착했어야 하는 '남편의 모습'은 볼 수 없었다.

밧세바는 집에 오지 않는 우리아를 찾아 왕궁 문에 머물러 있는 남편을 찾아갔을까? 그러지 않았을 것이다. 아니, 그러지 못했을 것이다. 그럴 엄두가 나지 않았을 것이다. 사람이라는 존재가 그렇다. 비록 그가 알지 못하더라도, 이미 망가진 자신의 모습을 사랑하는 사람에게 보이고 싶어 하는 사람은 없다. 우리아가 돌아온 그날 밤, 밧세바는 식탁에 가득 쌓인 '왕의 음식물'을 보며 무슨 생각을 했을까? 다윗이 보낸 음식물을 보며 무슨 생각을 했을까? 식탁에 쌓인 음식물 너머 맞은편에 앉아 있어야 하는 남편의 빈 공간을 보며 밤을 지새웠을 그날 밤, 그녀를 감싸던 공기는 어떤 느낌이었을까?

내 생각에 그날 밤 그녀를 감싸던 공기는 '스산한 느낌'을 주었을 것 같다. 어쩌면 달이 밝은 밤이었을까? 간간이 달빛을 감추는 구름이 지나던 밤이었을까? 그녀는 다윗이 그녀의 남편을 예루살렘으로 불러들인 이유를 어렴풋이[28] 알고 있었을 것이다. 그녀의 임신 사실을 다윗에게 알린 뒤에 일어난 일이었다. 그녀는 왕의 음식물이 배달된 뒤, 집안에 홀로 앉아 남편을 기다렸을 것이다. 무슨 말을 해야 하나? 사실대로 모든 말을 해야 할까? 아무 일도 없었다는 듯이 다윗의 의도대로 행동하는 것이 현명한 처사일까? 그

---

28 '어렴풋이'라고 표현한 이유는 '두려운 현실'을 외면하고 부정하고 싶었을 밧세바의 감정을 감안해서이다. 당연히 밧세바는 정확한 상황파악을 하고 있었을 확률이 커 보인다. 그러나 자신의 생각이 틀리기를 자신의 예측이 어긋나기를 간절히 바라는 마음 때문에 애써 현실을 외면하고 있었을 것이다.

렇다고 다윗과의 일이 없었던 일이 될 수 있을까? 그렇게 집안에 홀로 앉아 밤새도록 남편을 기다리다가 잠깐 잠이 든 것 같았는데, 집 주변에서 들리는 소음과 빛에 잠이 깨어 아침이 밝은 것을 알았을 때 그녀는 깨달았을 것이다. 지난밤 그녀를 감싸던 스산한 느낌이 이제는 어쩌면 현실로 다가올 수 있다는 사실을 …

그녀의 집과 왕궁 문은 걸어서 몇 분 거리가 되지 않았다. 하지만 남편은 집에 오지 않았다. 아니, 오지 않을 것이다. 그녀는 알고 있었을 것이다. 원래 그런 사람이었다. 그런 '그녀의 강직한 남편'과 '그녀의 아빠 그리고 할아버지와의 신의를 저버린 다윗' 사이에 '그녀의 운명'이 끼어버린 느낌이 들었을 것이다. 하지만 그녀가 할 수 있는 일은 아무것도 없었다. 그렇게 그녀의 남편은 하룻밤을 더 예루살렘에 머문 뒤 전쟁터로 떠나갔다. 그녀는 떠나는 남편의 뒷모습이라도 멀리서나마 보고 싶었을 것이다. 그러나 그녀는 결코 집 문밖을 나설 수 없었을 것이다. 어떻게 강간을 당해 다른 남자의 아이를 임신한 몸으로 사랑하는 사람 앞에 설 수 있단 말인가? 그의 뒷모습이라도 보기 위해 나선 자리에, 만에 하나 그가 뒤라도 돌아본다면 어찌한단 말인가? 그녀는 그녀의 남편을 마주할 용기가 나지 않았을 것이다.

그렇게 가까이에 머물던 남편을 보지도 못하고 떠나보낸 그녀에게 들려온 남편의 두 번째 소식은 '부고(訃告)'였다.

> 우리아의 아내는 그 남편 우리아가 죽었음을 듣고 그의 남편을 위하여
> 소리내어 우니라(사무엘하 11:26)

우려했던 일이 현실이 되었다. 피눈물 …. 그렇다. 그녀가 흘렸던 눈물은 분명 '피눈물'이었을 것이다. 그 울음 가운데 그녀는 남편에게 어떤 마음이 들었을까? 안쓰러움? 미안함? 사실 그녀가 우리아에게 미안해할 일은 아니었다. 그녀가 벌인 일이 아니지 않은가? 그러나 사람 마음이라는 것이 그렇지 않은가? 그녀는 마치 자신 때문에 남편이 죽은 것 같은 마음이었을 것이다.

혹시라도 자신을 떠나 전쟁터에 간 남편에 대한 원망? 자신의 곁을 지켜 주지 않은 남편에 대한 원망? 이 또한 우리아가 원망받을 일이 아니다. 왕정국가에서 무슨 수로 그녀의 남편이 그녀의 곁을 지킬 수 있단 말인가? 하지만 기가 막힌 상황에서는, 사람의 마음이라는 것이 이렇게라도 해야만 살 수 있는 존재가 아니던가? 잘 모르겠다. 이러한 감정뿐 아니라 정말 수없이 많은 감정들이 뒤섞여 소용돌이쳤을 것이다. 그녀를 휘감았을 것이다.

그러나 그렇게 소용돌이치는 수없이 많은 감정들 사이로 그녀의 마음 한복판에 분명히 피어나는 '또 하나의 감정'이 있었을 것이다. 그것은 바로 '남은 자들에 대한 염려'였을 것이다. 그렇다. '아직 살아남아 있는 그녀에게 속한 사람들'의 안위(安危)에 대한 염려 말이다. "그 암양 새끼는 그와 그의 자식과 함께 자라며" 나단 선지자의 비유처럼 우리아에게는 밧세바와의 사이에 자녀가 있었을 수도 있다. 하지만, 정확한 사실은 알 수 없다. 그리고 내 개인적인 생각에는 없었을 것 같다. 아니, 그래야 내 마음이 편할 것 같다. 그러나 분명한 사실은 아직 그녀에게는 '그녀의 아빠 엘리암과 할아버지 아히도벨 그리고 그들에게 속한 사람들'이 남아 있었다는 것이다.

더군다나 밧세바는 그녀의 임신 사실을 다윗에게 전할 때 직접 전하지 않았다. "그 여인이 임신하매 사람을 보내 다윗에게 말하여 이르되 내가 임신하였나이다 하니라."[29] 이때 밧세바가 보낸 사람은 누구였을까? '그녀의 목숨'과 어쩌면 '다윗의 정치적 위기'마저 불러올 수 있는 소식을 들고 간 사람은 누구였을까? 그 소식을 가지고 간 사람은 그 자신이 왕궁에서 살아나오지 못할 수 있다는 사실을 잘 알고 있었을 것이다. 즉 밧세바의 주위에는 목숨을 나눌 만큼 서로를 신뢰하고 아끼는 사람들이 있었다. 그리고 그들의 안위는 밧세바 그녀의 처신(處身)에 달려 있음이 분명했다.

> **그 장례를 마치매 다윗이 사람을 보내 그를 왕궁으로 데려오니 그가 그의 아내가 되어** 그에게 아들을 낳으니라 다윗이 행한 그 일이 여호와 보시기에 악하였더라(사무엘하 11:27)

"그 장례를 마치매 다윗이 사람을 보내 그를 왕궁으로 데려오니." 사무엘하 11장 27절의 표현은 다윗이 밧세바를 강간하던 날 밤의 표현과 유사하다. "다윗이 전령을 보내어 그 여자를 자기에게로 데려오게 하고." 이러한 성경의 표현으로 보아, 밧세바가 다윗의 아내가 되는 과정에서의 '다윗의 역할'과 '밧세바의 처지'가 어떠했을지는 쉽게 유추해 볼 수 있다.

사무엘하 11장 27절 말씀을 다시 살펴보는 순간, 왕의 아내가 되어 왕궁의 시녀들에 의해 예복이 입혀지고 화장을 받았을 '밧세바의 메마른 표정

---

29 사무엘하 11:5

과 초점 잃은 눈빛'이 내 마음에 들어왔다. 비록 '자신의 남편을 죽인 원수의 씨'일망정 지금 그녀의 배 속에 있는 아이는 '그녀의 자녀'이기도 했다. 또한 다윗이 죽일 놈이지, 그녀의 배 속에 있는 아이는 죄가 없지 않은가? 그리고 그녀에게는 아직도 지켜내야 할 가족들과 사람들이 남아 있었다.

밧세바는 강간으로 생긴 아이를 출산하기까지 자신의 앞에서 먹고 마시고 떠들고 잠들어 있는 다윗의 모습을 보면서 무슨 생각을 했을까? 어쩌다한 번씩 접하게 되는, 다윗이 왕좌에 앉아 내리는 판결을 보면서 무슨 감정이 들었을까? 역겹지 않았을까? 동시에 그러한 다윗 앞에서 그의 비위를 맞추어야 하는 자신의 모습을 보면서는 어떤 마음이 들었을까? 남편을 죽인 원수의 아내가 된 자신이 어떻게 느껴졌을까? 살기 위해 그 원수 앞에서 억지웃음일지언정 웃음 지어 보이는 자신이 혐오스럽지는 않았을까? 아니, 자기 연민의 감정이 더 강했을까?

전임(前任) 왕 사울 부자를 블레셋과의 전투에서 죽이신 후, '다윗을 왕으로 세우신 하나님'에 대해서 그녀는 어떤 마음이 들었을까? 그 시절, 그녀의 마음 한가운데 하나님은 과연 '공의로우신 분'이셨을까? 여호와의 언약궤를 눈으로 볼 수 있었던 시절이었다. 눈앞에 드러나는 하나님의 기적이 지금보다는 비교적 흔한 시절이었다. 그리고 그녀가 살던 곳인 다윗성은 지금의 예루살렘 지역이었다. 그러니 그녀의 눈에 '하나님의 존재'는 분명해 보였을 것이다. 하지만 그녀의 마음 한가운데 비친 하나님은 '공의로우신 분'이셨을까?

이 부분을 짚고 넘어가는 이유는 이와 같다. 인생을 살다 보면 밧세바가 겪었던 것과 같은 시기가 있다. 물론 정도의 차이는 있을 것이다. 당연히 당하는 일이 밧세바와는 다를 것이다. 그러나 그토록 잔인한 시기가 있는 것이 인생이다. 그 시기를 잘 견디라는 이야기다. 그 시기에도 하나님은 살아 계시고 우리를 위해 일하심을 잊지 말라는 이야기다. 비록 그러한 '하나님의 손'이 우리의 눈에 보이지 않는 것이 '잔인한 현실'이지만 말이다. 동시에 다윗과 같이 눈이 멀면, 누군가의 마음과 존재 속에 '하나님의 이름'은 망령되이 새길 수 있다.[30] 물론 인생을 살면서 모든 부문에서 성인군자(聖人君子)처럼 살기는 쉽지 않다. 하지만, 최소한 다윗이 밧세바에게 했던 일은 하지 말아야 한다. 그 부분을 마음에 새겨 조심하라는 이야기다.

---

30 "너는 네 하나님 여호와의 이름을 망령되이 일컫지 말라 나 여호와는 내 이름을 망령되이 일컫는 자를 죄 없는 줄로 인정하지 아니하리라"(신명기 5:11).

수넴 여자 아비삭,
왕이 잠자리는 같이하지 아니하였더라

¹다윗이 헤브론에서 낳은 아들들은 이러하니 맏아들은 암논이라 이스르엘 여인 아히노암의 소생이요 둘째는 다니엘이라 갈멜 여인 아비가일의 소생이요 ²셋째는 압살롬이라 그술 왕 달매의 딸 마아가의 아들이요 넷째는 아도니야라 학깃의 아들이요 ³다섯째는 스바댜라 아비달의 소생이요 여섯째는 이드르암이라 다윗의 아내 에글라의 소생이니 ⁴이 여섯은 헤브론에서 낳았더라 다윗이 거기서 칠 년 육 개월 다스렸고 또 예루살렘에서 삼십삼 년 다스렸으며 ⁵예루살렘에서 그가 낳은 아들들은 이러하니 시므아와 소밥과 나단과 솔로몬 네 사람은 다 암미엘의 딸 밧수아의 소생이요 ⁶또 입할과 엘리사마와 엘리벨렛과 ⁷노가와 네벡과 야비아와 ⁸엘리사마와 엘랴다와 엘리벨렛 아홉 사람은 ⁹다 다윗의 아들이요 그들의 누이는 다말이며 이 외에 또 소실의 아들이 있었더라(역대상 3:1-9)

다윗이 밧세바를 아내로 데려온 뒤, 그녀를 둘러싼 현실은 그녀의 '심리 상태'와는 상관없이 돌아갔을 것이다. 정말이지, 정신없는 세월이었을 것이다. 역대상 3장에는 다윗의 자녀들의 명단이 나열되어 있다. 이를 통하여 밧세바[31]는 다윗과의 사이에서 죽은 첫째 아들까지 **총 다섯 명의 아들을 낳았음**을 알 수 있다.

한편 다윗과 밧세바 사이에 태어난 아들들의 숫자와 이름 순서를 두고 논쟁이 많다. 첫 번째 주장은 다윗과 밧세바 사이에 태어난 아이의 수가 다섯이 아니라 넷이라는 것이다. 즉 태어나자마자 이레 동안 심하게 앓다가 죽은 아이의 이름이 '시므아'라는 주장이다.[32] 그러나 나는 이러한 주장에 동의하지 않는다. 성경 본문을 살펴볼 때, 처음 태어난 아이의 이름은 없었던 것 같다. 내가 그렇게 보는 이유는 간단하다. 만약에 첫째 아들의 이름을 지었다면 성경은 분명히 그 이름을 밝혔을 것이다. '하나님의 마음에 맞는 사람 다윗'의 치부를 적나라하게 드러내고 있는 성경이다. 성경에 나오는 수많은 범죄 중, '다윗의 강간 사건'만큼 자세히 많은 분량을 들여 고발되는 사건이 있던가? 그런 점에서, 첫째 아들의 이름을 지었다면 성경은 반드시 그 이름을 밝혔을 것이다. 그것보다 확실한 고발 효과가 있을까? 그렇게 놓고

---

31 역대상 3장에서 '암미엘의 딸 밧수아'로 표현되어있는 여인은 '밧세바'다. 사무엘하 11장에 다윗이 보낸 사람이 다윗에게 했던 항변(?) 중에 나오는 '엘리암의 딸 밧세바'와 동일 인물이다.

32 "[15]나단이 자기 집으로 돌아가니라 **우리아의 아내가 다윗에게 낳은 아이를 여호와께서 치시매 심히 앓는지라** [16]다윗이 그 아이를 위하여 하나님께 간구하되 다윗이 금식하고 안에 들어가서 밤새도록 땅에 엎드렸으니 [17]그 집의 늙은 자들이 그 곁에 서서 다윗을 땅에서 일으키려 하되 왕이 듣지 아니하고 그들과 더불어 먹지도 아니하더라 [18]**이레 만에 그 아이가 죽으니라** 그러나 다윗의 신하들이 아이가 죽은 것을 왕에게 아뢰기를 두려워하니 이는 그들이 말하기를 아이가 살았을 때에 우리가 그에게 말하여도 왕이 그 말을 듣지 아니하셨나니 어떻게 그 아이가 죽은 것을 그에게 아뢸 수 있으랴 왕이 상심하시리로다 함이라"(사무엘하 12:15-18).

보면, 태어나자마자 심하게 앓다가 생을 마감한 아이의 삶이 안쓰럽게 느껴
진다.

또 하나의 주장은 죽은 첫째 아들 이후 '나단 선지자의 지적'이 있기까지
'수년의 시간 간격'이 있었다는 것이다. 이들이 근거로 내세우는 본문은 위
에 기록된 밧세바의 아들들의 이름 순서다. 이들은 나단 선지자와 같은 이
름을 가진 자녀가 태어날 때까지 하나님께서 기다리셨다고 주장한다. 그러
니까 '다윗의 아들 나단'이 태어난 후 같은 이름을 가진 '나단 선지자'를 통하
여 다윗의 범죄를 지적하신 후에 '셋째인 나단'을 치셨다는 주장이다. 그렇
게 '셋째인 나단'이 병으로 죽음을 맞이한 후에 회복의 의미로 솔로몬을 허
락하셨다는 논리를 펴는 사람들이 있다. 이 주장은 정말이지 말도 안 되는
소리다. 이레 동안 앓다가 죽은 아이에 대해 성경은 '우리아의 아내가 다윗
에게 낳은 아이'라고 밝히고 있다. 반면 바로 이어지는 솔로몬의 탄생 기사
에서 성경은 밧세바를 '다윗의 아내(다윗이 그의 아내 밧세바를 위로하고)'라고
칭(稱)한다.[33] 이러한 성경의 기록을 통해서도 우리는 이레 만에 죽은 아이가
'다윗의 강간으로 임신 된 아이'임을 알 수 있다.

결론적으로 내가 보기에 이러한 주장들은 근거가 희박해 보인다. 그럼
에도 불구하고, 이러한 주장들이 나온 이유는 다윗과 밧세바의 아들 중 솔
로몬이 네 번째로 언급된 까닭일 것이다. 솔로몬이 첫 번째나 두 번째에 언

---

[33] "다윗이 그의 아내 **밧세바를 위로하고** 그에게 들어가 그와 동침하였더니 그가 아들을 낳으매
그의 이름을 솔로몬이라 하니라 여호와께서 그를 사랑하사"(사무엘하 12:24).

급되었다면 이러한 논쟁은 존재하지 않았을 것이다. 성경에 나오는 인물들의 이름 순서는 중요한 의미를 가진다. '하나님께서 특별히 들어 쓰시는 인물'[34]이 아닌 이상, 성경에 언급되는 인물들의 이름 순서는 통상적으로 '나이순'을 따르게 마련이다. 그런 점에서, 역대상 3장에 기록된 다윗과 밧세바의 아들들은 의도적으로 그 순서를 바꾼 것으로 보인다. 특별히 '역대기의 기록목적'을 생각할 때 더욱 그러하다. 내가 그렇게 생각하는 근거는 이러하다.

성경을 통독하다 보면 '열왕기 상하'와 '역대기 상하'가 눈에 들어올 것이다. 많은 경우, 왜 비슷한 이야기가 성경에 두 번 반복되는지 질문이 들어오곤 한다. 이러한 질문이 들어올 경우, 나는 두 역사서의 관점 차이에 대해 답하곤 한다. 신학자들에 의하면 '열왕기'는 포로기에 기록된 반면 '역대기'는 포로기 이후 성전 건축을 위해 예루살렘으로 귀환한 후 기록되었다고 한다. 즉 '열왕기'는 '바벨론 포로기의 고뇌' 가운데, '역대기'는 '예루살렘으로 귀환한 후 모든 것을 다시 시작해야 하는 현실'에서 갈등하며 좌절하던 이스라엘 백성에게 주어진 책이라고 한다.

우선 '열왕기'의 논조는 대단히 '비판적(批判的)'이다. 당연한 이야기다. 열왕기는 이스라엘이 포로로 잡혀간 곳에서 통렬한 반성과 비판 의식 가운데 기록된 책이다. "도대체 언약 백성인 우리가 하나님 앞에 무엇을 잘못했기에 이방인들에게 잡혀 오게 되었는가?" 더군다나 이스라엘 백성들에게 바

---

34 이 경우 나이 순서에 상관없이 하나님께 선택받은 인물의 이름이 먼저 언급된다. "[43]**모세와 아론**이 회막 앞에 이르매 [44]여호와께서 모세에게 말씀하여 이르시되"(민수기 16:43-44).: 설마 아론이 모세의 친형이라는 사실을 모르는 사람은 없으리라 믿는다.

벨론은 그들의 조상 아브라함이 '하나님의 부름을 받은 장소'였다. 쉽게 말해, 그들이 그 장소로 포로가 되어 잡혀 왔다는 것은 어떤 의미로는 '아브라함 언약의 폐기'로 느껴졌을 것이다. 그러한 연유로 당연히 '열왕기'에는 남방 유다와 북방 이스라엘의 여러 왕들의 잘못을 '비판적 시각'으로 기록하고 있다.

반면 '역대기'의 논조는 대단히 '호의적(好意的)'이다. 포로 귀환기와 그 이후, 이스라엘 백성들은 비록 포로로 잡혀간 곳이라고는 하지만 당시 세계의 중심 문명국가에서 어느 정도 자리를 잡은 상태였다. 그렇게 몇 세대에 걸쳐 일구어낸 삶의 기반을 모두 버리고 성전 건축을 위해 예루살렘으로 돌아온 하나님의 백성들을 향해 절망하지 말고 힘을 내라고 격려하는 책이 바로 역대기다. 역대기는 그렇게 아무런 '경제적 기반'도 '안전에 대한 보장'도 없는 상황에서 성전을 재건하고 성벽을 다시 세우던 이스라엘 백성을 상대로 기록되었다. 예루살렘을 재건하는 과정에서 직면하게 되는 수없이 많은 난관으로 절망에 빠지게 된 언약 백성을 향해 끊임없이 외쳤다. "비록 눈에 보이는 현실은 온통 절망과 폐허뿐이지만 우리는 온 우주를 창조하신 하나님께서 선택하신 백성이다. 우리는 하나님의 은혜로 위대한 다윗 왕국을 선물로 받았던 민족이다." 이렇듯이 하나님께 선택받은 언약 백성으로서의 자부심을 강조하는 책이니만큼, 역대상 1장의 족보는 아담으로부터 시작된다.

> [1]**아담**, 셋, 에노스, [2]게난, 마할랄렐, 야렛, [3]에녹, 므두셀라, 라멕, [4]노아, 셈, 함과 야벳은 조상들이라(역대상 1:1-4)

열왕기와 역대기의 이러한 분위기와 논조(論調)의 차이를 극명하게 보여
주는 부분을 예로 들면 다음과 같다.

> **바로의 딸이 다윗 성에서부터 올라와 솔로몬이 그를 위하여 건축한 궁
> 에 이를 때에** 솔로몬이 밀로를 건축하였더라(열왕기상 9:24)

> **솔로몬이 바로의 딸을 데리고** 다윗 성에서부터 그를 위하여 건축한 왕
> 궁에 이르러 이르되 **내 아내가 이스라엘 왕 다윗의 왕궁에 살지 못하
> 리니 이는 여호와의 궤가 이른 곳은 다 거룩함이니라 하였더라**(역대하
> 8:11)

솔로몬이 바로의 딸을 위해 왕궁을 건축한 기사다. 솔로몬이 사랑했던
바로의 딸과 연관된 사건에 대한 열왕기와 역대기의 온도 차이를 쉽게 확인
할 수 있으리라 믿는다. '같은 사건, 다른 시선'이 확연하게 느껴질 것이다.
열왕기는 솔로몬이 바로의 딸을 위하여 궁궐을 건축했다는 사실을 고발하
고 있다. 반면 역대기는 바로의 딸이 거할 궁궐을 솔로몬이 건축하면서 이
렇게 말했다고 전하고 있다. "이방 여인인 바로의 딸이 이스라엘 왕 다윗의
왕궁에 살 수는 없는 일이다. 이는 여호와의 궤가 이른 곳은 다 거룩하기 때
문이다."

또한, 역대기는 '다윗 왕가의 정통성'을 강조하는 책이다. 열왕기와 역대
기를 비교하면서 읽어보면 쉽게 확인할 수 있다. 열왕기에는 '남방 유다'와

'북방 이스라엘' 양쪽의 왕이 모두 언급되어 있다. 반면 역대기에는 '다윗의 혈통'을 이은 '남방 유다'의 왕들만 기록되어 있다.

그러한 연유로 역대기는 의도적으로 '다윗의 허물'을 언급하지 않는다. 역대기 기자(記者)는 바벨론에서 귀환하여 현실적 어려움에 절망하고 방황하는 언약 백성들을 향하여 끊임없이 말한다. 그들의 정체성을 일깨운다. "너희들은 하나님께서 택하신 족속 아니냐?" 그리고 역대상 후반부를 가만히 살펴보면 '다윗이 성전 건축을 위해서 준비한 내용'이, 역대하 상반부에는 '솔로몬의 성전 건축'이 주로 언급되어 있음을 알 수 있다.

이러한 역대기의 목적과 의도는 무엇이었을까? 역사의 흐름을 살펴볼 때, 역대기 기자의 이러한 논조는 당연하다. 비록 포로지(捕虜地)에서 다윗 성이 있었던 예루살렘으로 귀환했지만, 이스라엘의 눈 앞에 펼쳐진 광경은 말 그대로 폐허와 황무지뿐이었다. 그들이 그들의 할아버지와 아버지를 통하여 들어왔던 '다윗 왕국의 영광'은 어쩌면 신기루처럼 느껴졌을 것이다. 이제 그들의 현실에 실존하는 국가는 없었다. 그리고 포로기 이후 그들은 대부분의 기간을 눈에 보이는 국가가 없는 채로 살아야만 했다. 중간기[35]에 '마카비 혁명'으로 세워진 100년 정도의 '하스몬 왕조' 기간만이 그들의 유일한 독립 기간이었다.

그렇다면 포로기 이후 언약 백성으로서의 정체성은 무엇으로 지킬 수 있었을까? 이제 이스라엘은 언약 백성으로서의 정체성을 '다윗 왕국과 같은 국가체제'가 아닌 '성전과 율법'으로 지킬 수밖에 없는 시대로 들어가고 있

---

35 구약의 말라기 이후 신약 성경이 시작되는 때까지 약 400년 남짓한 시기를 말한다.

었다. 그러한 연유로 '성전 이야기'가 '역대기의 주요 주제'가 된 것이다. 그리고 이러한 맥락에서 '성전 건축을 준비한 다윗'과 '성전을 건축한 솔로몬'의 허물을 들추어내는 것은 역대기의 전체 흐름에서 부적절했을 것이다. 이것이 역대기에 '다윗의 강간 사건'이 언급되어 있지 않은 이유다.

보통 여기까지 '열왕기와 역대기의 시선과 온도 차이'에 대해 설명을 들은 다음 반드시 나오는 질문은 이것이다. "같은 성경에서 같은 인물과 사건에 대해 이렇게까지 다른 시선과 평가를 내리는 것이 정당한가요?" 이 질문에는 숨겨져 있는 문장이 하나 더 있다. "이렇게 같은 인물과 사건에 대해 다른 이야기를 하는 것처럼 보이는 성경이 진리인가요?" 답은 간단하다. "진리다. 성경은 진리다. 그리고 열왕기와 역대기 양쪽 모두 맞는 말씀이다."

열왕기와 역대기 양쪽 모두 그 논조에 있어서 정당하다. 이유는 그 순서에 있다. 역대기보다 먼저 쓰인 열왕기에는 '처절한 반성'이 가득하다. "언약 백성인 우리는 도대체 왜 이방 민족에 의해 포로가 되어야만 했을까? 여호와 하나님 앞에서 저지른 우리 조상과 우리의 죄 때문에!" 열왕기를 읽다 보면 '이렇게까지 야박하게 사람의 인생을 후벼 파고 비판할 필요가 있을까?' 싶을 정도다. 그러한 연후(然後)에 역대기에 이르러 '위로와 회복의 말씀'이 나온다. 허물이 많은 왕들에 대한 평가마저 "퉁 쳐서(?) 그만하면 애썼다."라고 기록되어 있다. 이것이 바른 순서이다. 우리의 신앙생활 또한 마찬가지이다. 이러한 때를 아는 자가 '지혜로운 자'다. 그리고 하나님 앞에서 '복 받은 사람'이다. 이것이 '되는 집안'에서 오가는 대화의 방식이다. 열왕기는 이렇게 말하고 있다. "하나님, 저희가 잘했어야 하는데요. 그러지를 못했습니다." 그러한 고백에 하나님께서는 역대기를 통하여 이렇게 화답하신다. "애썼다. 고생했다." 이것이 '되는 집안'인 '하나님의 나라의 대화 방식'이다.

이러한 맥락에서 기록된 말씀이 역대상 3장 5절에 나온 '다윗과 밧세바 사이에 태어난 아들들의 명단'이다.

> 예루살렘에서 그가 낳은 아들들은 이러하니 **시므아와 소밥과 나단과 솔로몬 네 사람은 다 암미엘의 딸 밧수아의 소생이요**(역대상 3:5)

쉽게 말해, 역대기는 어떻게 해서라도 다윗과 솔로몬의 허물을 덮어주려는 책이다. 그런데 역대상 3장 5절에 기록된 넷 중 가장 먼저 태어난 솔로몬의 이름이 가장 마지막에 기록되어 있다. 왜 그럴까? 앞에서도 언급했지만, 성경에서는 특별한 경우가 아니면 나이 순으로 이름이 기록되어 있다. 나이 순을 무시하고 앞으로 오는 경우는 그가 '하나님의 나라에서 특별히 사용 받을 때'뿐이다. 그렇다면 우리 한국 교회의 상식대로 한다면, 솔로몬이 막내라 할지라도 첫 번째에 와야 하는 것이 아닐까? 최고의 권력자, 거기에 당대 최고의 부자이며, 지혜와 지식에 있어서 그를 따를 자가 이전에도 이후에도 없는 자가 솔로몬 아니던가?**36** 특별히 높은 지위와 재산 거기

---

36 "¹²내가 네 말대로 하여 네게 지혜롭고 총명한 마음을 주노니 네 앞에도 너와 같은 자가 없었거니와 네 뒤에도 너와 같은 자가 일어남이 없으리라 ¹³내가 또 네가 구하지 아니한 부귀와 영광도 네게 주노니 네 평생에 왕들 중에 너와 같은 자가 없을 것이라 ¹⁴네가 만일 네 아버지 다윗

에 뛰어난 학벌과 지식의 소유자라면 정신줄을 놓고 선망(羨望)하는 한국 교
회 교인들의 입장에서는 이해되지 않는 일일 것이다.

그런데 '역대상'뿐만이 아니다. 사무엘하 5장에도 같은 순서의 명단이 나
온다.

> ¹⁴예루살렘에서 그에게서 난 자들의 이름은 **삼무아와 소밥과 나단과 솔
> 로몬과** ¹⁵입할과 엘리수아와 네벡과 야비아와 ¹⁶엘리사마와 엘랴다와 엘
> 리벨렛이었더라(사무엘하 5:14-16)

쉽게 말해, 성경 두 곳 모두에서 솔로몬은 그의 동생들 뒤에 언급되고 있
다. 무슨 뜻인가? 다윗의 왕위는 솔로몬이 물려받았지만, 그는 하나님 나라
에서 '그의 동생들만도 못한 인간'이라는 뜻이다. 이것이 바로 이 책 2부에
서 다룬 '아브라함의 조카, 롯'에 이어 '밧세바의 아들, 솔로몬'을 다루는 이
유다.

원래 우리의 목적을 상기(想起)하기 위해 '아브라함의 조카, 롯' 네 번째 설
교에서 했던 말을 인용한다.³⁷

이 행함 같이 내 길로 행하며 내 법도와 명령을 지키면 내가 또 네 날을 길게 하리라"(열왕기상
3:12-14).

37 서문에서도 밝혔듯이, 원래 원고는 '아브라함의 조카, 롯'에 이어 '솔로몬의 어머니, 밧세바'가
쓰여졌다. 그러나 책은 '롯과 밧세바의 순서'를 바꾸어 출판했다. 이유는 간단하다. 밧세바에
대한 '청중의 집중도'가 비교도 안 되게 높았기 때문이다. 내게 있어 이번 책은 네 번째 출판이

[다시 한번 반복한다. 나는 '아브라함의 조카, 롯' 두 번째 설교에서 **"그 도시의 의사들이 모여 사는 아파트촌과 학군(學群)에 사는 부모와 자녀 사이에는 어떤 가치관이 오갈까?"**라고 하지 않았다. **"어떤 가치관이 자라나는 자녀들 사이에 오갈까?"**라고 했다. 물론 부모와 자녀 사이에 오가는 가치관이 중요하지 않다는 말이 아니다. **부모보다는 또래 집단이 자녀에게 더 많은 영향을 준다는 이야기는 하는 것이다.** 여기에 답이 있다. 또한, 부모가 선택한 지역의 문화와 가치관은 그 부모를 닮게 마련이다. 그러니 자녀들이 만나는 또래 집단 또한 그 부모와 닮은 아이들일 확률이 높다. 이것이 치명적이다. 그러나 동시에 사람의 인생과 그가 만나게 되는 환경은 그렇게 간단하지 않다. 우리가 이러한 다양한 변수를 볼 수 있다면, 우리의 신앙을 자녀에게 대물림하는 데 많은 유익이 있을 것이다.

이것을 이해하면, 왜 '모세의 손자 요나단'이 그의 할아버지의 신앙을 따르지 않았는지 설명할 수 있게 될 것이다.[38] 이것을 이해하면, 왜 다윗에게 기름을 부은 '사무엘의 아들들'이 그 아비의 신앙을 따르지 않았는지 추측할 수 있게 될 것이다.[39] 이것을 이해하면, 왜 '다윗의 아들인 솔로몬'이 그 아비

다. 그 과정에서 이 시대를 사는 사람들이 얼마나 책을 읽지 않는지 잘 알게 되었다. 볼거리가 넘치는 세상이다. 끊임없이 좀 더 짧은 동영상이 생산되는 세상이다. 그런 점에서 나는 이러한 상황이 충분히 이해된다. 즉 나는 이러한 상황에 적응했다. 그 결과, 좀 더 많은 독자가 집중할 수 있는 내용을 책 앞부분에 배치한 것이다.

38 "단 자손이 자기들을 위하여 그 새긴 신상을 세웠고 **모세의 손자요 게르솜의 아들인 요나단**과 그의 자손은 단 지파의 제사장이 되어 그 땅 백성이 사로잡히는 날까지 이르렀더라"(사사기 18:30).

39 "¹사무엘이 늙으매 그의 아들들을 이스라엘 사사로 삼으니 ²장자의 이름은 요엘이요 차자의 이

의 신앙을 따르지 않았는지 깨닫게 될 것이다.]

　남편을 전쟁터에 보낸 후, 홀로 가정을 지키고 있었던 밧세바의 인생은 짧은 시간 동안 급박(急迫)하게 흘러갔다. 모든 가임기의 여성이 매달 치르는 행사를 치른 뒤, 남편인 우리아가 집에 있을 때도 규례에 따라 했던 목욕이었다. 율법의 명령에 따라 했던 목욕이었다. 동일한 시간대에 동일한 장소에서 했던 목욕이었다. 다만 그날은 남편이 전쟁터에 나간 상황이었고, 다윗이 오침(午寢, 낮잠)을 마치고 왕궁 옥상을 거닐다가 밧세바가 목욕하는 장면을 봤다는 점만 달랐다. 당연히 다윗은 그의 눈에 우연히 들어온 그 장면을 봤을 때 고개를 돌려 왕궁 옥상을 떠나야만 했다. 그리고 동일 시간대에 왕궁 옥상에 사람의 출입을 막았어야 했다. 이것은 어린 시절 초등학교 저학년이었던 나 또한 알고 있었던 상식이었다.

　월경을 마친 뒤 목욕이라는 '밧세바의 평범한 일상'에 다윗이 끼어들면서 그녀의 인생에 '죽음'이 들어왔다. '그녀'뿐 아니라 '그녀의 남편과 아빠 그리고 할아버지'와의 관계를 생각할 때, 그녀는 다윗에게 있을 수 없는 일을 당했다. 그리고 얼마 지나지 않아 그녀는 자신의 임신 사실을 알게 되었다. 몇 주간 불안한 예감에 시달린 후였을 것이다. 애써 자신을 달래며 그 시간을

름은 아비야라 그들이 브엘세바에서 사사가 되니라 ³그의 아들들이 자기 아버지의 **행위를** 따르지 아니하고 이익을 따라 뇌물을 받고 판결을 굽게 하니라 ⁴이스라엘 모든 장로가 모여 라마에 있는 사무엘에게 나아가서 ⁵그에게 이르되 보소서 **당신은 늙고 당신의 아들들은 당신의 행위를 따르지 아니하니 모든 나라와 같이 우리에게 왕을 세워 우리를 다스리게 하소서 한지라**" (사무엘상 8:1-5).

견딘 후였을 것이다. 그렇게 다윗에게 임신 소식을 알리고 난 뒤, 남편의 짧은 귀환과 전쟁터로의 복귀 소식을 전해 듣게 되었다. 남편의 짧은 귀환과 더불어 배달된 왕의 음식들을 보면서 그녀는 '다윗의 의중(意中)'을 알 수 있었을 것이다. 그러나 남편은 집에 오지 않았다. 당연히 그녀는 이것이 무엇을 의미하는지 본능적으로 알았을 것이다. 다만 애써 스산한 그 느낌을 부정했을 것이다. 이럴 때만 시간은 빨리 지나는 것 같다. 곧이어 남편의 전사 소식이 그녀에게 전해졌다. 피눈물의 시간이었다. 단 며칠의 장례를 마친 뒤, 왕궁에서 사람이 왔다. 그에게 끌려 왕궁에 들어가 예복이 입혀지고 분장을 받았다. 이제 그녀는 자신을 강간한 사내의 아이를 임신한 채 그의 아내가 되어 있었다. 자신의 남편을 죽인 사내의 아이를 임신한 채 그의 아내가 되어 있었다.

사극(史劇)을 보면 알 수 있듯이 왕실이라는 곳은 '음모와 암투'가 일상인 곳이다. '존재 자체'가 '죄가 되며 위협과 견제의 의미'가 되는 곳이 왕궁이다. '뛰어난 재주'가 '죽어야 하는 죄목'이 되는 곳이 왕궁이다. '왕의 사랑을 받는 것'이 '죽음의 위험에 노출되는 이유'가 되는 곳이 바로 왕궁이다. 강한 '친정의 힘'이 있다 한들 쉽지 않은 곳이 왕궁이라는 곳이다.

게다가 그곳은 '남성 위주의 가부장적인 제도'가 정점에 있었던 민족의 왕궁이었다.[40] 가장(家長)이 족장으로서 가족 구성원에 대한 모든 권한을 가졌던 이스라엘이었다. 수년 전 우리 대한민국에 '미투' 열풍이 불었을 때였

---

40 당시 이스라엘에서 여자와 아이들은 사람 취급을 받지 못했다.

다. 그 당시 요양병원에 근무하는 누가들[41]이 전해준 이야기가 있다. "80, 90대 할머니들이 미투를 하며 나서는 여자들을 엄청 욕해요. 저년들이 도대체 누구네 귀한 자식들의 신세를 망치려고 저 지랄이다냐? 지년들이[42] 행실을 똑바로 못해서 그런 일이 일어났지. 그냥 일어났겠어? 여시 같은 년들이 남의 집 귀한 아들들한테 꼬리를 칠 때는 언제고, 무슨 억하심정으로 저 지랄들을 한다냐?" 어느 지역 어느 시기를 지배하는 '시대정신'이 무서운 이유가 바로 이것이다. 이러한 우리네 할머니 세대들을 지배하는 '남성 위주, 장자 우선의 시대정신'보다도 더한 문화를 가진 곳이 이스라엘이었다.

밧세바의 남편 우리아는 '다윗의 삼십 용사'에 들어갔던 장수였다. 그러한 그가 전사한 지 며칠이 되지 않아, 그의 아내 밧세바가 다윗의 아내가 되었다. 그러니까 우리아 장군의 장례식이 끝나자마자, 우리아 장군의 아내가 왕궁으로 불려가 다윗왕의 아내가 되었다. 물론 다윗 입장에서는 밧세바가 임신한 아이의 출산일을 걱정하여 서둘러 취한 조치였을 것이다. 다윗은 밧세바가 그의 아내가 된 뒤에 출산하기까지의 시간을 확보해야 했을 것이다. 최소한 칠삭둥이나 팔삭둥이라는 말로 변명할 시간이 필요했을 것이다.

---

41 내가 사역하는 한국누가회(CMF)에서는 졸업한 학사들을 '누가'라고 한다. 졸업하지 않은 학생들은 '작은 누가'라 불린다. '사랑받는 의사 누가'를 생각할 때, 의료인의 선교단체인 한국누가회(CMF)에서 회원들을 이렇게 부르는 것은 쉽게 이해될 것이다.: **"사랑을 받는 의사 누가와 또 데마가 너희에게 문안하느니라"**(골로새서 4:14).

42 '저년들이' 아니다. '지년들이'가 맞다. 그 세대 할머니들의 사투리를 그대로 옮긴 것이다. 이런 말투를 쓰시는 분들의 말 중, '지가 해놓고서'의 뜻은 '자신이 해놓고서'이다. 이 정도 설명을 하면 '지년들이'에서 '지'가 무슨 뜻인지 충분히 전달되었으리라 믿는다.

이것이 세상이다. 세상은 '사실'을 원하지 않는다. 세상은 믿고 싶은 '근거'를 찾을 뿐이다. 권력자가 주장하는 말을 지지할 수 있는 지푸라기라도 존재하면 사실이 되는 것이 세상이다. 이 시기 다윗은 그러한 세상의 속성을 기대했을 것이다.

그러나 우리아 장군의 장례식이 끝나자마자 밧세바가 다윗왕의 아내가 되었다는 소식이 퍼지는 순간, 사람들은 우리아의 죽음에 의문을 품게 되었을 것이다. 바보가 아닌 이상 '우리아의 죽음'에 '다윗과 밧세바의 관계'가 얽혀 있음을 눈치챘을 것이다. 당연히 왕궁이라는 험악한 곳에 불려 들어가 다윗의 아내가 된 밧세바가 마주해야 했던 '왕궁의 공기'는 이러한 분위기를 아주 깊게 반영하고 있었을 것이다.

다윗 왕궁에 불려 들어간 첫해, 밧세바의 삶은 어떠했을까? '그녀의 표정'과 '그녀의 영혼'은 어떤 상황에 처해 있었을까? 자신을 강간하여 임신시킨 후, 자신의 남편을 죽인 원수의 아내가 되어 살아야만 하는 상황에서 그녀는 어떤 하나님을 만나고 있었을까? 아니 세상이 얼마나 무서웠을까? 그녀를 통해 아이를 다섯이나 얻었던 다윗은 그녀에게 어떤 존재로 느껴졌을까? 왕궁에 들어간 첫해 거의 매일 그녀를 찾아왔을 다윗을 보며 그녀가 느꼈던 감정 혹은 느낌은 무엇이었을까? '섬뜩함'이었을까? 아니면 절망을 포함한 '자포자기(自暴自棄)'였을까?

그렇게 시간이 지나 산통(産痛)이 왔다. 그리고 아이를 출산했다. 아들이었다. 성경에는 '아들, 딸'을 특정하지 않고 '아이'라고 기록되어 있으나 '아들'이 맞다. 내가 그렇게 보는 이유는 간단하다. 나단 선지자의 비유에 대한

'다윗의 판결' 때문이다.

> [5]다윗이 그 사람으로 말미암아 노하여 나단에게 이르되 여호와의 살아
> 계심을 두고 맹세하노니 이 일을 행한 그 사람은 마땅히 죽을 자라 [6]그
> 가 불쌍히 여기지 아니하고 이런 일을 행하였으니 **그 양 새끼를 네 배나**
> **갚아 주어야 하리라 한지라**(사무엘하 12:5-6)

"그가 불쌍히 여기지 아니하고 이런 일을 행하였으니 그 양 새끼를 네 배
나 갚아 주어야 하리라." 우리아의 죽음에 대한 다윗의 판결이다. 그리고 다
윗의 이 판결에 따라, 다윗의 아들 중 네 명이 죽음을 맞이한다. 첫 번째는
'다윗의 강간 사건으로 밧세바가 낳은 아이'다. 두 번째는 다윗의 맏아들 '암
논'이다. 세 번째는 다윗의 셋째 아들 '압살롬'이다. 네 번째는 다윗의 넷째
아들 '아도니야'다.[43] 이렇듯 '우리아의 죽음'을 네 배나 갚아 주어야 한다고
한 '다윗의 판결'에 따라 '네 명의 아이가 희생'되었다. 이 중 세 아이의 성별
은 성경을 통하여 확인할 수 있다. 그러니 희생된 네 아이 중 나머지 한 아
이의 성별 또한 같았을 것이다. 또한 우리아는 누군가의 아들이다. 그러니
다윗의 강간 사건으로 밧세바가 낳은 아이 또한 당연히 아들임에 틀림없다.

---

43 다윗의 둘째 아들은 나발의 아내였던 아비가일이 낳은 길르압이다. 즉 다윗의 첫째 아들부터
넷째 아들 중 둘째 아들만 살아남았다. 이는 그의 어머니 아비가일의 지혜와 연관될 것이다.
이 부분은 뒤에서 다루겠다. : "[2]다윗이 헤브론에서 아들들을 낳았으되 **맏아들은 암논이라** 이
스르엘 여인 아히노암의 소생이요 [3]**둘째는 길르압이라** 갈멜 사람 나발의 아내였던 아비가일의
소생이요 **셋째는 압살롬이라** 그술 왕 달매의 딸 마아가의 아들이요 [4]**넷째는 아도니야라** 학깃
의 아들이요 다섯째는 스바댜라 아비달의 아들이요 [5]여섯째는 이드르암이라 다윗의 아내 에글
라의 소생이니 이들은 다윗이 헤브론에서 낳은 자들이더라"(사무엘하 3:2-5).

이 부분에서 성경의 정신 한 가지를 더 확인하고 지나가자면 이러하다.

> [25]온 이스라엘 가운데에서 압살롬 같이 아름다움으로 크게 칭찬 받는 자가 없었으니 그는 **발바닥부터 정수리까지 흠이 없음이라** [26]그의 머리털이 무거우므로 연말마다 깎았으며 그의 머리 털을 깎을 때에 그것을 달아본즉 그의 머리털이 왕의 저울로 이백 세겔이었더라(사무엘하 14:25−26)

> 그러나 그 짐승이 흠이 있어서 절거나 눈이 멀었거나 **무슨 흠이 있으면 네 하나님 여호와께 잡아 드리지 못할지니**(신명기 15:21)

> **흠이나 악질이 있는 소와 양은 아무것도 네 하나님 여호와께 드리지 말지니** 이는 네 하나님 여호와께 가증한 것이 됨이니라(신명기 17:1)

위에 인용한 성경 본문 중에 눈에 띄는 부분이 있으리라 믿는다. 다윗의 셋째 아들 '압살롬'에 대한 성경의 표현이 묘하다. "그는 발바닥부터 정수리까지 흠이 없음이라." 사람을 소개하는 데 이렇게 소개하는 것을 본 적이 없을 것이다. 이 표현은 율법에서 제물(祭物)로 바쳐지는 소와 양 같은 짐승에 대해 쓰이는 '제의적(祭儀的) 표현'이다. 또한 일 년에 한 번씩 그 털을 깎아 무게를 달아보는 가축은 오직 양밖에 없다. 양은 언약 백성의 제사에서 '희생 제물'로 드려지는 대표적인 가축이다.

그렇게 섬뜩한 기운이 가득한 다윗 왕궁에서의 첫해를 태중(胎中)에서 같이 했던 아이였다. 그러나 그 아이마저 다윗의 죗값으로 하나님께서 치시매 이레 동안 심하게 앓다가 죽고 만다. '다윗의 강간 사건' 이후 밧세바 그녀의 삶에 채 1년이 안 되어 맞이하게 된 '두 번째 죽음'이었다. 그녀는 1년이 채 안 되는 시간 동안 '남편과 아들의 죽음'을 직면해야만 했다. 이 두 죽음 모두 다윗이 그녀에게 저지른 범죄가 원인이었다. 그녀는 참으로 잔인한 것이 인생이라는 생각을 했을 것이다.

> ¹³다윗이 나단에게 이르되 내가 여호와께 죄를 범하였노라 하매 나단이 다윗에게 말하되 여호와께서도 당신의 죄를 사하셨나니 당신이 죽지 아니하려니와 ¹⁴이 일로 말미암아 여호와의 원수가 크게 비방할 거리를 얻게 하였으니 **당신이 낳은 아이가 반드시 죽으리이다** 하고 ¹⁵나단이 자기 집으로 돌아가니라 **우리아의 아내가 다윗에게 낳은 아이를 여호와께서 치시매 심히 앓는지라** ¹⁶다윗이 그 아이를 위하여 하나님께 간구하되 다윗이 금식하고 안에 들어가서 밤새도록 땅에 엎드렸으니 ¹⁷그 집의 늙은 자들이 그 곁에 서서 다윗을 땅에서 일으키려 하되 왕이 듣지 아니하고 그들과 더불어 먹지도 아니하더라 ¹⁸**이레 만에 그 아이가 죽으니라** 그러나 다윗의 신하들이 아이가 죽은 것을 왕에게 아뢰기를 두려워하니 이는 그들이 말하기를 아이가 살았을 때에 우리가 그에게 말하여도 왕이 그 말을 듣지 아니하셨나니 어떻게 그 아이가 죽은 것을 그에게 아뢸 수 있으랴 왕이 상심하시리로다 함이라(사무엘하 12:13-18)

잠시 한 부분을 더 언급하고 지나가자면 이러하다. "여호와께서도 당신의 죄를 사하셨나니 당신이 죽지 아니하려니와" 우리는 선지자 나단의 이 말에서 "하나님 앞에 회개하여 용서받지 못할 죄가 없다"라는 사실을 떠올리곤 한다. 맞는 말이다. 분명한 진리다. 그러나 그래서 회개만 하면 그 일에 대해 아무 책임도 없다고? 어떠한 대가도 치르지 않게 된다고? 천만의 말씀이다. 성경은 절대 그렇게 말하지 않는다.[44] 성경에서 증언하는 "당신의 죄를 사하셨다"라는 의미는 '관계'에 대한 이야기다. 즉 하나님께서 우리의 죄를 사하셨다는 뜻은 '하나님 아빠 아버지 되심'과 '우리의 자녀 됨'의 관계가 취소되지 않았다는 의미다. 하나님의 죄 용서는 우리의 '하나님의 자녀'라는 신분이 박탈되지 않았음을 의미한다. 즉 하나님의 '우리를 향한 죄 용서'는 '하나님과 우리의 관계'와 '그로 인해 발생하는 하나님의 자녀라는 우리의 신분'에 대한 이야기다. 그러므로 그가 하나님의 사람이라면,[45] 그의

---

44 "⁵⁸네가 너를 고발하는 자와 함께 법관에게 갈 때에 길에서 화해하기를 힘쓰라 그가 너를 재판장에게 끌어 가고 재판장이 너를 옥졸에게 넘겨 주어 옥졸이 옥에 가둘까 염려하라 ⁵⁹네게 이르노니 한 푼이라도 남김이 없이 갚지 아니하고서는 결코 거기서 나오지 못하리라 하시니라"(누가복음 12:58-59). "⁸삭개오가 서서 주께 여짜오되 주여 보시옵소서 내 소유의 절반을 가난한 자들에게 주겠사오며 만일 누구의 것을 속여 빼앗은 일이 있으면 네 갑절이나 갚겠나이다 ⁹예수께서 이르시되 오늘 구원이 이 집에 이르렀으니 이 사람도 아브라함의 자손임이로다 ¹⁰인자가 온 것은 잃어버린 자를 찾아 구원하려 함이니라"(누가복음 19:8-10).

45 하나님의 자녀들과는 달리 '하나님의 자녀가 아닌 자들을 향한 하나님의 심판은 '내버려 두심'이다. 그러한 연유로, 이 땅을 살아가는 동안 믿지 않는 자의 삶이 오히려 더 평탄해 보이기도 하는 것이다. : "또한 그들이 마음에 하나님 두기를 싫어하매 하나님께서 그들을 그 상실한 마음대로 내버려 두사 합당하지 못한 일을 하게 하셨으니"(로마서 1:28).: 이러한 하나님의 반응에 대해 이의를 제기하는 사람들이 분명히 존재한다. 이러한 사람들의 이의는 대부분 이러하다. "자신의 자녀가 아니어도 바른길로 인도해주셔야 하지 않나요?" 이러한 이의에까지 답할 생각은 없다. 다만, 왜 하나님의 자녀 된 믿는 자의 삶이 녹록치 않은지에 대한 깊은 묵상 거리가 될 것이라 믿는다.

회개에 대해 하나님께서는 죄를 용서하시는 동시에 '**그의 평생에 걸쳐 뼈아 픈 대가**'를 치르게 하신다.

그렇다면 하나님께서 우리의 죄는 용서하시지만, 평생에 걸쳐 우리의 죗 값을 치르게 하시는 이유는 무엇일까? 물론 표현이 '죗값을 치른다'이지 우 리와 같은 인생⁴⁶에는 죗값을 치를 능력 자체가 존재하지 않는다. "왜 하나 님은 우리 죄는 용서하시지만, 아무 일도 없었던 것으로 해 주시지 않고 우 리의 일생을 통하여 그 고통스러운 죗값을 치르게 하실까?" 그 이유에 대한 분명한 대답은 다윗의 말년에 기록되어 있다. 하나님께서 다윗으로 하여금 그의 온 인생을 통해 '다윗의 강간 사건'에 대한 죗값을 치르게 하신 결과가 열왕기상 시작 부분에 언급되어 있다.

¹다윗 왕이 나이가 많아 늙으니 이불을 덮어도 따뜻하지 아니한지라 ²그 의 시종들이 왕께 아뢰되 우리 주 왕을 위하여 젊은 처녀 하나를 구하여 그로 왕을 받들어 모시게 하고 왕의 품에 누워 우리 주 왕으로 따뜻하시 게 하리이다 하고 ³이스라엘 사방 영토 내에 아리따운 처녀를 구하던 중 수넴 여자 아비삭을 얻어 왕께 데려왔으니 ⁴**이 처녀는 심히 아름다워 그 가 왕을 받들어 시중들었으나 왕이 잠자리는 같이 하지 아니하였더라** (열왕기상 1:1-4)

---

46 이때의 '인생'은 '사람의 삶'이라는 뜻이 아니라 '존재적 표현'이다. 이 설명으로 말뜻이 전달되 었으리라 믿는다.

열왕기상 시작 부분을 보면, 다윗이 밧세바를 강간하게 된 계기가 되었던 때와 같은 단어가 눈에 띌 것이다. 밧세바 때 쓰인 문장은 이러했다. "한 여인이 목욕을 하는데 **심히 아름다워** 보이는지라." 열왕기상 시작 부분의 언급은 이러하다. "이 처녀는 **심히 아름다워** 그가 왕을 받들어 시중들었으나" 그러나 결과는 달랐다. 밧세바 사건은 '다윗의 성적인 약점' 때문에 일어난 일이었다. 다윗의 눈에 심히 아름다워 보였던 밧세바를 범한 일은 분명히 '불법'이었다. 그러나 '수넴 여자 아비삭'은 당시 법으로 볼 때 다윗에게 있어 '합법적인 여인'이었다. 그럼에도 불구하고 성경은 "왕이 잠자리는 같이 하지 아니하였더라"고 증언한다.

성경은 하나님의 구원 역사 가운데 일어난 수없이 많은 일 중, 하나님의 자녀들의 구원과 삶에 반드시 필요한 부분들을 선별해서 기록해 놓은 것이다. 즉 열왕기상 시작 부분에 나오는 '수넴 여자 아비삭'에 대한 다윗의 기사는 대단히 의도적인 기록이다. 다윗은 왜 그랬을까?

다윗의 신하들이 '수넴 여자 아비삭'을 얻어 다윗에게 데려온 일은 우리 민족에게도 있었던 제도다. 조선 시대 이전까지의 이야기다. 어느 부잣집 혹은 고관대작의 집에 나이가 들어 기력이 쇠해진 대감마님이 있는 경우, 젊은 처녀를 구해[47] 이부자리에 넣어주는 전통이 있었다. 지금과 같이 난방이 발달한 시대가 아니었다. 즉 젊은 처녀의 체온으로 기력이 쇠한 대감마

---

47 보통 처녀의 집에 논 몇 마지기를 주었다고 한다. 그리고 대부분의 경우 같은 동네가 아닌 약간 떨어진 동네의 소작농의 딸 중에서 그 대상을 구했다고 전해진다. 마지기는 지방에 따라 다르지만 보통 논 한 마지기는 이백 평을 의미한다.

님의 기력을 회복하고 '인간 난로'(?) 역할을 하도록 했던 제도가 있었다. 이 것이 바로 아비삭을 다윗에게 데려온 것과 같은 제도다.

그런데 성경의 증언으로 볼 때, 우리는 다윗이 '수넴 여자 아비삭'을 그의 이불 안으로 들이지 않았음을 알 수 있다. 다윗은 왜 그랬을까? 그것은 젊기에 그리하여 앞으로 살아갈 날이 창창한 '아비삭의 인생'을 위해서였을 것이다. 다윗은 자신에게 시간이 얼마 남지 않았음을 잘 알고 있었을 것이다. 다윗은 아비삭을 자신의 이부자리에 들일 경우, 그가 세상을 떠난 뒤 홀로 왕궁에 남겨져야 하는 아비삭의 처지를 생각했던 것이 분명하다. 다윗은 자신의 부당한 성적 욕심 때문에 평생 어두운 그늘에 싸인 채 잔인한 세월을 견뎌낸 밧세바를 보았을 것이다. 자신이 나단 선지자의 비유에 화를 내며 내린 판결대로 죽어간 세 명[48]의 아들이 그의 가슴에 묻혀 있었을 것이다.

다윗은 그의 성적인 약점 때문에 망가져 버린 여러 인생들을 직접 눈으로 보며 살아야 했다. 더군다나, 그들 모두는 그에게 있어서 가장 가까운 사람들이었다. 자신의 성적인 약점 때문에 수많은 인생들을 망가뜨려 버린 다윗이었다. 그런 그의 입장에서 이제 막 인생을 시작하는 어린 처녀에게 자신의 죽음 뒤에 '새로운 인생'을 선물하고 싶은 마음이 왜 없었겠는가? 이렇게 성경은 '수넴 여자 아비삭'의 기사를 통하여 평생에 걸친 고난 가운데 이제는 '성숙한 다윗의 모습'을 분명히 보여주고 있다. 다윗 그가 일생에 걸쳐 겪었던 고난과 환난이 헛되지 않았음을 분명히 알리고 싶었던 것이다. 더군

---

48 이때까지는 세 명이다. 아도니야는 다윗의 죽음 이후에 죽음을 맞이했다.

다나 이 기사는 열왕기를 시작하자마자 나온다. 성적인 약점으로 수없이 많은 인생들을 망가뜨린 다윗이 이제는 달라졌음을 얼마나 알리고 싶으셨는지[49] '하나님의 마음'이 느껴지는 대목이다.

"다윗 왕이 나이가 많아 늙으니 이불을 덮어도 따뜻하지 아니한지라." 다윗은 '수넴 여자 아비삭'을 위해 이불 속에서 홀로 추위를 견디기로 결심했던 것으로 보인다. 교회사를 살펴보면, 다윗의 죽음 뒤 아도니야가 아비삭을 요구한 일로 제거된 뒤에 아비삭은 자유의 몸이 되었다고 알려져 있다. 그리고 왕족이 아닌 남자와 가정을 꾸린 것으로 전해진다. 왕이 되지 못한 '솔로몬의 이복형 아도니야'가 아비삭을 요구한 일은 솔로몬의 왕권에 대한 도전이었다.[50] 하지만 왕족이 아닌 남자와 아비삭이 가정을 꾸리는 일은 다른 의미였다. 그리고 축복받을 일이었다.

---

49 자랑하고 싶으셨는지

50 [19]밧세바가 이에 아도니야를 위하여 말하려고 솔로몬 왕에게 이르니 왕이 일어나 영접하여 절한 후에 다시 왕좌에 앉고 그의 어머니를 위하여 자리를 베푸니 *그가 그의 오른쪽에 앉는지라* [20]밧세바가 이르되 내가 한 가지 작은 일로 왕께 구하오니 내 청을 거절하지 마소서 왕이 대답하되 내 어머니여 구하소서 내가 어머니의 청을 거절하지 아니하리이다 [21]이르되 청하건대 **수넴 여자 아비삭을 아도니야에게 주어 아내로 삼게 하소서** [22]솔로몬 왕이 그의 어머니에게 대답하여 이르되 **어찌하여 아도니야를 위하여 수넴 여자 아비삭을 구하시나이까** 그는 나의 형이오니 그를 위하여 왕권도 구하옵소서 그뿐 아니라 제사장 아비아달과 스루야의 아들 요압을 위해서도 구하옵소서 하고 [23]여호와를 두고 맹세하여 이르되 아도니야가 이런 말을 하였은즉 그의 생명을 잃지 아니하면 하나님은 내게 벌 위에 벌을 내리심이 마땅하니이다 [24]그러므로 이제 나를 세워 내 아버지 다윗의 왕위에 오르게 하시고 허락하신 말씀대로 나를 위하여 집을 세우신 여호와께서 살아 계심을 두고 맹세하노니 아도니야는 오늘 죽임을 당하리라 하고 [25]**여호야다의 아들 브나야를 보내매 그가 아도니야를 쳐서 죽였더라**(열왕기상 2:19–25).: 내가 밧세바를 '허영심과 과시욕이 가득'하며 외모가 출중한 동시에 '머리가 비어있는' 여인으로 오해하게 된 계기는 이 사건 때문이다.

결국, 평생에 걸쳐 밧세바를 강간한 죗값을 치른 다윗은 경제적 능력이 없는 집에 태어났다는 이유로 늙은 왕에게 불려온 한 처녀에게 '새로운 삶'을 선물했다. 암몬과의 전쟁에서 랍바를 점령하고 암몬의 왕권을 가져왔던 시절의 다윗은 행복한 가정에서 성실한 삶을 꾸려가던 밧세바의 삶을 잔인하게 파괴했다.[51] 하지만 이불을 덮어도 자신의 몸 하나 홀로 따뜻하게 하지 못하게 된 늙은 다윗은 아비삭에게 행복한 가정을 꾸릴수 있는 기회를 선물했다. 이것이 하나님께서 당신의 사람이 범죄했을 때 그의 평생에 걸쳐 그 죗값을 치르게 하시는 이유다.

또 한 가지, 이러한 다윗의 성숙은 생각지 못한 성과를 가져왔다. 다윗이 '수넴 여자 아비삭'을 이불에 들였다면, 아도니야가 밧세바를 통하여 아비삭을 요구하는 일은 발생할 수 없었을 것이다. 다윗이 아비삭을 그의 이불에 들였음에도 아비삭을 요구했다면 그 일은 누가 보아도 분명한 반역이기 때문이다. 이러한 정황으로 보아, 다윗이 아비삭을 그의 이불에 들이지 않은 사실은 왕궁에 있는 모든 사람들이 알고 있었던 것으로 보인다. 이러한 상황을 틈타 아도니야는 밧세바를 통해 아비삭을 요구하는 과정에서 그의 심중에 있는 '반역의 마음'을 드러내게 되었다.[52] 그리고 결과적으로 밧세바와

---

51 "²⁹다윗이 모든 군사를 모아 랍바로 가서 그곳을 쳐서 점령하고 ³⁰그 왕의 머리에서 보석 박힌 왕관을 가져오니 그 중량이 금 한 달란트라 다윗이 자기의 머리에 쓰니라 다윗이 또 그 성읍에서 노략한 물건을 무수히 내오고 ³¹그 안에 있는 백성들을 끌어내어 톱질과 써레질과 철도끼질과 벽돌구이를 그들에게 하게 하니라 암몬 자손의 모든 성읍을 이같이 하고 다윗과 모든 백성이 예루살렘으로 돌아가니라"(사무엘하 12:29-31).
52 듣키게 되었다.

솔로몬은 초반에 아도니야의 반역의 싹을 자름으로 죽음의 위험으로부터 벗어날 수 있었다. 그리고 솔로몬 왕국은 안정과 번영의 기틀을 마련하게 되었다.

그렇게 놓고 보면, 밧세바를 강간한 죗값을 하나님 앞에서 평생 치른 '다윗의 성적(性的)인 부분에서의 성숙의 최대 수혜자'는 밧세바와 솔로몬이다. '다윗의 성적 약점의 최대 피해자인 밧세바'와 '그녀의 아들 솔로몬'이 '다윗의 성숙, 그것의 최대 수혜자'가 된 것이다. 다윗의 '성적 약점에 의한 최대 피해자'였던 밧세바였다. 그런 그녀가 다윗의 '성적 부분에서의 성숙, 그것의 최대 수혜자'가 됐다는 점은 생각할수록 기가 막힌 일이다. 이것이 하나님께서 우리 인류의 반역 가운데 일하시는 방식이다. 그리고 하나님께서 만들어 가시는 기막힌 드라마다.

그렇다면, 무엇이 이토록 다윗을 바꾸어 놓았을까? 밧세바를 강간한 이후 다윗의 눈에 비친 세상은 어떤 곳이었을까? 다윗은 무엇을 보았던 것일까? 왕궁으로 끌려와 그의 아내가 된 밧세바의 삶은 어떠했을까? 다윗의 눈에 비친 밧세바의 삶과 그녀의 표정은 어떠했을까? 아마도 다윗의 눈에 비친 밧세바의 모습은 삶을 사는 것이기보다는 견디어 내는 것으로 보였던 것 같다. 물론 그 시작은 욕정으로 인한 범죄였다. 하지만 많은 신학자들이 언급하는 바와 같이, 나 또한 다윗이 가장 사랑한 여인은 밧세바였다는 주장에 동의한다. 그 이유는 뒤에서 다루겠다.

다윗을 제외한[53] 당시 사람들의 눈에 밧세바 그녀는 그녀와 가까운 사람들에게 죽음을 불러들이는 여자였을 수도 있다. 우리가 사는 이 땅에서도 몇십 년 전만 해도 남편이 먼저 세상을 떠나는 경우, 홀로 된 며느리를 향해 "남편 잡아먹은 년"이라는 말도 안 되는 비난이 드물지 않았었다. 그런데 밧세바가 살아내야 했던 이스라엘은 우리 민족보다도 더 가부장적인 곳이었다. 동시에 '이성적 사고'가 그래도 어느 정도 통용되는 현대와는 전혀 다른 시대 다른 공간이었다. 밧세바 또한 자신을 자신의 주변 사람들에게 죽음을 불러오는 존재라고 생각했을 수도 있다. 불행을 가져오는 존재라고 생각했을 수도 있다. 이러한 생각에 사로잡혀 사는 사람의 표정을 상상해볼 때, 밧세바 그녀는 분명히 삶을 사는 것이 아니라 견디어 내고 있었을 것이다.

이러한 그녀의 내면은[54] 당연히 그녀의 표정을 통해 고스란히 드러났을 것이다. 그녀가 입고 있는 궁중 예복 위로 누구나 쉽게 알아볼 수 있었을 것이다. 문제는 그 모습을 밧세바의 할아버지 아히도벨 또한 분명히 보고 느꼈을 것이라는 점이다. 앞에서도 언급했지만, 밧세바의 할아버지 아히도벨은 다윗의 모사[55]였다.

---

53 다윗은 자신이 밧세바 주변 사람들의 죽음의 원인이라는 사실을 잘 인식하고 있었을 것이다.
54 밧세바와 연관된 성경의 기록은 대단히 절제된 동시에 사건과 사실 위주만 전달하고 있다. 이러한 성경의 기록은 어떤 면에서는 밧세바 그녀의 메마른 인생에 깔려 있었을 '비장미'를 전달하기 위함일 수도 있다.
55 모사(謀士): 젊은 세대를 위해서 설명을 덧붙이자면, 삼국지에 나오는 '유비'에게 있어서 '제갈공명'과 같은 역할이었다고 생각하면 된다.

아히도벨은 왕의 모사가 되었고 아렉 사람 후새는 왕의 벗이 되었고(역
대상 27:33)

**그때에 아히도벨이 베푸는 계략은 사람이 하나님께 물어서 받은 말씀과
같은 것이라** 아히도벨의 모든 계략은 다윗에게나 압살롬에게나 그와 같
이 여겨졌더라(사무엘하 16:23)

이제 다음 단원에는 밧세바의 할아버지 아히도벨이 본 밧세바의 모습을
추적해볼 것이다. 그리고 이러한 밧세바의 모습이 연결고리가 되어 일어난
일련의 사건들을 살펴보겠다.

밧세바는
다윗을 사랑했을까?

사람이라는 존재가 그렇다. '귀로 듣는 것'과 '눈으로 보는 것'은 전혀 다른 이야기가 된다. 밧세바의 할아버지 아히도벨 또한 마찬가지였을 것이다. 아히도벨이 다윗의 모사가 아니었다면, 그는 왕궁에 들어간 이후의 밧세바를 직접 보기 힘들었을 것이다. 그러나 아히도벨이 베푸는 계략은 다윗에게 있어 사람이 하나님께 물어서 받은 말씀과 같았다.[56] 그러므로 아히도벨의 궁정 출입은 매우 자유로운 동시에 일상적인 일이었을 것이다. 당연히 그 과정에서 아히도벨은 그의 손녀 밧세바의 안부와 사는 형편을 아주 자세히 살펴볼 수 있었을 것이다. 누구나 쉽게 손녀를 바라보는 아히도벨의 '근심 어린 눈'을 떠올릴 수 있을 것이다. 우리는 아히도벨이 거친 성격의 무인(武人)이 아니라는 사실을 기억해야 한다. 그는 전략과 전술뿐 아니라 사람

---

56 "그때에 아히도벨이 베푸는 계략은 사람이 하나님께 물어서 받은 말씀과 같은 것이라 아히도벨의 모든 계략은 다윗에게나 압살롬에게나 그와 같이 여겨졌더라"(사무엘하 16:23).

과 사람 사이의 관계에 대해 본능적으로 느끼고 조언하는 데 천부적(天賦的)
인 소질을 가진 사람이었을 것이다.

그러한 아히도벨의 눈에 비친 밧세바의 모습은 어떠했을까? 물론 아히도
벨의 속마음이 직접 성경에 기록되어 있지는 않다. 하지만 우리는 쉽게 아
히도벨의 눈에 비친 밧세바의 모습을 유추해 볼 수 있다. 다윗의 셋째 아들
압살롬의 반역이 일어났을 때다.

> [31]**어떤 사람이 다윗에게 알리되 압살롬과 함께 모반한 자들 가운데 아
> 히도벨이 있나이다 하니** 다윗이 이르되 여호와여 원하옵건대 아히도벨
> 의 모략을 어리석게 하옵소서 하니라 [32]다윗이 하나님을 경배하는 마루
> 턱에 이를 때에 **아렉 사람 후새가 옷을 찢고 흙을 머리에 덮어쓰고 다윗
> 을 맞으러 온지라** [33]다윗이 그에게 이르되 네가 만일 나와 함께 나아가
> 면 내게 누를 끼치리라 [34]그러나 네가 만일 성읍으로 돌아가서 압살롬에
> 게 말하기를 왕이여 내가 왕의 종이니이다 전에는 내가 왕의 아버지의
> 종이었더니 이제는 내가 왕의 종이니이다 하면 **네가 나를 위하여 아히
> 도벨의 모략을 패하게 하리라** [35]**사독과 아비아달 두 제사장이 너와 함께
> 거기 있지 아니하냐 네가 왕의 궁중에서 무엇을 듣든지 사독과 아비아
> 달 두 제사장에게 알리라** [36]그들의 두 아들 곧 사독의 아히마아스와 아
> 비아달의 요나단이 그들과 함께 거기 있나니 너희가 듣는 모든 것을 그
> 들 편에 내게 소식을 알릴지니라 하는지라 [37]**다윗의 친구 후새가 곧 성
> 읍으로 들어가고 압살롬도 예루살렘으로 들어갔더라**(사무엘하 15:31-
> 37)

압살롬의 반역이 일어나자, 아히도벨은 압살롬의 편에 서서 적극적으로 도왔다. 그 과정에서 '다윗 왕의 모사 아히도벨'과 '다윗 왕의 벗 아렉 사람 후새'의 입장이 갈리게 되었다.[57]

피난을 떠나는 다윗이 그를 따라나서려는 후새에게 '이중 첩자'의 역할을 맡기는 장면이 위에 인용한 성경 본문이다. "네가 나를 위하여 아히도벨의 모략을 패하게 하리라." 다윗은 그렇게 아히도벨이 있는 공간으로 후새를 보냈다. 이러한 사실로 보아, 이 둘은 자주 이러저러한 의견을 나누고 지혜를 모았던 사이인 것으로 보인다. 결과적으로 이중 첩자 역할을 한 후새에 의해 아히도벨의 모략이 패하게 된다.

> [1]**아히도벨이** 또 압살롬에게 이르되 **이제 내가** 사람 만 이천 명을 택하게 하소서 **오늘 밤에 내가** 일어나서 다윗의 뒤를 추적하여 [2]그가 곤하고 힘이 빠졌을 때에 기습하여 그를 무섭게 하면 그와 함께 있는 모든 백성이 도망하리니 **내가 다윗 왕만 쳐죽이고** [3]모든 백성이 당신께 돌아오게 하리니 모든 사람이 돌아오기는 왕이 찾는 이 사람에게 달렸음이라 그리하면 모든 백성이 평안하리이다 하니 [4]압살롬과 이스라엘 장로들이 다 그 말을 옳게 여기더라 [5]압살롬이 이르되 아렉 사람 후새도 부르라 우리가 이제 그의 말도 듣자 하니라 [6]후새가 압살롬에게 이르매 압살롬이 그에게 말하여 이르되 아히도벨이 이러이러하게 말하니 우리가 그 말대로 행하랴 그렇지 아니하거든 너는 말하라 하니 [7]**후새가 압살롬에게 이르**

---

57 "아히도벨은 왕의 모사가 되었고 아렉 사람 후새는 왕의 벗이 되었고"(역대상 27:33).

되 이번에는 아히도벨이 베푼 계략이 좋지 아니하니이다 하고 [8]또 후새가 말하되 왕도 아시거니와 왕의 아버지와 그의 추종자들은 용사라 그들은 들에 있는 곰이 새끼를 빼앗긴 것 같이 격분하였고 왕의 부친은 전쟁에 익숙한 사람인즉 백성과 함께 자지 아니하고 [9]지금 그가 어느 굴에나 어느 곳에 숨어 있으리니 혹 무리 중에 몇이 먼저 엎드러지면 그 소문을 듣는 자가 말하기를 압살롬을 따르는 자 가운데에서 패함을 당하였다 할지라 [10]비록 그가 사자 같은 마음을 가진 용사의 아들일지라도 낙심하리니 이는 이스라엘 무리가 왕의 아버지는 영웅이요 그의 추종자들도 용사인 줄 앎이니이다 [11]나는 이렇게 계략을 세웠나이다 온 이스라엘을 단부터 브엘세바까지 바닷가의 많은 모래 같이 당신께로 모으고 친히 전장에 나가시고 [12]우리가 그 만날 만한 곳에서 그를 기습하기를 이슬이 땅에 내림 같이 우리가 그의 위에 덮여 그와 그 함께 있는 모든 사람을 하나도 남겨 두지 아니할 것이요 [13]또 만일 그가 어느 성에 들었으면 온 이스라엘이 밧줄을 가져다가 그 성을 강으로 끌어들여서 그곳에 작은 돌 하나도 보이지 아니하게 할 것이니이다 하매 [14]압살롬과 온 이스라엘 사람들이 이르되 **아렉 사람 후새의 계략은 아히도벨의 계략보다 낫다** 하니 **이는 여호와께서 압살롬에게 화를 내리려 하사 아히도벨의 좋은 계략을 물리치라고 명령하셨음이더라**(사무엘하 17:1-14)

우선 아히도벨이 압살롬에게 내었던 계략에서 눈에 띄는 부분이 있을 것이다. 바로 '내가'이다. 앞에서도 언급했지만 아히도벨은 '무인(武人)'이 아니었다. 그는 '전략과 전술' 혹은 '사람과 사람 사이의 관계'에 대해 조언하는

'모사(謀士)'였다. 전쟁에서 이러한 사람이 전투에 직접 나서는 경우는 없다. 그런데 아히도벨은 압살롬에게 자신이 직접 다윗을 칠 군인들을 선발하게 해달라고 요구했다. 그리고 압살롬이 그렇게 해 주면, 자신이 직접 그 군사들을 이끌고 나가 다윗을 추적하겠다고 했다. 그리하여 그 밤에 자신이 직접 다윗을 죽이겠노라는 것이었다. 왕을 죽이는 것과 같이 험한 일은 대장군이나 사령관 같은 무인(武人)들도 직접 하지 않는 일이다. 그런데 밧세바의 할아버지인 아히도벨은 이 일을 직접 하겠노라고 나섰다.

왕정국가 체제(體制)에 대한 상식이 없다 하더라도 이것이 무엇을 의미하는지 알 것이다. '왕을 직접 죽인 자의 운명'이 무엇인지 알 것이다. 그 왕이 자신이 모시던 왕이든, 적이든 상관없이 '왕을 죽였다는 것 자체로 그의 운명은 끝'이라는 것쯤은 어디선가 들어본 적이 있을 것이다. 그런데 무사(武士)도 아닌 전략가, 그것도 이미 나이 들어 노쇠했을 아히도벨이 직접 군사를 선발하게 해달라고 나섰다. 그리고 그렇게 직접 뽑은 군대를 이끌고 나가 다윗을 자신의 손으로 죽이겠다고 나섰다. 무슨 의미일까? 따로 설명이 필요할까? 아히도벨의 이러한 분노가 왕궁에 불려간 이후의 '밧세바의 표정'과 무관할까? 왕궁에 불려간 이후의 '밧세바의 처지'와 무관할까? 그녀에게서 당연히 풍겨 나왔을 죽지 못해 하루하루 모진 세월을 견뎌내야만 했던 모습과 무관할까?

> [7]나단이 다윗에게 이르되 당신이 그 사람이라 이스라엘의 하나님 여호와께서 이와 같이 이르시기를 내가 너를 이스라엘 왕으로 기름 붓기 위하여 너를 사울의 손에서 구원하고 [8]네 주인의 집을 네게 주고 네 주인

의 아내들을 네 품에 두고 이스라엘과 유다 족속을 네게 맡겼느니라 만일 그것이 부족하였을 것 같으면 내가 네게 이것 저것을 더 주었으리라 [9]그러한데 어찌하여 네가 여호와의 말씀을 업신여기고 나 보기에 악을 행하였느냐 네가 칼로 헷 사람 우리아를 치되 암몬 자손의 칼로 죽이고 그의 아내를 빼앗아 네 아내로 삼았도다 **[10]이제 네가 나를 업신여기고 헷 사람 우리아의 아내를 빼앗아 네 아내로 삼았은즉 칼이 네 집에서 영원토록 떠나지 아니하리라** 하셨고 **[11]여호와께서 또 이와 같이 이르시기를 보라 내가 너와 네 집에 재앙을 일으키고 내가 네 눈앞에서 네 아내를 빼앗아 네 이웃들에게 주리니 그 사람들이 네 아내들과 더불어 백주에 동침하리라 [12]너는 은밀히 행하였으나 나는 온 이스라엘 앞에서 백주에 이 일을 행하리라** 하셨나이다 하니(사무엘하 12:7-12)

다윗이 우리아를 암몬 자손의 칼로 죽이고 그의 아내 밧세바를 빼앗아 자신의 아내로 삼은 일에 대하여 하나님께서 하신 말씀이다. "보라. 내가 너와 네 집에 재앙을 일으키고 내가 네 눈앞에서 네 아내를 빼앗아 네 이웃들에게 주리니 그 사람들이 네 아내들과 더불어 백주에 동침하리라. 너는 은밀히 행하였으나 나는 온 이스라엘 앞에서 백주(白晝)[58]에 이 일을 행하리라." 하나님의 이 선언은 '밧세바의 할아버지 아히도벨'의 계략에 의해 시행되었다.

---

58 대낮

²⁰압살롬이 아히도벨에게 이르되 너는 어떻게 행할 계략을 우리에게 가르치라 하니 ²¹아히도벨이 압살롬에게 이르되 **왕의 아버지가 남겨 두어 왕궁을 지키게 한 후궁들과 더불어 동침하소서 그리하면 왕께서 왕의 아버지가 미워하는 바 됨을 온 이스라엘이 들으리니 왕과 함께 있는 모든 사람의 힘이 더욱 강하여지리이다** 하니라 ²²이에 사람들이 압살롬을 위하여 **옥상에 장막을 치니 압살롬이 온 이스라엘 무리의 눈앞에서 그 아버지의 후궁들과 더불어 동침하니라**(사무엘하 16:20-22)

우리는 이 부분에서 사도 바울의 조언을 기억해야 한다.

²⁰네 원수가 주리거든 먹이고 목마르거든 마시게 하라 그리함으로 네가 숯불을 그 머리에 쌓아 놓으리라 ²¹**악에게 지지 말고 선으로 악을 이기라**(로마서 12:20-21)

이런 경우 꼭 나오는 질문이 있다. "그래도 아히도벨은 하나님의 도구로 사용된 것 아닌가요? 하나님께서 다윗에게 하신 말씀을 아히도벨도 당연히 전해 들었을 거잖아요. 그렇게 아히도벨은 하나님의 도구로 사용되어 이 일을 조언한 것인데도 아히도벨이 100% 잘못한 것인가요? 물론 저도 아히도벨이 잘한 것은 아니라고 생각하지만요. 그러니까, 100% 잘못만 있다고 하기에는 좀 그렇지 않나요?"

답을 하자면 "아히도벨이 100% 잘못한 것이 맞다." 이유는 두 가지다. 첫 번째 이유는 압살롬의 반역으로 다윗이 급히 도망치는 과정에서 왕궁에 남겨 둔 후궁들 또한 누군가의 딸인 동시에 누군가의 손녀다. 즉 아히도벨에게는 다윗에게 강간당한 자신의 손녀 밧세바의 원수를 갚는다는 명분으로 다른 사람의 손녀를 강간할 권리가 없다.

그런 점에서, 지금 벌어지고 있는 이스라엘과 하마스 사이의 전쟁에 대한 'UN 사무총장'의 발언은 정당하다. "하마스의 공격이 진공 상태에서 발생한 게 아니라는 걸 인지하는 것이 중요합니다. 팔레스타인 사람들은 56년 동안 견디기 힘든 점령의 기간을 겪었습니다. 그들은 외부 세력에 의해 자국의 영토가 꾸준히 침략당하고 폭력에 시달리며 경제가 위축되고 난민이 되어 자신들의 삶의 터전이 파괴되는 것을 목격해 왔습니다. 자신들이 처한 곤경에 대한 정치적 해결책이 있으리라는 희망은 사라지고 있었습니다. 하지만 팔레스타인 사람들의 이러한 고충이 하마스의 끔찍한 공격을 정당화할 수는 없습니다. 그리고 하마스의 끔찍한 공격이 팔레스타인인들에 대한 집단적 처벌을 정당화할 수도 없습니다."

물론 쉽지 않은 일이다. 하지만 아히도벨은 손녀의 불행을 보는 가운데 복수심을 배울 것이 아니라 다른 것을 배워야 했다. 모든 여성의 삶과 인권을 배웠어야 했다. 하나님의 형상인 사람을 볼 때마다 기억해야 하는 점이 이것이다. '우리 모두'는 그리고 '그들 모두'는 누군가의 사랑을 받는 소중한 존재다.

두 번째, 하나님께서는 아히도벨이 낸 계략을 통하지 않고서도 당신이 선포하신 심판을 시행하실 수 있는 분이시다. 굳이 이러한 참담한 일에 나서 자신의 손에 피를 묻히는 것은 어리석은 일이다.

결국, 누군가를 향한 '미움과 복수심'은 자신을 상하게 만든다. 그리고 '이를 자신이 직접 해결하려는 시도'는 자신과 자신이 속한 공동체를 파괴하게 된다. 그가 베푸는 계략은 사람이 하나님께 물어서 받은 말씀과 같은 것으로 여겨지던 아히도벨이었다. 하지만 '복수심과 분노'가 그의 '지혜로운 눈'을 가린 대가는 혹독했다.

> 아히도벨이 자기 계략이 시행되지 못함을 보고 나귀에 안장을 지우고 일어나 **고향으로 돌아가 자기 집에 이르러 집을 정리하고 스스로 목매어 죽으매** 그의 조상의 묘에 장사되니라(사무엘하 17:23)

이것이 밧세바가 다윗에게 강간당한 뒤에 겪어내야 했던 '세 번째 죽음'이었다. 아히도벨이 다윗의 후궁들을 강간하게 했던 사건 이후, 그나마 남아 있었을 밧세바를 향한 연민의 여론은 사라졌을 것이다. 이제는 누구도 밧세바가 다윗의 강압에 의해 겪어야 했을 고통에 대해 동정하지 않게 되었을 것이다. 그것이 세상이다. 세상은 옳은 사람이 아니라 강자(强者) 앞에 줄을 서고 싶어 한다. 그 결과, 강자 앞에 줄을 설 티끌만 한 명분이라도 생기면 그리로 달려가는 것이 세상이다. 피해자가 약자인 경우, 그를 버릴 아주 작은 건수만 생겨도 정의의 이름으로 얼굴색을 바꾸는 것이 세상이다.[59]

---

[59] 그런 점에서, 민간인을 대상으로 기습작전을 벌인 하마스의 전략은 어리석다. 병원과 학교에 무기를 쌓아 놓은 하마스의 행위는 이스라엘 편을 들고 싶은 사람들에게 좋은 명분이 된다. 또한, 하마스를 일제 강점기의 독립운동가에 비견하는 일은 모욕이다. 일제 강점기, 우리 조상들은 민간인을 상대로 무력을 행사한 적이 없다. 항상 일본 군경과 고위 관리가 그 대상이었다. 쉽지 않겠지만, 하마스는 우리 조상들에게서 배워야 한다. 지금 나는 이스라엘 편을 들고 있는

하지만, 이 일에 대해 단 한 사람 다윗만은 생각이 달랐을 것이다. 내가 그렇게 생각하는 이유 중 하나는 '장소'다. 압살롬이 다윗의 후궁들을 강간했던 장소는 다름 아닌 다윗이 거닐었던 바로 그 왕궁 옥상이었다. 다윗의 후궁들이 압살롬에게 강간당했던 바로 그 장소에서 다윗은 '압살롬의 반역의 씨'를 뿌렸었다. 즉 다윗을 제외한 모든 사람들은 아히도벨의 계략 이후 밧세바에 대한 모든 연민을 거두어들였을 것이다. 하지만, 단 한 사람 다윗에게만은 달랐을 것이다. 이 일은 오히려 밧세바가 겪어내야 했을 삶의 무게와 아픔을 '다시 한번' 새기는 기회가 됐을 것이다.

내가 '다시 한번'이라고 표현한 이유는 이와 같다. '셋째 아들 압살롬'에게 죽임을 당했던 '첫째 아들 암논' 또한 강간 사건으로 인한 것이었다. 그 살인 사건의 원인은 '암논의 다말에 대한 강간 사건' 때문이었다. 암논과 압살롬은 '이복형제(異腹兄弟)'였다. 그리고 압살롬은 암논에게 강간당했던 공주 '다말의 친오빠'였다. 이때 이미 다윗은 뼈가 녹는 심정으로 '밧세바의 아픔'을 공감하게 되었을 것이다.

> [1]**그 후에 이 일이 있으니라** 다윗의 아들 **압살롬에게 아름다운 누이가 있으니 이름은 다말이라 다윗의 다른 아들 암논이 그를 사랑하나** [2]그는 처녀이므로 어찌할 수 없는 줄을 알고 암논이 그의 누이 다말 때문에 울화

것이 아니다. 현재 이스라엘과 하마스 양쪽 모두 전쟁범죄를 저지르고 있다. 언제일지는 모르지만, '정당 전쟁론'을 다룰 기회가 있기를 기도한다.

로 말미암아 병이 되니라 ³암논에게 요나답이라 하는 친구가 있으니 그는 다윗의 형 시므아의 아들이요 심히 간교한 자라 ⁴그가 암논에게 이르되 왕자여 당신은 어찌하여 나날이 이렇게 파리하여 가느냐 내게 말해 주지 아니하겠느냐 하니 암논이 말하되 내가 아우 압살롬의 누이 다말을 사랑함이니라 하니라 ⁵요나답이 그에게 이르되 침상에 누워 병든 체하다가 네 아버지가 너를 보러 오거든 너는 그에게 말하기를 원하건대 내 누이 다말이 와서 내게 떡을 먹이되 내가 보는 데에서 떡을 차려 그의 손으로 먹여 주게 하옵소서 하라 하니 ⁶암논이 곧 누워 병든 체하다가 왕이 와서 그를 볼 때에 암논이 왕께 아뢰되 원하건대 내 누이 다말이 와서 내가 보는 데에서 과자 두어 개를 만들어 그의 손으로 내게 먹여 주게 하옵소서 하니 ⁷**다윗이 사람을 그의 집으로 보내 다말에게 이르되 이제 네 오라버니 암논의 집으로 가서 그를 위하여 음식을 차리라 한지라** ⁸다말이 그 오라버니 암논의 집에 이르매 그가 누웠더라 다말이 밀가루를 가지고 반죽하여 그가 보는 데서 과자를 만들고 그 과자를 굽고 ⁹그 냄비를 가져다가 그 앞에 쏟아 놓아도 암논이 먹기를 거절하고 암논이 이르되 모든 사람을 내게서 나가게 하라 하니 다 그를 떠나 나가니라 ¹⁰암논이 다말에게 이르되 음식물을 가지고 침실로 들어오라 내가 네 손에서 먹으리라 하니 다말이 자기가 만든 과자를 가지고 침실에 들어가 그의 오라버니 암논에게 이르러 ¹¹그에게 먹이려고 가까이 가지고 갈 때에 암논이 그를 붙잡고 그에게 이르되 **나의 누이야 와서 나와 동침하자** 하는지라 ¹²그가 그에게 대답하되 **아니라 내 오라버니여 나를 욕되게 하지 말라 이런 일은 이스라엘에서 마땅히 행하지 못할 것이니 이 어리석**

은 일을 행하지 말라 [13]내가 이 수치를 지니고 어디로 가겠느냐 너도 이스라엘에서 어리석은 자 중의 하나가 되리라 이제 청하건대 왕께 말하라 그가 나를 네게 주기를 거절하지 아니하시리라 하되 [14]암논이 그 말을 듣지 아니하고 다말보다 힘이 세므로 억지로 그와 동침하니라 [15]그리하고 암논이 그를 심히 미워하니 이제 미워하는 미움이 전에 사랑하던 사랑보다 더한지라 암논이 그에게 이르되 일어나 가라 하니 [16]다말이 그에게 이르되 **옳지 아니하다 나를 쫓아보내는 이 큰 악은 아까 내게 행한 그 악보다 더하다** 하되 암논이 그를 듣지 아니하고 [17]그가 부리는 종을 불러 이르되 이 계집을 내게서 이제 내보내고 곧 문빗장을 지르라 하니 [18]암논의 하인이 그를 끌어내고 곧 문빗장을 지르니라 다말이 채색옷을 입었으니 출가하지 아니한 공주는 이런 옷으로 단장하는 법이라 [19]다말이 재를 자기의 머리에 덮어쓰고 그의 채색옷을 찢고 손을 머리 위에 얹고 가서 크게 울부짖으니라 [20]그의 오라버니 압살롬이 그에게 이르되 **네 오라버니 암논이 너와 함께 있었느냐 그러나 그는 네 오라버니이니 누이야 지금은 잠잠히 있고 이것으로 말미암아 근심하지 말라** 하니라 이에 **다말이 그의 오라버니 압살롬의 집에 있어 처량하게 지내니라**(사무엘하 13:1-20)

"그 후에 이 일이 있으니라." 사무엘하 13장은 바로 이 문장으로 시작한다. '그 후에'는 어떤 사건 뒤를 말하는 것일까? 그것은 '우리아의 아내 밧세바'를 통해 얻은 '첫 번째 아이의 죽음'이 있은 이후를 뜻한다.

다말을 강간한 암논은 '다윗의 첫째 아들'로 다말과는 이복남매(異腹男妹)

사이였다. 즉 암논은 '다윗의 후계자'였다. 그리고 다말은 압살롬의 친누이였다. 이 사건으로부터 압살롬의 반역의 씨가 뿌려진 것이다. "이복 오라버니인 암논에게 강간당한 후 암논으로부터 쫓겨난 다말이 그의 오라버니 압살롬의 집에 있어 처량하게 지내니라." 자신의 집에서 처량하게 지내는 누이 '다말을 바라보는 압살롬의 시선'은 누구와 같았을까? 그것은 왕궁에서 죽지 못해 살고 있는 손녀 '밧세바를 바라보는 아히도벨의 시선'과 같았을 것이다. 이것이 아히도벨과 압살롬이 손을 잡은 이유였을 것이다. 그들은 같은 아픔을 공유한 사이였다. 그리고 그들이 공유한 아픔에 대한 '원망의 끝'에는 다윗이 있었다.

　'한 여인이 목욕을 하는데 그의 눈에 심히 아름다워 보이는 이유'로 밧세바를 강간한 다윗이었다. 그녀의 가정을 짓밟았던 다윗이었다. 그 결과 다윗은 '아름다운 이복누이 다말을 사랑한다는 이유'로 강간한 암논을 처벌할 권위를 상실하고 말았다. 다말의 삶을 짓밟은 맏아들 암논의 죄악을 제대로 처리하지 못했다. 더군다나 다말을 암논에게 보내어 병수발을 들게 한 것은 다윗이었다. 이 일의 모든 전후 사정을 보고받은 뒤, 다윗이 보였던 반응은 '심히 노하는 것' 외에는 아무것도 없었다. 암논의 처벌은 고사하고, '다말을 위로하였다'라든지 혹은 '다말을 보호하기 위해 어떠한 조치를 취했다'라는 기록은 찾아볼 수 없다.

　　　다윗 왕이 이 모든 일을 듣고 심히 노하니라(사무엘하 13:21)

　다윗은 심히 노하는 것 외에 어떠한 조치도 취하지 못했다. 사실 밧세바의 일 때문에 이 부분에 있어서 다윗은 이스라엘 내에서 소위 '영(令)이 서지 않았을 것'이다. 그럼에도 불구하고, 다윗은 분명히 적절한 조치를 취해야 했다. 내가 평소에 입버릇처럼 하는 말로 '사람은 할 일은 하고 살아야 하는 것'이다. 동시에 이러한 부분에 대해 내가 많이 했던 말은 이것이다. "아빠가 서울대를 나와야만 아들한테 '너는 열심히 공부해서 서울대에 꼭 가라.'라고 할 수 있는 것은 아니다." 나처럼 살이 찌고 당뇨로 인슐린을 맞는 사람도 누군가를 향해서는 이렇게 말해야 한다. "단것 좀 그만 먹고, 살 좀 빼라." 염치가 없으면, 이렇게 말하면 된다. **"내가 할 소리는 아닌지 알지만, 너 살 좀 빼라."** 좀 더 시간과 정성을 들여 말할 기회가 주어진다면, 나의 실패로 겪어야 했던 인생의 어려움과 아픔을 들려주면 된다. 그러나 절대 권력을 가진 다윗은 화를 내는 것 말고는 어떠한 조치도 취하지 않았다. 그 결과 압살롬에게 뿌려진 반역의 씨는 조금씩 세월이라는 영양분을 먹으며 자라게 되었다.

혹시나 하는 마음에서 한 가지 사실을 지적하고 지나가야겠다. 그것은 다말이 암논에게 강간당한 뒤 버려졌다는 사실이 압살롬이 다윗의 후궁들을 강간해도 된다는 근거가 될 수는 없다는 점이다. 다윗이 피난을 떠나면서 왕궁에 두고 간, 정확히는 버리고 간 다윗의 후궁들 또한 누군가의 누이이기 때문이다.

밧세바를 강간한 이후 '다윗에 대한 성경의 기록'을 볼 때, 우리는 '엄청 무력해 보이는 다윗'을 만나게 된다. 다윗은 어떤 측면에서는 '인생을 포기한 사람'처럼 보이기까지 한다. 이전에 보였던 '현명함과 용맹'은 그 어느 곳에서도 찾을 수 없다. 이것이 죄의 무서움이다. 우리는 '삼십 용사 중 하나였던 엘리암의 딸 밧세바'를 강간한 이후에 '왕의 딸 다말'이 강간당했음에도 불구하고 '자신의 딸을 지켜내지 못하는 다윗'을 만나게 된다. 압살롬의 집에서 처량하게 지내는 다말에 대한 보고를 들으며 다윗의 눈에는 무엇이 보였을까? 무슨 생각을 하며 무엇을 느꼈을까?

> [5]예루살렘에서 그가 낳은 아들들은 이러하니 **시므아와 소밥과 나단과 솔로몬 네 사람은 다 암미엘의 딸 밧수아의 소생이요** [6]또 입할과 엘리사마와 엘리벨렛과 [7]노가와 네벡과 야비아와 [8]엘리사마와 엘랴다와 엘리벨렛 아홉 사람은 [9]다 다윗의 아들이요(역대상 3:5-9 상반절)

다윗은 예루살렘에서 밧세바를 통하여 네 명의 아들을 얻었다. 많은 처첩(妻妾)과 후궁들에 둘러싸였을 다윗이었다. 이러한 사실로 미루어 보아, 예루살렘에서 다윗이 주로 거했던 숙소는 밧세바가 있는 곳이었을 것이다. 그리고 그 기간은 이미 다말이 '다윗의 후계자인 암논'에게 강간당한 후였다.[60] 그렇다면 이 시기, 밧세바를 바라보는 다윗의 시선에는 무언가가 하나 덧씌워지기 시작했을 것이다. 이때 다윗의 시선에 무엇이 덧씌워졌을지 상상하는 것은 어렵지 않을 것이다. 참으로 집요한 것이 우리의 범죄를 향한 '하나님의 추적'이다.

---

[60] "그 후에 이 일이 있으니라 다윗의 아들 압살롬에게 아름다운 누이가 있으니 이름은 다말이라 다윗의 다른 아들 암논이 그를 사랑하나"(사무엘하 13:1).: '그 후'는 다윗이 '우리아의 아내 밧세바'로부터 얻은 '첫째 아들'이 죽은 후를 가리킨다.

다윗이 예루살렘 본궁에 이르러 전에 머물러 왕궁을 지키게 한 후궁 열명을 잡아 별실에 가두고 먹을 것만 주고 그들에게 관계하지 아니하니 **그들이 죽는 날까지 갇혀서 생과부로 지내니라**(사무엘하 20:3)

압살롬의 반역이 진압된 뒤의 일이다. 예루살렘으로 귀환한 뒤, 압살롬에게 강간당한 후궁들에 대한 다윗의 조치. 나는 이 본문에서 참으로 야박하고 잔인한 상황에 처하게 된 인생들을 보았다. 동시에 왕정국가(王政國家)에서 이보다 나은 방안(方案)은 없었을 것이라는 사실 또한 잘 알고 있었다.

나는 사무엘하 20장 3절에 증언된 '다윗의 조치'를 살펴보면서 유다를 떠올렸다.

²⁴석 달쯤 후에 어떤 사람이 유다에게 일러 말하되 네 며느리 다말이 행음하였고 그 행음함으로 말미암아 임신하였느니라 유다가 이르되 그를 끌어내어 불사르라 ²⁵여인이 끌려나갈 때에 사람을 보내어 시아버지에게 이르되 이 물건 임자로 말미암아 임신하였나이다 청하건대 보소서 이 도장과 그 끈과 지팡이가 누구의 것이니이까 한지라 ²⁶유다가 그것들을 알아보고 이르되 **그는 나보다 옳도다 내가 그를 내 아들 셀라에게 주지 아니하였음이로다** 하고 **다시는 그를 가까이 하지 아니하였더라**(창세기 38:24-26)

'계대 결혼'의 의무를 행하지 아니한 결과로 유다에게 닥친 일이었다. '계대 결혼'에 대해서는 내 책『하나님을 위한 변명』에 자세히 설명해 두었다. 여성은 '경제적 계약'의 주체가 될 수 없었던 시절, 하나님께서 홀로 된 여인을 보호하기 위해 주신 명령이 바로 '계대 결혼제도'다. 이 시대 여성들은 남편을 통하거나 남편이 없는 경우 아들을 통하여 경제활동을 할 수 있었다. 그러한 이유로 아들이 없는 상황에서 남편이 먼저 세상을 떠나 홀로 된 여인을 위한 제도가 '계대 결혼'이었다. 남편의 형제가 형수와 결혼해서 형의 이름으로 아들을 낳아 그 아들이 성인이 될 때까지 모든 '경제적 필요와 안전'을 제공하는 제도가 바로 '계대 결혼'이었다.

야곱의 아들 유다에게는 '다말'이라는 며느리가 있었다. 그런데 다말과 결혼한 '유다의 장자 엘'이 죽고 말았다. 이에 다말과 계대 결혼을 한 오난이 성관계를 맺을 때 그 씨가 자기 것이 되지 않을 줄 알고 '땅에 설정한 일'[61]이 하나님 보시기에 악했다. 그 결과 하나님께서 오난마저 죽이시는 일이 발생했다. 이에 셋째 아들인 셀라마저도 그 형들과 같이 죽을까 염려했던 유다는 다말을 친정으로 보냈다. 셀라가 아직 어리다는 이유를 들어서 했던 일이었다. 그 후, 셀라가 장성했음에도 다말과 '계대 결혼'을 시키지 않으면서 일어난 사고가 위에 인용된 창세기 본문이다.

유다에게 있어서는 끊임없이 이어지는 불행이었다. 다말을 친정으로 돌려보낸 지 얼마 되지 않아 유다의 아내 또한 사망하고 말았다. 아내의 사망 후, 유다가 그의 친구와 함께 딤나에 올라갔을 때 소식을 들은 다말이 창녀로 위장하여 유다를 유혹한 뒤에 일어난 일이다. 당연히 창녀로 위장한 다

---

61 '질외사정'을 의미한다.

말의 유혹에 넘어간 일은 잘한 일이 아니었다. 그러나 다말의 임신 사실을 안 뒤에 유다가 했던 말은 정직했다. "그는 나보다 옳도다. 내가 그를 내 아들 셀라에게 주지 아니하였음이로다." 그리고 이후에 유다가 했던 조치는 바른 처신이었다. "다시는 그를 가까이하지 아니하였더라."

그런 점에서 다윗의 조치는 밧세바를 강간하던 시절에 비해 '인생의 아픔'을 좀 더 알게 된 다윗을 느끼게 해 준다. '권력과 세상에 짓밟힌 여성의 삶'을 조금 더 알게 된 다윗의 모습을 엿볼 수 있다. "다윗이 예루살렘 본궁에 이르러 전에 머물러 왕궁을 지키게 한 후궁 열 명을 잡아 별실에 가두고 먹을 것만 주고 그들에게 관계하지 아니하니 그들이 죽는 날까지 갇혀서 생과부로 지내니라." 당시는 21세기 대한민국과 같은 '민주주의 체제'가 아니었다. 그러니 '왕정국가 체제'에서의 조치라는 점을 감안하면 현실적으로 최선인 방책(方策)이었다. 하지만, 다윗의 가슴에는 '열 명의 후궁의 처지'가 남았을 것이다.

물론 이 모든 것은 다윗이 초래한 일이었다. 열 명의 후궁 모두 '다윗이 뿌린 죄악의 희생자'였다. 모두 다 다윗이 제공한 원인에서 시작된 일이었다. 사무엘이 자신의 집을 방문했음에도 들에서 양 떼를 돌봐야 했던 다윗이었다. 그런 그를 하나님께서 높이셔서 이스라엘의 왕으로 삼으신 후, 언약 백성을 맡기셨다.[62]

---

62 "¹¹또 사무엘이 이새에게 이르되 네 아들들이 다 여기 있느냐 이새가 이르되 아직 막내가 남았는데 그는 양을 지키나이다 사무엘이 이새에게 이르되 사람을 보내어 그를 데려오라 그가 여기 오기까지는 우리가 식사 자리에 앉지 아니하겠노라 ¹²이에 사람을 보내어 그를 데려오매 그

하나님께서 다윗을 높이시기 전, 들에 거하던 다윗은 그의 육신의 아버지에게 속한 양 떼의 충실한 보호자였다. 사자나 곰이 와서 양 새끼를 물어가면 그는 따라가 그것을 치고 그 입에서 양 새끼를 건져내었었다.[63] 그런데 이스라엘의 왕이 된 후 주변의 적들을 어느 정도 통제하게 되자 초심(初心)을 잃고 말았다. 이제는 하나님 아버지께서 맡기신 '양 떼들을 해치는 사자와 곰이 되어있는 자신'을 발견하게 되었을 것이다. 밧세바에게 다윗은 어린 시절 그가 지키던 '양 새끼를 물어가던 사자와 곰과 같은 존재'가 되어있었다. 이후 사랑하는 딸 다말이 강간당했을 때도 그는 딸을 보호하지 못했다. 어린 시절 다윗은 자신의 양 떼를 해치는 '사자와 곰'의 수염을 잡고 그것을 쳐 죽였다. 그러나 밧세바에게 범죄한 후, 이제는 지나가는 '여우 새끼' 하나 제대로 처리하지 못하는 자신을 발견했을 것이다. 무능한 자신을 발견했을 것이다. 그렇게 압살롬의 반역 이후 또다시 열 명의 후궁을 잡아 그녀들의 생명이 다할 때까지 별실에 가두어야만 했다.

이것이 밧세바를 강간한 후 다윗이 겪어야 했던 현실이었다. 다윗 그는 선지자 나단을 통하여 하셨던 하나님의 말씀처럼 '그의 집안에 끊이지 않는 칼'로 말미암아 정신이 없었을 것이다. 정말 하나님의 말씀처럼 그 칼은 다

의 빛이 붉고 눈이 빼어나고 얼굴이 아름답더라 여호와께서 이르시되 이가 그니 일어나 기름을 부으라 하시는지라 ¹³사무엘이 기름 뿔병을 가져다가 그의 형제 중에서 그에게 부었더니 이 날 이후로 다윗이 여호와의 영에게 크게 감동되니라 사무엘이 떠나서 라마로 가니라"(사무엘상 16:11-13).

63   "³⁴다윗이 사울에게 말하되 주의 종이 아버지의 양을 지킬 때에 사자나 곰이 와서 양 떼에서 새끼를 물어가면 ³⁵내가 따라가서 그것을 치고 그 입에서 새끼를 건져내었고 그것이 일어나 나를 해하고자 하면 내가 그 수염을 잡고 그것을 쳐죽였나이다"(사무엘상 17:34-35).

윗의 집에서 영원토록 떠나지 않을 것만 같았을 것이다.[64]

그렇게 갇혀 버린 다윗의 세상? 그렇게 다윗을 압도하는 현실 속에서 그가 그의 삶을 얼마 남겨 두지 않고 선택한 것이 '심히 아름다운 처녀 수넴 여자 아비삭'과 잠자리를 하지 않은 것이었다.

> [1]다윗 왕이 나이가 많아 늙으니 이불을 덮어도 따뜻하지 아니한지라 [2]그의 시종들이 왕께 아뢰되 우리 주 왕을 위하여 젊은 처녀 하나를 구하여 그로 왕을 받들어 모시게 하고 왕의 품에 누워 우리 주 왕으로 따뜻하시게 하리이다 하고 [3]이스라엘 사방 영토 내에 아리따운 처녀를 구하던 중 수넴 여자 아비삭을 얻어 왕께 데려왔으니 [4]이 처녀는 심히 아름다워 그가 왕을 받들어 시중들었으나 왕이 잠자리는 같이 하지 아니하였더라
> (열왕기상 1:1-4)

성경 본문 중 "그가 왕을 받들어 시중들었으나"에서 '받들다'에 해당하는 히브리어 '아마드'는 '앞에 서다'를 의미한다. 21세기 대한민국의 상황으로 바꾸어 설명하자면, 요양병원에서 '요양보호사분'들이 '환자분들에게 하는 섬김'과 같은 역할이라고 생각하면 된다. 물론 다윗은 그러한 선택으로 말년을 추위에 떨어야 했을 것이다. 그렇게 일국(一國)의 왕인 다윗은 생의 마

---

64 "이제 네가 나를 업신여기고 헷 사람 우리아의 아내를 빼앗아 네 아내로 삼았은즉 칼이 네 집에서 영원토록 떠나지 아니하리라 하셨고"(사무엘하 12:10).

지막을 홀로 추위를 견디며 지냈다. 이러한 그의 선택은 '수넴 여자 아비삭'에게 다윗의 사후 왕족이 아닌 남자와 가정을 꾸릴수 있는 기회를 열어주었다. 아비삭에게 '새로운 세상과 인생'을 선물한 것이다. 동시에 다윗 그가 사랑했던 '밧세바와 솔로몬의 생명'을 '아도니야와 그 일파(一派)'로부터 지킬 수 있는 길을 열어주었다.

이것이 하나님 앞에서 결정적인 실수를 한 '하나님의 사람의 일생'이다. 이것이 하나님 앞에서 결정적인 실수를 한 하나님의 사람에게 '하나님께서 고난을 주시는 이유'다. 이것이 하나님 앞에서 결정적인 실수를 한 하나님의 사람의 '성숙이라는 열매를 통하여 열리는 새로운 세상'이다.

여기까지 밧세바와 다윗에 얽힌 이야기를 듣고 난 뒤의 독자들에게는 약간은 뜬금없는 이야기일 수도 있다. 일부 독자들에게는 역겹게 느껴질 수도 있는 사실이 하나 있다. 그것은 다윗이 밧세바를 사랑했다는 사실이다. 많은 신학자들 사이에 거의 이견(異見)이 없는 사실이다. 그렇다면 다윗은 왜 그렇게 밧세바에게 끌렸을까? 물론 다윗이 밧세바를 주목하게 된 첫 번째 계기는 '밧세바의 목욕 장면'이었다. 쉽게 말해, 사랑과는 먼 곳에서 시작되었다. 그녀가 누구인지도 모르는 상황이었다. 그렇지만, 아마도 다윗이 평생에 걸쳐 사랑한 여인은 밧세바 혼자였을 가능성이 높다.

그렇다면 "다윗은 왜 밧세바에게 그렇게 끌렸을까? 다윗은 왜 밧세바를 평생 사랑했을까?" 그런데, 이 사실을 다루기 전에 먼저 확인하고 지나가야 하는 지점이 있다.

"밧세바는 다윗을 사랑했을까?"

왕궁에 들어간 처음에는 당연히 말도 안 되는 이야기다. 하지만 여러 아들을 낳은 뒤에는 어떠했을까? 이 질문 자체가 역겹고 기분 나쁜 독자들이 있을 수 있다. 하지만 이 부분을 언급했던 신학자들이 꽤 있다. 그리고 이러한 질문이 가능한 것은 그 시대가 현대(現代)가 아닌 고대(古代)이기 때문일 것이다.

이 부분은 되도록 일부 신학자들의 의견을 전달하는 수준에서 그치려 한다. 신학자들은 나단 선지자의 통렬한 지적에 대한 다윗의 회개 과정을 본 뒤, 밧세바가 마음 문을 열었다는 주장을 펼친다. '마음 문을 열었다'라는 주장에 대해서는 나 또한 어느 정도 수긍한다. 하지만 내 개인적인 생각으로 '밧세바가 다윗을 사랑했다'는 주장에는 쉽게 동의가 되지 않는다.

물론 나단 선지자의 통렬한 지적에 다윗이 보여주었던 모습은 밧세바에게도 인상적이었을 것이다. '제왕무치(帝旺無恥)'라는 말이 있다. 왕은 무슨 일을 하여도 부끄럽지 않다는 말이다. 왕정국가의 상식이다. 그러한 시대, 그러한 체제에서 다윗이 보여준 모습은 다윗의 신하들뿐 아니라 밧세바에게도 강한 인상을 남겼을 것이다.

그리고 비록 강간을 통한 임신이었다고는 하나, 태어난 아이가 심하게 앓는 일주일 동안 다윗이 보여준 모습 또한 밧세바의 얼어버린 마음에 약간의 금을 내었을 것이다. 거기에 더해 밧세바는 본의 아니게 다윗의 일상을 가장 가까이서 보게 되었을 것이다. 그 과정에서 다윗을 향한 안쓰러운 마음이 커갔을 확률이 높다. 그러나 밧세바 또한 다윗을 사랑하게 되었을까? 물론 밧세바는 가장 가까운 거리에서 다윗의 삶을 지켜보는 가운데 이러한 생각을 하게 되었을 것이다. '아, 세상에 이 사람보다 더 외로운 사람이 있을까?' 이러한 깨달음으로 품게 되었을 '안쓰러운 마음'을 사랑이라고 한다면 할 말은 없다.

[13]다윗이 나단에게 이르되 내가 여호와께 죄를 범하였노라 하매 나단이 다윗에게 말하되 여호와께서도 당신의 죄를 사하셨나니 당신이 죽지 아니하려니와 [14]이 일로 말미암아 여호와의 원수가 크게 비방할 거리를 얻게 하였으니 당신이 낳은 아이가 반드시 죽으리이다 하고 [15]나단이 자기 집으로 돌아가니라 **우리아의 아내가 다윗에게 낳은 아이를 여호와께서 치시매 심히 앓는지라** [16]**다윗이 그 아이를 위하여 하나님께 간구하되 다윗이 금식하고 안에 들어가서 밤새도록 땅에 엎드렸으니** [17]**그 집의 늙은 자들이 그 곁에 서서 다윗을 땅에서 일으키려 하되 왕이 듣지 아니하고 그들과 더불어 먹지도 아니하더라** [18]이레 만에 그 아이가 죽으니라 그러나 다윗의 신하들이 아이가 죽은 것을 왕에게 아뢰기를 두려워하니 이는 그들이 말하기를 **아이가 살았을 때에 우리가 그에게 말하여도 왕이 그 말을 듣지 아니하셨나니 어떻게 그 아이가 죽은 것을 그에게 아뢸 수 있으랴 왕이 상심하시리로다** 함이라 [19]다윗이 그의 신하들이 서로 수군거리는 것을 보고 그 아이가 죽은 줄을 다윗이 깨닫고 그의 신하들에게 묻되 아이가 죽었느냐 하니 대답하되 죽었나이다 하는지라 [20]다윗이 땅에서 일어나 몸을 씻고 기름을 바르고 의복을 갈아입고 여호와의

전에 들어가서 경배하고 왕궁으로 돌아와 명령하여 음식을 그 앞에 차리게 하고 먹은지라 ²¹그의 신하들이 그에게 이르되 아이가 살았을 때에는 그를 위하여 금식하고 우시더니 죽은 후에는 일어나서 잡수시니 이 일이 어찌 됨이니이까 하니 ²²이르되 **아이가 살았을 때에 내가 금식하고 운 것은 혹시 여호와께서 나를 불쌍히 여기사 아이를 살려 주실는지 누가 알까 생각함이거니와** ²³**지금은 죽었으니 내가 어찌 금식하랴 내가 다시 돌아오게 할 수 있느냐 나는 그에게로 가려니와 그는 내게로 돌아오지 아니하리라** 하니라(사무엘하 12:13-23)

"우리아의 아내가 다윗에게 낳은 아이를 여호와께서 치시매 심히 앓는지라." 밧세바가 낳은 아이가 심하게 앓기 시작하자, 다윗은 금식하고 울며 밤새도록 땅에 엎드렸다. 하나님께 자신을 불쌍히 여기사 아이를 살려달라고 애걸했다. "여호와께서 혹시 나를 불쌍히 여기사 아이를 살려 주실는지 누가 알까 생각했기 때문이다." 아이가 죽은 후 자신이 그렇게 행동한 이유에 대해 다윗이 한 말이다. 아이가 죽자 다윗은 땅에서 일어나 몸을 씻고 기름을 바르고 의복을 갈아입었다. 여호와의 전에 들어가 경배하고 왕궁으로 돌아왔다. 그리고는 명령하여 음식을 그 앞에 차리고 먹었다. 그 이유를 묻는 신하들에게 했던 다윗의 답변이다. "이미 아이가 죽었으니 내가 어찌 금식하랴. 내가 아이를 다시 돌아오게 할 수 있느냐? 나는 아이에게로 가려니와 아이는 내게로 돌아오지 아니하리라."

이 모든 과정과 이 모든 대화를 밧세바도 보았을 것이다. 어쩌면 그 과정

가운데 밧세바는 심한 '인지 부조화(認知 不調和)'[65]를 느꼈을 것이다. 그것은 다윗과 관련해서 밧세바가 겪게 된 두 번째 심한 '인지 부조화'였을 것이다. 밧세바가 겪게 된 첫 번째 '인지 부조화'는 왕궁에 끌려가 다윗에게 기가 막힌 범죄를 당했던 순간이었다. 그리고 그렇게 태어난 아이를 잃어버리는 과정에서 보여준 다윗의 모습은 그녀에게 있어 '첫 번째 인지 부조화'와 '정반대의 경험'이었을 것이다.

　신학자들은 다윗의 이러한 회개와 금식의 과정을 경험한 뒤에 밧세바가 마음을 열었다고 말한다. 밧세바가 다윗을 그녀의 남편으로 받아들였다는 것이다. 이러한 주장을 하는 신학자들이 근거로 드는 성경 말씀은 아래와 같다.

> [24]**다윗이 그의 아내 밧세바를 위로하고** 그에게 들어가 그와 동침하였더니 그가 아들을 낳으매 그의 이름을 솔로몬이라 하니라 **여호와께서 그를 사랑하사** [25]**선지자 나단을 보내 그의 이름을 여디디야라 하시니 이는 여호와께서 사랑하셨기 때문이더라**(사무엘하 12:24-25)

　밧세바가 마음 문을 열고 다윗을 남편으로 받아들인 동시에 사랑하게 되었다고 주장하는 신학자들이 근거로 드는 구절이다. 특별히 이들은 '그의 아내 밧세바', 즉 '다윗의 아내 밧세바'라는 부분에 주목한다.

---

65 '인지 부조화'란 '어떤 사실 혹은 어떤 대상'에 대해 기존에 가지고 있던 '믿음이나 생각 혹은 가치'와 반대되는 새로운 정보를 직면했을 때 겪게 되는 '심리적 스트레스나 불편한 감정 혹은 경험'을 의미한다.

그리고 이어지는 성경 말씀에는 다윗을 이은 이스라엘의 다음 왕 '솔로몬의 탄생' 기사가 나온다. '나단 선지자를 통한 하나님의 강복(降福)'이 나온다. 하나님께서는 '우리아의 아내 밧세바'가 낳은 아이의 죽음으로 상심해 있는 '다윗의 아내 밧세바'에게 솔로몬을 주셨다. 솔로몬의 이름 뜻은 '그가 평화를 이루었다'이다. 그런 점에서, 어쩌면 솔로몬의 탄생이 '다윗과 밧세바 사이에 평화를 이루었을 수도 있겠구나'라는 생각을 해본다. 그렇게 솔로몬이 태어나자 하나님께서는 '우리아의 아내 밧세바'가 낳은 아이의 죽음을 선언했던 나단 선지자를 보내셨다. 그리고는 '다윗의 아내 밧세바'가 낳은 아들에게 '여디디야'라는 이름을 주셨다. 누군가에게 이름을 준다는 것은 '엄청난 축복'을 의미한다. 동시에 '이름을 주는 존재'와 '이름을 받는 존재'가 서로 끊어질 수 없는 사이라는 다짐이다. 더구나 하나님께서 주신 이름 '여디디야'의 뜻은 '하나님의 사랑을 받는 자'이었다.

나 또한 밧세바가 다윗의 회개와 금식의 과정을 본 후 마음 문을 열고 그를 그녀의 남편으로 받아들였다는 사실에는 동의한다. 성경 본문이 다윗의 회개와 금식 후 밧세바를 호칭할 때 '다윗의 아내 밧세바'라고 증언하기 때문이다. 그러나 밧세바가 이때부터 다윗을 사랑하기 시작했다는 신학자들의 주장에는 쉽게 동의가 되지 않는다. 물론 다윗이 나이 든 연후에 예전만 못한 다윗의 모습을 보면서 '긍휼(?)의 마음'을 가졌을 것이라는 생각은 한다. 다윗의 고뇌와 아픔을 가장 가까이서 목격했던 여인은 밧세바였을 것이니 말이다. **그러나 밧세바의 할아버지 아히도벨의 선택을 생각할 때, 솔로몬을 임신하는 과정에서부터 이미 밧세바가 다윗을 사랑하게 되었다는 주**

장에는 동의할 수 없다.

밧세바가 다윗을 사랑하게 되었다면, 그 사랑은 밧세바의 표정에 묻어났을 것이다. 세상에 가장 숨길 수 없는 것 중 하나가 '누군가를 사랑하는 눈빛'이다. 어느 할아버지가 손녀가 사랑하는 사람을 직접 죽이겠다고 나설까? 더군다나, 아히도벨은 하나님 나라에서의 다윗의 위치를 잘 알고 있었을 것이다. 미래를 예측하는데 뛰어난 아히도벨이었다.

> **아히도벨이 자기 계략이 시행되지 못함을 보고** 나귀에 안장을 지우고 일어나 고향으로 돌아가 **자기 집에 이르러 집을 정리하고 스스로 목매어 죽으매** 그의 조상의 묘에 장사되니라(사무엘하 17:23)

어쩌면, 아히도벨은 실패할 것을 알고도 압살롬의 편에 섰을지 모른다. 인생을 살다 보면 뻔히 실패할 줄 알면서도 가야 하는 길이 있다. 그쪽에 서야만 살 수 있다는 것을 알면서도 그럴 수 없는 경우가 존재한다. 다른 사람도 아니고, 그가 베푸는 계략은 사람이 하나님께 물어서 받은 말씀과 같은 것으로 여겨지던 아히도벨이었다. 그런 그가 실패할 줄 알면서도 압살롬의 편에 섰다면, 그것은 무엇을 의미할까? 손녀가 다윗과 사랑에 빠졌는데도 그런 선택을 했을까? 말도 안 되는 이야기다.

아히도벨이 본 밧세바는 '초점 없는 시선'에 '넋이 나간 상태'였을 것이다. 어쩌면 다윗과 아히도벨 그리고 밧세바 셋이 한자리에 함께할 때도 있었을 것이다. 그 자리에서 아히도벨은 영혼을 잃어버린 채 왕궁의 예복 안에 빈 몸만 남은 손녀를 발견했을 것이다.

정신과적으로 볼 때, 밧세바는 '아이를 키울 수 없는 상태'였을 것이다. 아이를 키울 수 없는 상태가 있다고? 궁금할 것이다. 아이를 키워서는 안 되는 엄마의 '정신과 진단명'은 무엇일까? 조현병(schizophrenia)? 아니다. 발달 장애가 있는 엄마? 아니다.

"아이 엠 샘(I am Sam)"이라는 영화가 2001년에 개봉되었었다. 발달 장애로 '정신 연령이 7세 수준인 아빠'와 딸의 이야기를 다룬 영화다. 이 영화를 볼 것을 권한다. 결론을 말하면 이와 같다. 아이에 대한 사랑으로 아이의 요구에 반응할 수만 있으면 누구나 좋은 양육자가 될 수 있다. 그 수준이 "아이 엠 샘"에 나오는 아빠처럼 '7세 수준'이어도 상관없다.

아이를 키워서는 안 되는 엄마의 정신과 진단명은 '우울증'이다. 이유는 간단하다. 아이의 요구에 반응할 수 없기 때문이다. 아이는 생애 초기 엄마를 통하여 세상을 바라보게 마련이다. 세상을 느끼게 된다. 그가 태어난 세상이 안전한 곳인지 확인하게 된다. 자신의 요구에 따뜻하게 반응하는 곳인지, 아니면 자신의 요구에 어떠한 반응도 하지 않는 냉담한 곳인지를 배우게 된다. 그리고 그에 따라 세상을 대하고 세상에 반응한다. 그런데 솔로몬을 키울 당시 밧세바의 상태는 '전형적인 우울증의 상태'였음에 틀림이 없다. 그리고 이러한 밧세바의 상태는 솔로몬에게 그대로 영향을 미친 것으로 보인다. 내가 그렇게 보는 근거는 이것이다.

> [1]다윗이 죽을 날이 임박하매 그의 아들 솔로몬에게 **명령하여** 이르되 [2]내가 이제 세상 모든 사람이 가는 길로 가게 되었노니 **너는 힘써 대장부가 되고**(열왕기상 2:1−2)

죽을 날이 임박하여 다윗이 '왕이 된 솔로몬'에게 했던 명령이다. "너는 힘써 대장부가 되고" 무슨 말인가? 만약에 솔로몬의 성격이 자신감이 넘쳤다면 어떻게 명령했을까? 당연히 이렇게 말했을 것이다. "겸손해라. 신중해라. 무슨 일이든지 한 번 더 생각해라." 그런데 "대장부가 되라"도 아니고 "힘써 대장부가 되라?" 결국, '다윗의 범죄'는 그의 아들 '솔로몬의 성격'에 흔적을 남기게 되었다.

> ³네 하나님 여호와의 명령을 지켜 그 길로 행하여 그 법률과 계명과 율례와 증거를 모세의 율법에 기록된 대로 지키라 그리하면 네가 무엇을 하든지 어디로 가든지 형통할지라 ⁴여호와께서 내 일에 대하여 말씀하시기를 만일 네 자손들이 그들의 길을 삼가 마음을 다하고 성품을 다하여 진실히 내 앞에서 행하면 이스라엘 왕위에 오를 사람이 네게서 끊어지지 아니하리라 하신 말씀을 확실히 이루게 하시리라(열왕기상 2:3-4)

물론 솔로몬은 그의 제위(帝位) 초반에는 다윗의 명령에 충실했다. 어떻게 그 일이 가능했을까? 내가 보기에 '제위 초반 솔로몬'의 모습은 '솔로몬의 본모습'이 아니었던 것으로 보인다. 쉽게 설명하면 이와 같다. 연애 초반 혹은 구애하는 시기 모든 남성은 '호르몬의 홍수'를 경험한다. 그 결과 평소와 다른 모습을 보인다. 그러나 오랜 연애 혹은 결혼 후 '거의 대부분'[66]의 남성은

---

66 '전부'가 아니라 '거의 대부분'이라고 한 것은 의도적인 표현이다.

연애 초반과는 전혀 다른 모습을 보인다. 그 결과, 정말 많은 자매들이 '사기 결혼'을 당했다고 주장하곤 한다. 자신의 남편이 연애 초반 거짓말을 했다는 주장이다. 그러나 그녀들의 주장은 사실이 아니다. 그녀의 남편은 그녀에게 거짓말을 하지 않았다. 다만 그녀의 남편은 원래 자신의 모습으로 돌아왔을 뿐이다. 평생 자신의 성품과 다른 수준의 호르몬이 분비되는 경우 '심각한 건강상의 문제'가 발생하게 마련이다. 왜냐하면, 연애 초반 그의 모습은 그가 아니기 때문이다.

솔로몬도 마찬가지였을 것이다. 그의 집권 초반, 솔로몬은 제왕의 무게를 견뎌내야 했을 것이다. 그의 아버지 다윗의 명령대로 힘써 대장부가 되려고 온 힘을 다했을 것이다. 쉽게 말해 솔로몬의 영광이 이스라엘에 가득했던 시기, 솔로몬은 그의 원래 모습이 아니었을 것이다. 그러나 정권이 안정되고, 주변 국가와의 정세가 안정되자 그는 본 모습으로 돌아갔을 것이다. 그리고 그 모습은 하나님께서 두 번이나 직접 나타나시어 다른 신을 따르지 말라 하셨으나, 그 명령을 지키지 않은 것으로 나타났다.[67] 이때 "다른 신을 따르지 말라"고 하시는 하나님을 보며 솔로몬은 무슨 생각을 했을까? 혹시 '우리 어머니가 선왕(先王)에게 겁탈당했을 때는 나타나시지 않았던 분이 왜 지금은 이렇게 저에게는 자주 나타나시는데요?'였을까? '우리 외갓집이 전부 초토화될 때는 침묵하시던 분이 왜 다른 신을 따르는 데는 이렇게 민감하신데요?'라고 했을까? '그들은 모두 선왕(先王)의 충신들이었지 않았

---

67 "[9]솔로몬이 마음을 돌려 이스라엘의 하나님 여호와를 떠나므로 여호와께서 그에게 진노하시니라 여호와께서 일찍이 두 번이나 그에게 나타나시고 [10]이 일에 대하여 명령하사 다른 신을 따르지 말라 하셨으나 그가 여호와의 명령을 지키지 않았으므로"(열왕기상 11:9-10).

나요? 그런데 왜? 그때는 그렇게 가만히 두고 보시더니 왜 지금 그러시나요?'라는 생각을 했을까?

나는 앞에서 다윗의 "힘써 대장부가 되라"는 명령을 근거로 솔로몬의 본(本) 성격에 '우울증 기질'이 있었을 것이라고 했다. 이러한 '솔로몬의 기질'은 '그의 왕국의 화려함'을 설명할 수 있게 해 준다. 그의 많은 처첩(妻妾)들의 숫자를 설명해준다.

우울한 기질을 가진 사람 중, 자신의 그러한 기질을 좋아하는 사람은 없다. 어떻게 해서라도 벗어나고 싶은 것이 '우울한 마음'이다. 그런 점에서 '우울증'을 가진 사람이 힘을 가지게 될 경우, 그가 그 힘을 통해 무엇을 할지는 정해져 있다. 그 사람은 그 힘을 통해 자신을 옥죄어 오는 우울한 기분을 벗어나려 몸부림치게 마련이다. 현대 사회에서 '쇼핑 중독'에 빠진 사람을 생각해보면 지금 내가 하는 말이 어느 정도 이해될 것이다.

또한, 솔로몬은 외가(外家)가 없이 성장했을 것이다. 밧세바의 아빠가 어떻게 되었는지에 대한 기록은 성경에 남아 있지 않다. 그러나 아히도벨의 마지막을 볼 때, 솔로몬의 외가는 멸문지화(滅門之禍)의 수준이었을 것이다. 이러한 사실은 왜 솔로몬이 그토록 주변 국가와의 정략결혼(政略結婚)에 몰두했는지를 설명해준다.

둘째는 길르압이라 갈멜 사람 나발의 아내였던 아비가일의 소생이요 **셋째는 압살롬이라 그술 왕 달매의 딸 마아가의 아들이요**(사무엘하 3:3)

³⁷압살롬은 도망하여 그술 왕 암미훌의 아들 달매에게로 갔고 다윗은 날마다 그의 아들로 말미암아 슬퍼하니라 **³⁸압살롬이 도망하여 그술로 가서 거기에 산 지 삼 년이라**(사무엘하 13:37-38)

다말을 강간한 이복형 암논을 죽인 후, 압살롬은 그술로 도망가 삼 년을 지냈다. 압살롬이 그술로 도망갔던 이유는 그의 엄마가 '그술의 공주'였기 때문이다. 당연히 솔로몬은 어린 시절부터 다윗 왕의 식탁에서 다른 왕자들과 식사했을 것이다. 매일 만나는 이복형제들의 외갓집 이야기를 들었을 것이다. 압살롬은 이스라엘뿐 아니라 그술에서도 '왕족(王族)'이었다. 솔로몬은 이러한 사실이 부러웠을 것이다. 더군다나 없어진 솔로몬의 외가(外家)는 이스라엘 가운데 '명문가(名門家)'였다. 다윗의 모사(謀士) 아히도벨의 손녀이자 다윗의 삼십 용사의 딸인 밧세바에게서 태어난 그였다. 그런데 그의 엄마와 그에게는 기댈 친정(親庭)과 외가(外家)가 없었다.

결핍은 반작용을 불러오게 마련이다. 외가가 건재한 다른 왕자들을 보며 솔로몬이 무엇을 부러워했을지 상상하는 것은 어렵지 않다. 그렇게 놓고 보면, 바로의 딸과의 혼인이 다르게 보일 것이다. 솔로몬이 사랑한 수많은 이방 여인들은 당연히 그 지역의 왕 또는 유력자들의 딸이었을 것이다.

전에 애굽 왕 바로가 올라와서 게셀을 탈취하여 불사르고 그 성읍에 사는 가나안 사람을 죽이고 **그 성읍을 자기 딸 솔로몬의 아내에게 예물로 주었더니**(열왕기상 9:16)

더군다나, 바로는 게셀을 정복한 뒤 그 성읍을 솔로몬의 아내에게 예물로 주었다. 쉽게 말해 솔로몬의 아이들은 외갓집이 당대의 열강이었던 애굽이었다. 그런데 그렇게 얻은 이방 여인들이 다른 신을 따르게 하자 하나님께서 나타나 그러지 말라고 하시는 것이었다. 하나님의 이 말씀은 솔로몬의 입장에서는 자신의 아이들의 외갓집과 친하게 지내지 말라는 의미였을 것이다. '왜 하나님은 선왕(先王)이 우리 외갓집을 도륙 낼 때는 침묵하시더니 이제 와서?' 이것이 바로 솔로몬이 그의 아버지 다윗의 신앙을 따르지 않은 이유일 것이다. 이것이 바로 솔로몬이 '하나님의 마음에 맞는 사람' 다윗의 신앙을 따르지 않은 이유일 것이다.[68]

> 이는 다윗이 **헷 사람 우리아의 일 외에는** 평생에 여호와 보시기에 정직하게 행하고 자기에게 명령하신 모든 일을 어기지 아니하였음이라(열왕기상 15:5)

'하나님의 마음에 맞는 사람' 다윗은 그의 평생에 딱 한 번 결정적인 실수를 했다. 그것은 성경에서 증언하듯이, '헷 사람 우리아의 일'이었다. 솔로몬의 엄마 밧세바를 강간하고 그녀의 남편 우리아를 죽인 일이었다. 생각해보면, 밧세바는 기가 막혔을 것이다. 차라리 다윗이 나쁜 놈이었다면? 그래도 잔인한 일이지만, 마음속으로 생각을 정리하는 데는 좀 더 낫지 않았을까?

---

68 "폐하시고 다윗을 왕으로 세우시고 증언하여 이르시되 내가 이새의 아들 **다윗을 만나니 내 마음에 맞는 사람이라** 내 뜻을 다 이루리라 하시더니"(사도행전 13:22).

모르겠다. 하나님과 사람들 앞에서 모든 것이 완벽한 다윗이었다. 그런데 그에게 평생에 딱 한 번 결정적인 범죄가 있었다. 그런데 하필 그 범죄의 피해자가 나라면? 그리고 그 범죄의 결과, 내가 사랑하는 모든 사람들이 무고하게 죽어 나갔다면? 그리고 그 범죄의 흔적이 왕위를 이은 내 자식에게 깊은 흔적으로 남게 되었다면? 그 결과, 손자 대(代)에 가서 왕국이 분열되게 되었다면?

　모든 사람에게 좋은 사람이었다. 나만 빼고 … 모든 사람에게 은혜를 끼친 사람이었다. 나만 빼고! 그리고 그런 그와의 관계에 그나마 남아 있는 내 사람들의 생존이 걸려있다면? 왜 나만 좋은 사람이라는 저 사람과 '섬뜩한 관계'가 되어야 하는가? 모든 사람이 저 사람을 볼 때마다 행복한 얼굴을 하고 '존경과 사랑의 눈빛'을 보내는데 …, 왜 나만 저 사람을 볼 때 '생존'을 생각해야 하는가?

　같은 맥락에서, 나는 다윗의 회개와 금식의 과정을 경험한 뒤에 그녀가 다윗을 남편으로 받아들였다는 사실 또한 그녀의 '적극적인 의지'에 의한 것이라고 생각하지 않는다. 오히려 다윗을 남편으로 받아들인 밧세바의 선택에는 그녀의 '현실적인 필요'가 상당 부분 작용했을 것이다. 사람이라는 존재가 원래 그렇다. 무언가가 절박하게 필요한 경우, 그런데 그것을 줄 수 있는 대상이 도저히 받아들일 수 없는 존재인 경우, 사람은 명분을 찾게 마련이다. 세상에서 가장 강한 사람은 더 이상 잃을 것이 없는 사람이다. 사람을 나약하게 만드는 것은 '무언가 간절히 지켜야 할 것'이 있을 때다. 동시에 사람을 강하게 만드는 것 또한 '무언가 절박하게 지켜야 할 것'이 있는 경우다.

사람을 모질게 만드는 것은 바로 이러한 상황이다. 밧세바가 그러했다. 왕
궁에 들어온 초반, 그녀에게는 지켜야 하는 '친정 식구들'이 있었다. 그리고
그녀의 할아버지 아히도벨이 압살롬의 반역에 가담한 뒤에는 '새로운 식구
들'이 있었다. 밧세바 그녀의 친정이 그렇게 정리된 뒤에는 '지켜야 할 자식
들'이 있었다.

　그렇다면 현실적으로 밧세바 그녀가 지켜야 했던 그리고 지키고 싶었을
사람들의 안전을 누가 제공해 줄 수 있었을까? 바로 다윗 아닌가? 아마도
그녀에게는 명분(名分)이 필요했을 것이다. 다른 사람이 아닌 '자기 자신을
설득할 수 있는 명분'이 간절히 필요한 상황이었다. 자신의 남편을 죽인 원
수를 새로운 남편으로 받아들일 명분이 그녀에게는 정말 간절히 필요했다.
그러한 '그녀의 필요'에 '다윗의 회개의 눈물과 금식'은 더할 나위 없는 명분
이 되었을 것이다.

　그렇게 놓고 보면, 그녀의 내면에서 요동쳤을 무수히 많은 생각들과 감
정들을 다 알고 계셨던 하나님이 아니신가? 그러니 솔로몬이 태어나자마자
다른 사람도 아닌 '나단 선지자'를 보내주신 것은 '하나님의 마음의 표현'이
었을 것이다. 그를 통하여 **솔로몬의 이름을 '여디디야, 하나님의 사랑을 받
는 자'로 주신 것은** '하나님의 애틋한 표현'이었을 것이다. 다윗도 솔로몬도
아닌 **밧세바를 위한 배려**'였을 것이다. 그래야 밧세바 그녀가 남편을 죽인
원수를 새로운 남편으로 받아들인 **자신을 용서하며 남은 인생을 견디어 낼
수 있었을 것 아닌가?**

그렇게 솔로몬의 탄생 직후, '나단 선지자'를 통해 주신 이러한 조치는 훗날 아히도벨의 죽음 이후에 더더욱 힘을 발휘했다. 역사를 배우거나 사극(史劇)을 보면 알 수 있듯이, 반역자의 자손은 왕이 될 수 없었다. 반역자 집안 출신의 왕비는 폐위(廢位)되는 것이 당연한 일이었다. 아히도벨이 압살롬의 반역에 가담한 이후, 밧세바와 솔로몬은 왕궁에 머무를 수 없는 존재였다. 왕비와 왕자의 신분은 고사하고 생명마저 보장받을 수 없는 처지였다. 그러나 다윗은 밧세바에게 "너의 아들 솔로몬에게 왕위를 물려주겠노라"라고 여호와 하나님을 가리켜 맹세했다.[69]

다시 한번 상기하지만, 아히도벨이 압살롬의 반역에 참여한 후 밧세바와 솔로몬은 왕족의 신분마저 유지하기 힘든 상황이었다. 더군다나 압살롬과 목숨을 걸고 싸웠던 사람들이 다윗의 군대 전반을 장악하고 있는 상황이었다. 이러한 상황에서 솔로몬에게 다윗의 왕권이 넘어간다는 것은 기적을 바라는 일이었을 것이다.

그런 점에서, 솔로몬의 이름을 '여디디야, 하나님의 사랑을 받는 자'로 주시는 과정에 '나단 선지자'를 개입시킨 일에는 하나님의 깊은 뜻이 있었다. 하나님의 뜻을 다윗에게 직접 전달하지 않으시고 '나단 선지자'를 통한 것은 하나님의 배려였다. 아히도벨의 반역 이후 밧세바와 솔로몬의 편을 들어 줄 사람이 아무도 없는 상황까지 염두에 두신 '하나님의 포석(布石)'이셨다. 밧

---

69 "[16]밧세바가 몸을 굽혀 왕께 절하니 왕이 이르되 어찌 됨이냐 [17]그가 왕께 대답하되 내 주여 왕이 전에 왕의 하나님 여호와를 가리켜 여종에게 맹세하시기를 네 아들 솔로몬이 반드시 나를 이어 왕이 되어 내 왕위에 앉으리라 하셨거늘"(열왕기상 1:16−17).

세바와 솔로몬에게는 든든한 증인이 생긴 것이었다.

하나님께서는 여러 선지자를 통하여 다윗에게 말씀하셨다. 하지만 하나님과 다윗의 관계를 생각해볼 때, 솔로몬의 이름을 '여디디야, 하나님의 사랑을 받는 자'로 주시는 일은 다윗에게 직접 말씀하실 수 있는 일이었다. 다윗이 밧세바를 강간한 일에 대한 징계와 그 일로 태어난 아이의 죽음을 선언했던 '나단 선지자'였다. 그러한 그를 통하여 솔로몬의 이름을 주신 것은 하나님의 배려였음에 틀림이 없다. 아히도벨의 반역 이후 친정과 외가가 없어진 밧세바와 솔로몬이었다. 하나님은 신정국가(神政國家)였던 이스라엘 내에 외로이 고립된 가련한 모자(母子)를 보호할 '종교적 권위자'를 '후견인'으로 붙여주실 필요가 있었던 것이다. 바로 이 '나단 선지자'의 활약으로 '아도니야의 왕위 찬탈 계획'은 무산되었다. 그리고 다윗의 왕위가 솔로몬에게 안전하게 이어졌다. 이것이 하나님께서 밧세바와 솔로몬에게 주실 수 있는 최선의 배려였을 것이다. 밧세바를 강간한 것은 다윗이지 않은가?[70] 사고는 다윗이 친 것이다.

---

70 왜 하나님은 다윗의 강간을 막아주지 않았느냐는 '항의성(?) 질문' 때문에 들어간 문장이다.

다윗이
밧세바를 사랑한 이유

　생물학적(?)으로 볼 때, 솔로몬은 '다윗의 아들'이다. 그러나 양육의 관점에서 볼 때,[71] 솔로몬은 '밧세바의 아들'이다. 이것이 솔로몬이 그의 생애 후반, 다윗의 신앙을 따르지 않은 이유다. 솔로몬은 그의 생애 초반, 다윗의 신앙을 따르는 것처럼 보였다. 그러나 그의 생애 후반, 그는 다윗의 생애 중 '유일한 실수의 결과'[72]를 따랐다. 이것이 뼈아픈 부분이다.

　그렇다면 성장기의 솔로몬에게 있어 다윗은 어떤 존재였을까? 다정한 아빠였을까? 물론 다윗은 그러려고 애썼을 것이다. 다윗에게는 8명의 아내가 있었다. 그중 다윗이 사랑했던 아내는 밧세바였다는 주장에 나는 전적으로 동의한다. 그러니 가장 사랑하는 아내가 낳은 아들을 사랑하는 것은 당연한 일이다. 더군다나 솔로몬은 하나님께서 직접 '여디디야, 하나님의 사랑을

71　당연히 생물학적으로도

72　"이는 다윗이 **헷 사람 우리아의 일 외에는** 평생에 여호와 보시기에 정직하게 행하고 자기에게 명령하신 모든 일을 어기지 아니하였음이라"(열왕기상 15:5).

받는 자'로 이름을 주신 아들이었다.[73]

그러나 이것은 어디까지나 다윗 쪽에서의 이야기다. 성장기의 솔로몬의 입장에서 다윗은 어디까지나 "자신의 엄마를 겁탈했던 거역할 수 없는 강력한 힘"이었을 것이다. 그리고 그의 외가(外家)를 초토화시킨 장본인이었다. 그런데 그는 솔로몬 자신의 아버지였다. 그의 '근원(根源)'이었다. 더군다나 그의 아버지가 그의 어머니를 바라보는 눈빛에는 항상 미안함이 담겨 있었을 것이다. 애틋한 눈빛에 깊은 사랑이 담겨 있었을 것이다. 그런데 그러한 눈빛을 보내는 사내가 바로 자신의 어머니의 삶을 송두리째 파괴시킨 장본인이었다. 게다가 그는 거역할 수 없는 힘을 가진 '제왕(帝王)'이었다.

왕궁 가운데 위축되어 있었을 밧세바와 솔로몬에게는 그들 모자 특유의 분위기가 있었을 것이다. 그들 모자는 '반역자 아히도벨의 씨'였다. 그런데 그들 모자는 '제왕(帝王)의 사랑'을 받는 존재였다. 더군다나 가해자인 그의 아버지는 그의 어머니에게 행한 일 외에는 모든 부분에서 정의롭고 덕스러운 왕이었다. 능력 또한 출중했으며 많은 백성과 신하들이 그를 진심으로 존경하고 사랑하는 그런 존재였다.

[14]다윗이 예루살렘에 함께 있는 그의 모든 신하들에게 이르되 **일어나 도망하자 그렇지 아니하면 우리 중 한 사람도 압살롬에게서 피하지 못하리라 빨리 가자 두렵건대 그가 우리를 급히 따라와 우리를 해하고 칼날**

---

73 "[24]다윗이 그의 아내 밧세바를 위로하고 그에게 들어가 그와 동침하였더니 그가 아들을 낳으매 그의 이름을 솔로몬이라 하니라 여호와께서 그를 사랑하사 [25]선지자 나단을 보내 **그의 이름을 여디디야라 하시니 이는 여호와께서 사랑하셨기 때문이더라**"(사무엘하 12:24-25).

로 성읍을 칠까 하노라 ¹⁵왕의 신하들이 왕께 이르되 우리 주 왕께서 하고자 하시는 대로 우리가 행하리이다 보소서 당신의 종들이니이다 하더라 ¹⁶**왕이 나갈 때에 그의 가족을 다 따르게 하고**[74] 후궁 열 명을 왕이 남겨 두어 왕궁을 지키게 하니라 ¹⁷**왕이 나가매 모든 백성이 다 따라서** 벧메르학에 이르러 멈추어 서니 ¹⁸그의 모든 신하들이 그의 곁으로 지나가고 모든 그렛 사람과 모든 블렛 사람과 및 **왕을 따라 가드에서 온 모든 가드 사람 육백 명이 왕 앞으로 행진하니라**(사무엘하 15:14-18)

압살롬의 반역을 피해 다윗이 도망갈 때의 기사다. 세상인심(世上人心)은 대부분의 경우 승자 편이다. 패자 편을 드는 경우는 희귀하다. 그런데 아들의 반란을 피해 도망가는 다윗을 따라나선 백성의 규모를 볼 때, 그가 얼마나 이스라엘 백성 가운데 사랑과 존경을 받는 존재였는지 쉽게 가늠할 수 있다. 압살롬을 피해 달아나는 다윗을 따른 명단 중 눈에 띄는 지명(地名)이 있을 것이다. 블레셋의 다섯 성읍 중 하나인 '가드'가 그곳이다. 더군다나 '가드'는 다윗의 손에 죽은 '골리앗의 고향'이었다. 그런데 그러한 역사를 가진 가드 사람 육백 명이 도망가는 다윗을 따라 그 앞으로 행진했다.

그러니 어린 솔로몬의 눈에 비친 그의 아버지 다윗은 모든 사람에게 훌륭하고 선(善)한 왕이었을 것이다. 그리고 자신의 어머니와 자신에게 깊은 애정을 가졌다는 것 또한 잘 알고 있었을 것이다. 그러나 그렇게 따뜻하고

---

74 압살롬의 반역을 피해 피난 갔을 때, 밧세바와 솔로몬 또한 다윗과 함께했다.

정의로운 존재가 일생에 딱 한 번 범죄를 저질렀는데 그 피해자는 바로 그의 어머니 밧세바였다. 그리고 그의 어머니는 그 범죄로 말미암아 모든 것을 잃어버렸다. 그러한 연유로 그의 어머니를 바라볼 때 그의 아버지의 눈빛에서 묻어나오는 미안함과 애틋함을 그는 잘 알고 있었을 것이다. 하지만 그의 아버지의 '범죄의 결과', 그의 외가(外家)는 초토화되었으며 자신과 어머니는 '반역자의 자손'이 되어 있었다.

　이러한 경우에 생기는 감정을 '양가감정(兩價感情, ambivalence)'이라고 한다. 어떤 대상에게 서로 대립되는 두 개의 감정이 혼재하는 상태를 '양가감정'이라고 한다. 이와 같은 '모순된 감정'에 오랜 시간 노출되었을 때, 사람의 성격이 어떻게 형성될지는 따로 설명하지 않아도 되리라 믿는다. 게다가 그 양가감정의 대상이 가장 가까운 사람이라면? 그리고 그가 자신을 가장 사랑해주는 존재일 때는 어떠할까? 더군다나 그 존재가 거역할 수 없는 강력한 힘을 가진 제왕(帝王)이라면? 이러한 상황은 건강하게 성장한 성인의 경우도 쉽지 않다. 하물며 싸늘한 기운이 가득한 넓디넓은 왕궁 가운데 태어난 아이는 어떨까? 더군다나 그의 양육자는 전혀 아이의 요구에 반응할 수 없는 상황이라면? 이러한 환경에 노출된 솔로몬이 왕이 된 후 보인 행동은 성경에 자세히 기록되어 있다. 이 관점으로 솔로몬의 기사를 다시 읽어보면 보이는 것이 많을 것이다.[75]

　이제 비로소 다윗이 밧세바를 사랑한 이유를 살펴보려 한다. 다윗은 왜

---

75 더 자세한 내용은 하나님의 은혜로 '솔로몬 인물 설교'를 하게 된다면 다루도록 하겠다.

밧세바에게 끌렸을까? 내가 보기에는 다윗의 '다른 부인들의 요소'가 강했을 것 같다. 다윗의 아내는 총 8명으로 알려져 있다. 나는 이들 중 '사울의 딸 미갈'과 '나발의 아내였던 아비가일'을 주목했다.[76]

결론을 먼저 언급하고 시작하면 이러하다. 우선 다윗 입장에서 '사울의 딸 미갈'과의 결혼은 '정략적 차원'에서 한 것이었을 것이다. '이스라엘 내에서의 그의 지위'를 위한 결혼이었을 것이다. 평범한 시골의 목동 출신이었던 다윗이었다. 그런 그에게 '공주인 미갈'과의 결혼은 그의 '신분 상승'에 중요했을 것이다. 미갈과의 결혼은 '미갈의 일방적인 애정'에서 시작되었다.[77] 그러나 '목동과 공주의 결혼 생활'은 모든 면에서 불편했을 것이다. 맞는 부분이 하나도 없었을 것이다. 다윗은 마음 둘 곳이 없었을 것이다.

그리고 '나발의 아내였던 아비가일'과의 혼인은 그녀가 가진 '재산과 품성' 때문이었을 것이다. 다윗은 도피 생활 중 '경제적 필요'가 절실했다.[78] 즉 아비가일이 그녀의 죽은 남편 나발로부터 상속받은 재산은 다윗의 공동체에서 요긴하게 쓰였을 것이다. 그녀의 총명함[79]은 다윗의 공동체를 안정시

---

76 이 책에서는 '사울의 딸 미갈'을 중심으로 다루도록 하겠다.

77 "사울의 딸 미갈이 다윗을 사랑하매 어떤 사람이 사울에게 알린지라 사울이 그 일을 좋게 여겨"(사무엘상 18:20).

78 "⁴다윗이 나발이 자기 양 털을 깎는다 함을 광야에서 들은지라 ⁵다윗이 이에 소년 열 명을 보내며 그 소년들에게 이르되 너희는 갈멜로 올라가 나발에게 이르러 내 이름으로 그에게 문안하고 ⁶그 부하게 사는 자에게 이르기를 너는 평강하라 네 집도 평강하라 네 소유의 모든 것도 평강하라 ⁷네게 양 털 깎는 자들이 있다 함을 이제 내가 들었노라 네 목자들이 우리와 함께 있었으나 우리가 그들을 해하지 아니하였고 그들이 갈멜에 있는 동안에 그들의 것을 하나도 잃지 아니하였나니 ⁸네 소년들에게 물으면 그들이 네게 말하리라 그런즉 내 소년들이 네게 은혜를 얻게 하라 우리가 좋은 날에 왔은즉 네 손에 있는 대로 네 종들과 네 아들 다윗에게 주기를 원하노라 하더라 하라"(사무엘상 25:4-8).

79 "³²다윗이 아비가일에게 이르되 오늘 너를 보내어 나를 영접하게 하신 이스라엘의 하나님 여호

키는 데 많은 도움을 주었을 것이다. 다윗은 아비가일에게서 둘째 아들 길르압을 얻었다.[80] 그리고 '우리아의 일'로 다윗의 첫째 셋째 넷째아들은 죽어 나갔지만, 둘째 아들은 생명을 건질 수 있었다. 그 난리 통에도 다윗의 둘째 아들이 건재할 수 있었던 것은 전적으로 '아비가일의 품성' 덕분이었을 것이다. 하지만 모든 남자가 아는 사실이 있다. 다윗에게 있어서 아비가일은 '고마운 사람'이었을 것이다. '든든한 사람'이었을 것이다. 하지만, '애틋한 애정 관계'라기에는 뭔가 모자란 부분이 있었을 것이다. 왜 남자들이 '백치미(白痴美)'를 가진 자매에게서 헤어 나오지 못하는지 이것을 생각해보면 이해가 쉬울 것이다.

하나님으로부터 기름 부음을 받은 후, 다윗의 삶은 무언가에 쫓기듯 급박하게 돌아갔다. 시시각각 변하는 상황과 수많은 사건들로 정신이 없었을 것이다. 그렇게 끊임없이 닥쳐오는 상황을 헤쳐 가는 과정에서 했던 결혼들이었다. 그러니 어느 측면에서는 사랑이 아닌 '현실적 필요'에 의해 이루어진 결혼들이었다. 즉, 다윗은 마음 둘 곳이 없었다. 그에게 끊임없이 다가오는 무거운 부담과 외로움을 기댈 곳이 없었다.

사울의 신하들이 이 말을 다윗에게 아뢰매 **다윗이 왕의 사위 되는 것을**

와를 찬송할지로다 [33]또 네 지혜를 칭찬할지며 또 네게 복이 있을지로다 오늘 내가 피를 흘릴 것과 친히 복수하는 것을 네가 막았느니라"(사무엘상 25:32-33).

80 "[2]다윗이 헤브론에서 아들들을 낳았으되 맏아들은 암논이라 이스르엘 여인 아히노암의 소생이요 [3]**둘째는 길르압이라 갈멜 사람 나발의 아내였던 아비가일의 소생이요** 셋째는 압살롬이라 그술 왕 달매의 딸 마아가의 아들이요 [4]넷째는 아도니야라 학깃의 아들이요 다섯째는 스바댜라 아비달의 아들이요"(사무엘하 3:2-4).

좋게 여기므로 결혼할 날이 차기 전에(사무엘상 18:26)

성경에는 사울의 딸 미갈이 다윗을 사랑했다는 이야기는 반복되어 나온다. 하지만 다윗이 미갈을 사랑했다는 기록은 나오지 않는다. 더군다나 미갈과의 결혼에 대해 성경은 "다윗이 왕의 사위 되는 것을 좋게 여기므로"라고 표현하고 있다. 결혼이라는 것은 '누구의 사위 누구의 며느리'가 되기 이전에 '누군가의 남편 누군가의 아내'가 되는 일이다. 그녀가 내 아내가 되었기에 그녀의 아버지가 나의 장인어른이 되는 것이다. 그녀가 내 아내가 되었기에 내가 그녀 아버지의 사위가 되는 것이 결혼이다. 그런 점에서 사무엘상 18장의 기록은 많은 의미를 함축하고 있다. 다윗과 미갈의 혼인이 '사랑으로 맺어진 결혼'이었다면 이렇게 기록되어야 한다. "다윗이 미갈의 남편 되는 것을 좋게 여기므로"

> 사울의 아들은 요나단과 이스위와 말기수아요 그의 두 딸의 이름은 이러하니 **맏딸의 이름은 메랍이요 작은 딸의 이름은 미갈이며**(사무엘상 14:49)

사울에게는 두 딸이 있었다. 그 둘 중 '맏딸 메랍과 다윗의 이야기'는 이전에 잠깐 언급했었다. 사울은 메랍과의 혼인을 미끼로 블레셋 사람들의 칼로 다윗을 제거하고자 했다. 그러나 이러한 사울의 시도는 '다윗의 겸손'으로 말미암아 실패하고 말았다. 그러던 중, 사울의 귀를 쫑긋(?)하게 하는 소식이 들려왔다. 그것은 둘째 딸 미갈이 다윗을 사랑한다는 이야기였다.

사무엘상 18장에는 미갈이 다윗을 사랑했다는 증언이 두 번에 걸쳐 나온다. 성경의 이러한 표현은 다윗을 향한 미갈의 애정이 그 당시 얼마나 깊었는지를 암시한다. 미갈은 그 시절 '사랑의 열병'을 앓고 있었다. 그것은 '떠오르는 민족적 영웅'을 향한 '공주의 사랑'이었다. 그런데 '떠오르는 민족적 영웅'은 그의 집에서 '흙수저' 취급을 받던 인물이었다.[81]

> [20]**사울의 딸 미갈이 다윗을 사랑하매** 어떤 사람이 사울에게 알린지라 **사울이 그 일을 좋게 여겨** [21]스스로 이르되 **내가 딸을 그에게 주어서 그에게 올무가 되게 하고 블레셋 사람들의 손으로 그를 치게 하리라** 하고 이에 사울이 다윗에게 이르되 네가 오늘 다시 내 사위가 되리라 하니라

---

81 "나오미의 남편 엘리멜렉의 친족으로 유력한 자가 있으니 그의 이름은 보아스더라"(룻기 2:1). "[18]베레스의 계보는 이러하니라 베레스는 람을 낳고 [19]헤스론은 람을 낳고 람은 암미나답을 낳고 [20]암미나답은 나손을 낳고 나손은 살몬을 낳고 [21]살몬은 보아스를 낳고 보아스는 오벳을 낳고 [22]오벳은 이새를 낳고 이새는 **다윗을 낳았더라**"(룻기 4:18-22).: 다윗은 유력자 보아스의 후손이다. 즉 다윗은 흙수저 출신이 아니다.: "[10]이새가 그의 아들 일곱을 다 사무엘 앞으로 지나가게 하나 사무엘이 이새에게 이르되 여호와께서 이들을 택하지 아니하셨느니라 하고 [11]또 사무엘이 이새에게 이르되 네 아들들이 다 여기 있느냐 이새가 이르되 **아직 막내가 남았는데 그는 양을 지키나이다** 사무엘이 이새에게 이르되 사람을 보내어 그를 데려오라 그가 여기 오기까지는 우리가 식사 자리에 앉지 아니하겠노라"(사무엘상 16:10-11). "**큰형 엘리압이 다윗이 사람들에게 하는 말을 들은지라 그가 다윗에게 노를 발하여 이르되 네가 어찌하여 이리로 내려왔느냐 들에 있는 양들을 누구에게 맡겼느냐 나는 네 교만과 네 마음의 완악함을 아노니 네가 전쟁을 구경하러 왔도다**"(사무엘상 17:28).: 그러나 그는 그의 집에서 '무시당하던 존재'였다. 사람 취급을 받지 못하던 존재였다. 사무엘이 왕을 세우기 위해 이새의 집에 방문했을 때, 다윗은 양을 지켰다. 아버지의 심부름으로 먹을 것을 가지고 전쟁터에 갔을 때, 그의 첫째 형의 반응이 인상 깊다. "네가 어찌하여 이리로 내려왔느냐? 들에 있는 양들을 누구에게 맡겼느냐? 나는 네 교만과 네 마음의 완악함을 아노니 네가 전쟁을 구경하러 왔도다." 이것이 전쟁터에 자신을 위해 먹을 것을 가지고 온 어린 동생에게 할 말인가? 물론 맏아들인 자신을 두고 기름 부음을 받은 막내에 대한 시기가 어느 정도 작용했을 수는 있다. 하지만, 다윗의 큰형 엘리압의 발언은 선을 넘어도 단단히 넘은 것이다.

²²사울이 그의 신하들에게 명령하되 너희는 다윗에게 비밀히 말하여 이르기를 보라 왕이 너를 기뻐하시고 모든 신하도 너를 사랑하나니 그런즉 네가 왕의 사위가 되는 것이 가하니라 하라 ²³사울의 신하들이 이 말을 다윗의 귀에 전하매 다윗이 이르되 왕의 사위 되는 것을 너희는 작은 일로 보느냐 나는 가난하고 천한 사람이라 한지라 ²⁴사울의 신하들이 사울에게 말하여 이르되 다윗이 이러이러하게 말하더이다 하니 ²⁵사울이 이르되 너희는 다윗에게 이같이 말하기를 **왕이 아무 것도 원하지 아니하고 다만 왕의 원수의 보복으로 블레셋 사람들의 포피 백 개를 원하신다** 하라 하였으니 이는 사울의 생각에 다윗을 블레셋 사람들의 손에 죽게 하리라 함이라 ²⁶사울의 신하들이 이 말을 다윗에게 아뢰매 **다윗이 왕의 사위 되는 것을 좋게 여기므로** 결혼할 날이 차기 전에 ²⁷**다윗이 일어나서 그의 부하들과 함께 가서 블레셋 사람 이백 명을 죽이고 그들의 포피를 가져다가 수대로 왕께 드려 왕의 사위가 되고자 하니 사울이 그의 딸 미갈을 다윗에게 아내로 주었더라** ²⁸여호와께서 다윗과 함께 계심을 사울이 보고 알았고 **사울의 딸 미갈도 그를 사랑하므로** ²⁹**사울이 다윗을 더욱더욱 두려워하여 평생에 다윗의 대적이 되니라** ³⁰블레셋 사람들의 방백들이 싸우러 나오면 그들이 나올 때마다 다윗이 사울의 모든 신하보다 더 지혜롭게 행하매 이에 그의 이름이 심히 귀하게 되니라(사무엘상 18:20−30)

극단적인 남성 위주의 사회였던 이스라엘이었다. 그럼에도 불구하고, 다윗을 향한 애정을 표현하는 데 미갈은 거침이 없었던 것 같다. 아마도 미갈이 그토록 적극적으로 다윗을 향한 애정을 표현할 수 있었던 것은 그녀의 신분 덕분이었던 것으로 보인다. 절대 권력자인 사울 왕의 딸이었기에 가능했던 것으로 보인다. 공주의 사랑에는 거침이 없었다. 물론 다윗을 향한 그녀의 애정은 훗날 '증오와 경멸'로 바뀌고 만다. 이러한 사실은 다윗이 언약궤를 다윗성으로 가져오는 과정에서 보인 그녀의 반응에서 확인할 수 있다. 다윗이 하나님 앞에서 춤추는 모습에 대한 그녀의 반응이 그것이다. 어찌 되었든, 다윗을 처음 본 순간 그녀는 다윗을 정말 깊이 사랑했고 그녀의 소원대로 다윗의 첫 번째 부인이 될 수 있었다.

그러나 미갈은 다윗의 부인이 되기에는 '자격 미달인 여성'이었다. 성경은 그 단서를 그녀의 아버지 사울의 말을 통하여 살짝 흘린다. 미갈이 다윗을 사랑한다는 말을 전해 들은 사울이 했던 말 가운데 그 답이 있다. "내가 딸을 그에게 주어서 그에게 올무가 되게 하고", 무슨 의미일까?

사울이 다윗을 두려워한 이유는 하나님께서 다윗과 함께하셨기 때문이다. 사울이 평생에 다윗의 대적이 된 가장 중요한 이유는 하나님께서 다윗과 함께 계심을 알았기 때문이었다. 이 사실이 심각한 이유는 이와 같다. 이스라엘은 신정국가(神政國家)였다. 그러므로 이러한 사실은 '왕권의 존립'에 대한 문제였다. 사울 또한 분명히 하나님께 택함을 받아 기름 부음을 받은 적이 있었다.[82] 그러므로, 사울 입장에서 하나님은 항상 그와 함께하셔야만

---

82 "이에 사무엘이 기름병을 가져다가 사울의 머리에 붓고 입맞추며 이르되 **여호와께서 네게 기름을 부으사** 그의 기업의 지도자로 삼지 아니하셨느냐"(사무엘상 10:1).

하는 것이었다. 그러나 사울이 하나님이 아닌 백성을 두려워한 이후 사울의 눈이 비친 현실은 그렇지가 않았다.[83]

그렇게 백성을 두려워한 이유로 하나님께 불순종했던 사울의 눈앞에 다윗이 나타났다. 여호와께 기름 부음을 받았음에도 버림을 받은 사울의 눈앞에 하나님께서 함께하시는 다윗이라는 존재가 나타난 것이었다. 더군다나 사울의 눈에는 다윗과 함께하시는 하나님의 모습이 너무도 또렷이 보였다. 이 모든 사실을 볼 수 있었다는 것은, 그가 하나님께로 돌이킬 수 있는 또 한 번의 기회를 받았다는 뜻이다. 더군다나 자신의 피를 이어받은 둘째 딸 미갈이 다윗을 열렬히 사랑했다. 사람이 사람을 사랑하는 것은 생각보다 쉽게 일어나는 일이 아니다. 외모가 뛰어난 이성을 향해 호감(好感)이나 성적 매력을 느끼는 일은 비교적 흔할 수 있다. 그러나 누군가를 사랑한다는 것은 그의 삶에 '기적'이 일어난 것이다.

비록 그 목적이 '신분 상승'을 위한 것이었다 하더라도, 다윗 또한 미갈과의 혼인을 좋게 여겼다. 그러므로 사울과 미갈 사이가 정상적인 부녀지간(父女之間)이었다면, 사울에게는 또 한 명의 아들이 생기는 일이었다. 분명히 이 일은 '하나님께서 함께하시는 다윗'을 사위 삼는 축복이었다. 그 과정에서 사울은 다윗을 통해 하나님께로 돌이킬 수 있는 기회를 얻을 수 있었다.

---

83 "²²사무엘이 이르되 여호와께서 번제와 다른 제사를 그의 목소리를 청종하는 것을 좋아하심 같이 좋아하시겠나이까 **순종이 제사보다 낫고 듣는 것이 숫양의 기름보다 나으니** ²³이는 거역하는 것은 점치는 죄와 같고 완고한 것은 사신 우상에게 절하는 죄와 같음이라 **왕이 여호와의 말씀을 버렸으므로 여호와께서도 왕을 버려 왕이 되지 못하게 하셨나이다** 하니 ²⁴사울이 사무엘에게 이르되 **내가 범죄하였나이다 내가 여호와의 명령과 당신의 말씀을 어긴 것은 내가 백성을 두려워하여 그들의 말을 청종하였음이니이다**"(사무엘상 15:22-24).

그러나 사울은 '사울다운 선택'을 하고 말았다.[84]

사울은 둘째 딸 미갈과의 혼인을 핑계 삼아 다윗이 블레셋 사람들의 칼에 맞아 죽기를 바랐다. 사울은 첫째 딸 메랍 때와 달라진 것이 없었다. 그래서 신하들을 보내어 했던 제안이었다. "왕이 아무 것도 원하지 아니하고 다만 왕의 원수의 보복으로 블레셋 사람들의 포피[85] 백 개를 원하신다." 이것은 고대 근동에서 신부를 얻을 때 신부의 아버지에게 드리던 패물 혹은 신부값(지참금)에 대한 이야기다.

사울은 다윗이 신부값을 치르는 과정에서 전사(戰死)하기를 바랐다. 그러나 이러한 사울의 계략은 훗날 '다윗의 정통성'을 세우는 결과로 돌아왔다. 다윗이 유다의 왕이 된 뒤의 일이었다. 다윗이 사울의 아들 이스보셋[86]에게 '라이스의 아들 발디엘의 아내가 된 미갈'을 돌려보내라고 요구하는 근거가

---

84 "개가 그 토한 것을 도로 먹는 것 같이 미련한 자는 그 미련한 것을 거듭 행하느니라"(잠언 26:11).

85 남성 성기의 끝부분을 둘러싸고 있는 피부를 뜻한다. 물론 고대 근동에서 신부를 얻을 때 치르던 신부값에 대한 이야기이기는 하지만, 요구하는 품목이 뭐랄까? 참 엽기적이다. 물론 당시는 전쟁 중에 죽인 상대편 군사의 수를 세기 위하여 신체 일부를 잘라 오는 전통이 있었다. 하지만, 이때 신체 일부는 귀 혹은 손과 같은 부위였다.: "기드온이 숙곳 사람들에게 이르러 말하되 너희가 전에 나를 희롱하여 이르기를 **세바와 살문나의 손이 지금 네 손 안에 있다는거냐** 어찌 우리가 네 피곤한 사람들에게 떡을 주겠느냐 한 그 세바와 살문나를 보라 하고"(사사기 8:15).

86 "⁸사울의 군사령관 넬의 아들 아브넬이 이미 **사울의 아들 이스보셋을 데리고 마하나임으로 건너가** ⁹길르앗과 아술과 이스르엘과 에브라임과 베냐민과 **온 이스라엘의 왕으로 삼았더라**"(사무엘하 2:8-9).: 허수아비 왕이기는 했지만, 이스보셋은 '사울 왕가의 마지막 왕'인 셈이다.

되었다.**87 88** 이것이 바로 하나님이 함께하시는 사람을 함정에 빠지게 하려면 할수록 시간차를 두고 일어나는 전형적인 '패턴(pattern)'이다. 이러한 일을 꾸미는 자를 향하여 성경이 어리석다고 하는 이유는 간단하다. 그것은 하나님께서 살아계시기 때문이다.

또한, 미갈이 다윗에게 돌아오는 일이 진행되는 과정에서 '사울의 아들 이스보셋의 군대 장관 아브넬'이 죽는 사고가 생기고 만다. 물론 이 일은 '다윗의 군대 장관 요압'의 아브넬을 향한 개인적인 원한 때문이었다.**89** 그 결과, 이미 명분과 세력에서 기운 사울의 아들 이스보셋은 목숨을 잃게 된다. 쉽게 말해, 미갈의 사랑을 미끼로 다윗을 죽이려 했던 사울의 계략은 훗날 '그의 아들 이스보셋을 죽이는 칼'이 되어 돌아오고 만다.**90**

---

87 "12아브넬이 자기를 대신하여 전령들을 다윗에게 보내어 이르되 이 땅이 누구의 것이니이까 또 이르되 당신은 나와 더불어 언약을 맺사이다 내 손이 당신을 도와 온 이스라엘이 당신에게 돌아가게 하리이다 하니 13다윗이 이르되 좋다 내가 너와 언약을 맺거니와 내가 네게 한 가지 일을 요구하노니 나를 보러올 때에 우선 사울의 딸 미갈을 데리고 오라 그리하지 아니하면 내 얼굴을 보지 못하리라 하고 14다윗이 사울의 아들 이스보셋에게 전령들을 보내 이르되 내 처 미갈을 내게로 돌리라 그는 내가 전에 블레셋 사람의 포피 백 개로 나와 정혼한 자니라 하니 15이스보셋이 사람을 보내 그의 남편 라이스의 아들 발디엘에게서 그를 빼앗아 오매 16그의 남편이 그와 함께 오되 울며 바후림까지 따라왔더니 아브넬이 그에게 돌아가라 하매 돌아가니라"(사무엘하 3:12-16).

88 미갈은 다윗의 도피 시절 다른 사람의 아내가 되어 있었다.: "사울이 그의 딸 다윗의 아내 미갈을 갈림에 사는 라이스의 아들 발디에게 주었더라"(사무엘상 25:44).

89 "26이에 요압이 다윗에게서 나와 전령들을 보내 아브넬을 쫓아가게 하였더니 시라 우물 가에서 그를 데리고 돌아왔으나 다윗은 알지 못하였더라 27아브넬이 헤브론으로 돌아오매 요압이 더불어 조용히 말하려는 듯이 그를 데리고 성문 안으로 들어가 거기서 배를 찔러 죽이니 이는 자기의 동생 아사헬의 피로 말미암음이더라"(사무엘하 3:26-27).

90 "5브에롯 사람 림몬의 아들 레갑과 바아나가 길을 떠나 볕이 쬘 때 즈음에 이스보셋의 집에 이르니 마침 그가 침상에서 낮잠을 자는지라 6레갑과 그의 형제 바아나가 밀을 가지러 온 체하고 집 가운데로 들어가서 그의 배를 찌르고 도망하였더라 7그들이 집에 들어가니 이스보셋이 침실에서 침상 위에 누워 있는지라 그를 쳐죽이고 목을 베어 그의 머리를 가지고 밤새도록 아라바 길로 가"(사무엘하 4:5-7).

"내가 딸을 그에게 주어서 그에게 올무가 되게 하고" 그렇게 둘째 딸 미갈의 다윗을 향한 사랑을 미끼로 다윗을 죽이려 했던 사울의 올무는 그의 아들 이스보셋의 올무로 돌아오고 만다. 그러나 이후 미갈의 행실(行實)을 볼 때, 우리는 '미갈의 성품과 신앙'이 '다윗의 올무'였음을 알 수 있다.

여호와의 궤를 다윗성으로 옮겨 올 때의 일이다.[91] 다윗은 하나님 앞에서 기쁨을 감추지 못했다. 왕이었음에도 불구하고, 여호와의 궤 앞에서 힘을 다하여 춤췄다. 모두가 환호하며 나팔을 불며 즐거워했다. 그 시각 창밖을 바라보며, 그러한 다윗의 모습을 업신여기던 여인이 있었다. 그녀의 눈빛에는 경멸의 기운이 가득했다. 바로 사울의 딸 미갈이었다. 다윗이 모든 행사를 마치고 백성을 축복한 뒤에 있었던 일이다. 다윗이 가족을 축복하러 들어올 때 미갈이 한마디를 던졌다. "이스라엘 왕이 오늘 어떻게 영화로우신지 방탕한 자가 염치없이 자기의 몸을 드러내는 것처럼 오늘 그의 신복의 계집종의 눈앞에서 몸을 드러내셨도다."

---

91 "¹²어떤 사람이 다윗 왕에게 아뢰어 이르되 여호와께서 하나님의 궤로 말미암아 오벧에돔의 집과 그의 모든 소유에 복을 주셨다 한지라 **다윗이 가서 하나님의 궤를 기쁨으로 메고 오벧에돔의 집에서 다윗 성으로 올라갈새** ¹³여호와의 궤를 멘 사람들이 여섯 걸음을 가매 다윗이 소와 살진 송아지로 제사를 드리고 ¹⁴**다윗이 여호와 앞에서 힘을 다하여 춤을 추는데** 그때에 다윗이 베 에봇을 입었더라 ¹⁵다윗과 온 이스라엘 족속이 즐거이 환호하며 나팔을 불고 여호와의 궤를 메어오니라 ¹⁶여호와의 궤가 다윗 성으로 들어올 때에 사울의 딸 미갈이 창으로 내다보다가 다윗 왕이 여호와 앞에서 뛰놀며 춤추는 것을 보고 심중에 그를 업신여기니라 … ²⁰다윗이 자기의 가족에게 축복하러 돌아오매 사울의 딸 미갈이 나와서 다윗을 맞으며 이르되 **이스라엘 왕이 오늘 어떻게 영화로우신지** 방탕한 자가 염치 없이 자기의 몸을 드러내는 것처럼 오늘 그의 신복의 계집종의 눈앞에서 몸을 드러내셨도다 하니 ²¹다윗이 미갈에게 이르되 이는 여호와 앞에서 한 것이니라 그가 네 아버지와 그의 온 집을 버리고 나를 택하사 나를 여호와의 백성 이스라엘의 주권자로 삼으셨으니 내가 여호와 앞에서 뛰놀리라 ²²내가 이보다 더 낮아져서 스스로 천하게 보일지라도 네가 말한 바 계집종에게는 내가 높임을 받으리라 한지라 ²³그러므로 사울의 딸 미갈이 죽는 날까지 그에게 자식이 없으니라"(사무엘하 6:12-16, 20-23).

"내가 딸을 그에게 주어서 그에게 올무가 되게 하고" 쉽게 말해 미갈은 신앙에 있어서 '**사울보다 한 세대 어린 여자 사울**'이었다. 즉 다윗의 첫 번째 아내 미갈은 다윗의 마음을 채울 수 없는 여자였다. 홀로 왕관의 무게를 견디고 있는 다윗의 외로움을 채울 수 없는 여인이었다. **오히려 다윗의 외로움을 더 깊게 만드는 늪이었다.**

> 전쟁이 다시 있으므로 **다윗이 나가서 블레셋 사람들과 싸워 그들을 크게 쳐죽이매** 그들이 그 앞에서 도망하니라(사무엘상 19:8)

다윗이 나가 블레셋을 크게 물리치고 돌아왔을 때였다. 이렇게 공을 세우고 오면 당연히 큰 상을 받는 것이 맞다. 그리고 우리 모두는 그러한 이야기의 전개를 기대한다. 하지만 현실은 그렇지 않다. 사울의 때에도 지금 대한민국에서도 그런 일은 흔하지 않다. 우리가 배웠던 역사를 되돌아봐도 마찬가지다. 임진왜란 시절, 이순신 장군이 처했던 처지를 기억해보면 쉽게 이해가 될 것이다. 이것이 세상이다. 큰 공을 세운 뒤 그에 합당한 영광과 보상을 받는 경우는 다윗과 같이 '하나님의 마음에 합한 왕'이 있을 때뿐이다. 이 글이 밧세바와 다윗을 다루고 있어서 그렇지, 다윗은 정의롭고 위대한 왕이었다.[92] 동시에 하나님의 마음에 맞는 자였다.[93]

---

92 "이는 다윗이 헷 사람 우리아의 일 외에는 평생에 여호와 보시기에 정직하게 행하고 자기에게 명령하신 모든 일을 어기지 아니하였음이라"(열왕기상 15:5).

93 "21그 후에 그들이 왕을 구하거늘 하나님이 베냐민 지파 사람 기스의 아들 사울을 사십 년간 주셨다가 22폐하시고 다윗을 왕으로 세우시고 증언하여 이르시되 내가 이새의 아들 다윗을 만나니 내 마음에 맞는 사람이라 내 뜻을 다 이루리라 하시더니 23하나님이 약속하신 대로 이 사람

이때는 다윗과 미갈이 이미 결혼을 한 후였다. 블레셋과 여러 번 전쟁이 있었다. 그리고 여느 때와 같이 큰 공을 세우고 돌아온 다윗이었지만, 그 일이 다윗의 목숨을 위태롭게 만들었다.

다시 한번 이야기하지만, 이러한 일은 세상뿐 아니라 교회나 CMF와 같은 선교단체에서도 흔한 일이다. 이 말을 반복해서 하는 이유는 간단하다. 하나님의 이름으로 모이는 공동체라고 너무 기대치를 높이지 말라는 것이다. 그리고 공동체 내에서 이러한 일이 일어날 때 실망하거나 주저앉지 말라는 이야기다. 그 정도에 하나님께서 주신 자리를 박차고 나가지 말라는 것이다. 공동체 내에서 수고하고 영혼을 갈아 넣을 정도로 애쓰며 땀 흘린 후, 자연스럽게 돌아오게 되는 이상한 소문과 시기와 질투에 당황하지 말라는 이야기다. 화를 내거나 절망에 빠지지 말고, 자신이 '다윗의 반열'에 올랐음을 하나님 앞에서 기뻐하라는 이야기다.

> [6]일한 것이 없이 하나님께 의로 여기심을 받는 사람의 복에 대하여 **다윗이 말한 바** [7]**불법이 사함을 받고 죄가 가리어짐을 받는 사람들은 복이 있고** [8]**주께서 그 죄를 인정하지 아니하실 사람은 복이 있도다** 함과 같으니라(로마서 4:6-8)

이 설교문이 밧세바를 다루고 있어서 그렇지, 다윗은 정의롭고 위대한 왕이었다. 동시에 하나님의 마음에 합한 자였다. 더군다나 다윗의 죄는 우

의 후손에서 이스라엘을 위하여 구주를 세우셨으니 곧 예수라"(사도행전 13:21-23).

리가 따질 문제가 아니다. 우리에게는 그럴 자격이 없다. 게다가 다윗보다 그의 허물과 죄에 대해 처절하게 대가를 치른 믿음의 사람은 없다. 밧세바를 강간한 이후, 다윗의 일생은 삶의 모든 순간이 그 대가를 치르는 시간이었다. 또한, 다윗처럼 그가 지은 죄가 오고 가는 모든 믿음의 후배들에게 까발려진 경우도 없다. 그런 다윗이 했던 고백이다. "불법이 사함을 받고 죄가 가리어짐을 받는 사람들은 복이 있고 주께서 그 죄를 인정하지 아니하실 사람은 복이 있도다."

> [9]사울이 손에 단창을 가지고 그의 집에 앉았을 때에 **여호와께서 부리시는 악령이 사울에게 접하였으므로 다윗이 손으로 수금을 탈 때에** [10]**사울이 단창으로 다윗을 벽에 박으려 하였으나** 그는 사울의 앞을 피하고 사울의 창은 벽에 박힌지라 다윗이 그 밤에 도피하매(사무엘상 19:9-10)

블레셋과의 전쟁에서 큰 승리를 거둔 다윗의 활약은 사울의 시기심과 두려움을 자극했다. 그렇게 사울이 악령에 시달릴 때마다 다윗은 사울을 위해 수금을 탔다. 그렇게 고통에 빠져 번뇌하는 사울을 위해 다윗이 수금을 탈 때 일어난 일이었다. 사울이 갑자기 창을 던져 다윗을 벽에 박으려 했다. 그리고 다윗은 사울을 피해 집으로 도망쳤다.

사울이 악령에 시달릴 때, 다윗이 수금을 탄 것은 이번이 처음이 아니었다. 이 일은 사무엘이 다윗에게 기름을 부은 뒤에 일어난 일이었다. 이때는 여호와의 영이 사울을 떠나 다윗에게 임한 뒤였다. 사실 다윗이 사울 앞에서 수금을 탄 것은 골리앗을 죽이기 전부터 시작된 일이었다. 아래 인용한 사무엘상 16장 뒤에 골리앗에 대한 기사가 나온다.

¹³사무엘이 기름 뿔병을 가져다가 그의 형제 중에서 그에게 부었더니 이 날 이후로 다윗이 여호와의 영에게 크게 감동되니라 사무엘이 떠나서 라마로 가니라 **¹⁴여호와의 영이 사울에게서 떠나고 여호와께서 부리시는 악령이 그를 번뇌하게 한지라** ¹⁵사울의 신하들이 그에게 이르되 보소서 하나님께서 부리시는 악령이 왕을 번뇌하게 하온즉 ¹⁶원하건대 우리 주께서는 당신 앞에서 모시는 신하들에게 명령하여 수금을 잘 타는 사람을 구하게 하소서 하나님께서 부리시는 악령이 왕에게 이를 때에 그가 손으로 타면 왕이 나으시리이다 하는지라 ¹⁷사울이 신하에게 이르되 나를 위하여 잘 타는 사람을 구하여 내게로 데려오라 하니 ¹⁸소년 중 한 사람이 대답하여 이르되 내가 베들레헴 사람 이새의 아들을 본즉 수금을 탈 줄 알고 용기와 무용과 구변이 있는 준수한 자라 여호와께서 그와 함께 계시더이다 하더라 ¹⁹사울이 이에 전령들을 이새에게 보내어 이르되 양 치는 네 아들 다윗을 내게로 보내라 하매 ²⁰이새가 떡과 한 가죽부대의 포도주와 염소 새끼를 나귀에 실리고 그의 아들 다윗을 시켜 사울에게 보내니 ²¹다윗이 사울에게 이르러 그 앞에 모셔 서매 사울이 그를 크게 사랑하여 자기의 무기를 드는 자로 삼고 ²²또 사울이 이새에게 사람을 보내어 이르되 원하건대 다윗을 내 앞에 모셔 서게 하라 그가 내게 은총을 얻었느니라 하니라 **²³하나님께서 부리시는 악령이 사울에게 이를 때에 다윗이 수금을 들고 와서 손으로 탄즉 사울이 상쾌하여 낫고 악령이 그에게서 떠나더라**(사무엘상 16:13-23)

즉 다윗은 골리앗을 죽이기 전부터 수금을 타러 사울의 왕궁에 출입했다. 이러한 사실을 생각해볼 때, 하나님은 사울의 지근거리(至近距離)에서 이미 다윗에게 제왕교육(帝王敎育)을 시키셨음을 알 수 있다.

> [55]사울은 다윗이 블레셋 사람을 향하여 나아감을 보고 군사령관 아브넬에게 묻되 **아브넬아 이 소년이 누구의 아들이냐** 아브넬이 이르되 **왕이여 왕의 사심으로 맹세하옵나니 내가 알지 못하나이다** 하매 [56]왕이 이르되 너는 이 청년이 누구의 아들인가 물어보라 하였더니 [57]다윗이 그 블레셋 사람을 죽이고 돌아올 때에 그 블레셋 사람의 머리가 그의 손에 있는 채 아브넬이 그를 사울 앞으로 인도하니 [58]사울이 그에게 묻되 **소년이여 누구의 아들이냐** 하니 다윗이 대답하되 **나는 주의 종 베들레헴 사람 이새의 아들이니이다** 하니라(사무엘상 17:55-58)

성경을 자세히 살펴보면, 다윗이 골리앗을 향해 나아갈 때 비로소 사울은 다윗이 누구의 아들인지 그 가문을 자세히 물었다. 이 사실로 보아, 골리앗 사건 이전에 사울은 다윗을 그저 수금 잘 타는 소년 정도로만 인식했던 것으로 보인다. 그러나 골리앗을 향해 나아가는 다윗을 보면서 사울은 본능적으로 위기감을 느꼈던 것 같다. 또한, 이러한 사울의 경계심을 군사령관 아브넬 또한 느꼈던 것으로 보인다. 다윗이 누구의 아들인지 사울이 물었을 때 아브넬의 답이 묘하다. "왕이여, 왕의 사심으로 맹세하옵나니 내가 알지 못하나이다." 사울의 물음이 일상적인 것이었다면, 아브넬이 맹세까지 하면서 답했을까? 굳이 자신과 다윗 집안 사이에 친분관계(親分關係)가 없음을 강조할 필요는 없었을 것이다. 아이러니하게도 골리앗을 죽여 이스라엘을 구한 다윗의 행위는 다윗의 생명을 위태롭게 만들었다. 다시 한번 강조하지만, 이러한 일은 우리 주 예수 그리스도께서 재림하시는 날까지 일상적으로 일어날 것이다.

그렇게 사울의 주목을 받기 시작했던 다윗이 다시 블레셋과의 전쟁에서 큰 공을 세우고 돌아온 것이다. 그러자 사울의 병이 심해졌다. 여호와께서 부리시는 악령[94]이 사울을 번뇌하게 할 때마다 수금을 타서 사울을 상쾌하게 했던 다윗이었다. 그런 다윗이 수금을 타자 이번에는 창을 던져 죽이려 했다. 그렇게 다윗이 사울을 피해 그의 집으로 도망친 후에 일어난 일이다.

> [11]사울이 전령들을 다윗의 집에 보내어 그를 지키다가 아침에 그를 죽이게 하려 한지라 다윗의 아내 미갈이 다윗에게 말하여 이르되 **당신이 이 밤에 당신의 생명을 구하지 아니하면 내일에는 죽임을 당하리라** 하고 [12]미갈이 다윗을 창에서 달아 내리매 그가 피하여 도망하니라 [13]**미갈이 우상을 가져다가 침상에 누이고 염소 털로 엮은 것을 그 머리에 씌우고 의복으로 그것을 덮었더니** [14]사울이 전령들을 보내어 다윗을 잡으려 하매 미갈이 이르되 그가 병들었느니라 [15]사울이 또 전령들을 보내어 다

---

94 여호와께서 부리시는 악령: '하나님께서 부리시는 영'이 '악령(惡靈)'이 될 수 있다거나, 하나님께서 '하나님의 사람'을 동역자 삼으시는 것처럼 '악령과도 동역하신다'라는 의미가 아니다. 이보다는 '재앙의 영'으로 번역하는 것이 합당하다. 즉 이때의 영은 하나님께 버림받은 '사울을 심판하는 임무를 맡은 영'을 의미한다.

윗을 보라 하며 이르되 그를 침상째 내게로 들고 오라 내가 그를 죽이리라 **16전령들이 들어가 본즉 침상에는 우상이 있고 염소 털로 엮은 것이 그 머리에 있었더라 17**사울이 미갈에게 이르되 너는 어찌하여 이처럼 나를 속여 내 대적을 놓아 피하게 하였느냐 미갈이 사울에게 대답하되 **그가 내게 이르기를 나를 놓아 가게 하라 어찌하여 나로 너를 죽이게 하겠느냐 하더이다** 하니라(사무엘상 19:11-17)

"내가 딸을 그에게 주어서 그에게 올무가 되게 하고" 미갈이 다윗을 사랑한다는 소식을 듣고 사울이 했던 말이다. 사울의 말대로 다윗에게 올무가 된 '미갈의 성품과 신앙 상태'가 위에 인용한 성경 말씀에 나온다.

우선 다윗과 미갈의 상황 판단을 비교해볼 때, 미갈은 현실을 바라보는 눈이 뛰어난 여성이었던 것 같다. 사울이 창을 던졌을 때, 다윗은 집으로 피신했다. 물론 미갈에게 그날 그녀의 아버지와 일어난 일에 대해 상황 설명을 한 뒤 몸을 피하려 했다면 이해가 되는 일이다. 하지만 다윗은 집으로 도망친 뒤, 그냥 그곳에 머무는 모습을 보인다. 이에 반해, 미갈은 정확한 상황 판단을 했다. 집 밖을 둘러싼 전령들을 본 순간, 미갈은 이 상황이 무엇을 의미하는지 바로 알아챘던 것으로 보인다.

그때까지도 다윗을 사랑했던 미갈은 다윗을 구하기 위해 그녀 방식대로 일을 진행 시켰다. "당신이 이 밤에 당신의 생명을 구하지 아니하면 내일에는 죽임을 당하리라." 그리고는 전령들의 눈을 피해 다윗을 창에서 달아 내렸다. 우상을 다윗의 침상에 놓았다. 염소 털로 엮은 것을 그 머리에 씌우고 의복으로 그것을 덮었다. '미갈을 주어 다윗에게 올무가 되게 하겠다'라는 사울의 말이 맞았다는 이유가 바로 이것이다. 혹자는 미갈이 다윗의 생명을 구했는데, 왜 미갈이 다윗의 올무냐고 물을 것이다. 그 이유를 설명하면 이와 같다. 미갈 그녀는 다윗을 사랑했지만, 다윗의 신앙을 전혀 따르지 않았다. 다윗을 대신할 만큼의 크기를 가진 우상은 미갈이 섬기던 것이었을 것이다. 쉽게 말해, 어느 목사님의 사모님이 매일 점을 보러 다닌다면 그 사모님은 남편의 올무가 맞다.

> [1]그러므로 다윗이 그곳을 떠나 아둘람 굴로 도망하매 **그의 형제와 아버지의 온 집이 듣고 그리로 내려가서 그에게 이르렀고** [2]**환난 당한 모든 자와 빚진 모든 자와 마음이 원통한 자가 다 그에게로 모였고** 그는 그들의 우두머리가 되었는데 그와 함께한 자가 사백 명 가량이었더라(사무엘상 22:1-2)

아버지 사울을 배신할 만큼 다윗을 사랑한 미갈이었다. 그래서 드는 생각이다. 다윗이 도망자 신세가 된 뒤, 미갈은 왜 다윗을 따라나서지 않았을까? 다윗이 아둘람 굴로 도망했을 때, 다윗의 형제와 아버지의 온 집은 다윗에게 갔다. 물론 다윗의 형제와 아버지의 온 집의 이러한 선택은 왕정국가에서는 쉽게 이해되는 행동이기는 하다. 왕정국가에서 반역자의 가족과 친구들에게 어떤 처분이 내려지는지를 생각해볼 때 당연한 행동이다.

성경에 기록된 미갈에 대한 기록으로 볼 때, 그녀는 이미 만들어진 체제(體制)와 판(版)에 충실한 성격으로 보인다. 그녀 스스로 무언가를 개척하거나 신념에 따라 새로운 판을 짜는 성격은 분명히 아니었을 것이다. 이미 형성된 대세(大勢)에 순응하는 성격이었을 것이다. 물론, 사랑하는 남편 다윗의 목숨을 위해 그를 창문으로 달아 내린 행동은 용감했다. 그 순간 그녀의 마음을 가득 채운 대세는 그녀가 사랑하는 남편 다윗이었을 것이다. 그 순간만큼은 그녀의 마음을 가득 채운 대세에 순응한 셈이다.

다윗이라는 남자를 사랑하는 방식 또한 마찬가지다. 미갈 그녀는 사랑하는 남편 다윗의 신앙 세계에 들어가지 않았다. 우상을 섬겨오던 자신의 세계에 남편을 초대할 수 있다는 착각을 하며 결혼 생활을 유지했던 것으로 보인다. 결국, 그녀의 결혼은 둘이 하나 되는 온전한 영혼의 결합이 아니었다. 같은 침대에서 서로 다른 꿈을 꾸는 동상이몽(同床異夢)의 결혼 생활이었을 것이다.

믿음은 '보이지 않는 것'들을 '있는 것'으로 볼 수 있는 증거다.[95] 그러나 미갈은 눈에 보이는 환경과 상황에 매이는 여인이었다. 즉 미갈에게는 '보이는 상황'이 하나님이었다.

그런 그녀에게 있어서 다윗이 몸을 숨겨야 했던 광야는 상상할 수 없는 공간이었을 것이다. 아무것도 보이지 않는 광야 생활을 견딜 수 있는 그 무엇이 그녀에게는 없었다. 아니, 정확히 표현하자면 보이지 않는 상황 속에서도 하나님을 볼 수 있는 믿음이 그녀에게는 없었다. 물론 그녀에게는 변하는 상황을 볼 수 있는 예리한 눈이 있었다. "당신이 이 밤에 당신의 생명을 구하지 아니하면 내일에는 죽임을 당하리라." 이렇게 변하는 상황에서는

---

95 "믿음은 바라는 것들의 실상이요 보이지 않는 것들의 증거니"(히브리서 11:1).

다윗보다 뛰어난 눈을 소유한 미갈이었다. 하지만 '변하지 않으시는 하나님'을 볼 수 있는 눈은 없었다. 그러한 그녀의 성향은 그녀의 아버지 사울을 닮아 있었다. 사울 또한 변하는 상황 뒤에 계시는 '변치 않으시는 하나님'을 볼 수 있는 능력이 없었던 인물이었다. 그것이 바로 사울이 하나님으로부터 버림받았던 이유였다.

> [24]사울이 사무엘에게 이르되 내가 범죄하였나이다 **내가 여호와의 명령과 당신의 말씀을 어긴 것은 내가 백성을 두려워하여 그들의 말을 청종하였음이니이다** [25]청하오니 지금 내 죄를 사하고 나와 함께 돌아가서 나로 하여금 여호와께 경배하게 하소서 하니 [26]사무엘이 사울에게 이르되 나는 왕과 함께 돌아가지 아니하리니 이는 왕이 여호와의 말씀을 버렸으므로 여호와께서 왕을 버려 이스라엘 왕이 되지 못하게 하셨음이니이다 하고 [27]사무엘이 가려고 돌아설 때에 사울이 그의 겉옷자락을 붙잡으매 찢어진지라 [28]사무엘이 그에게 이르되 **여호와께서 오늘 이스라엘 나라를 왕에게서 떼어 왕보다 나은 왕의 이웃에게 주셨나이다** [29]**이스라엘의 지존자는 거짓이나 변개함이 없으시니 그는 사람이 아니시므로 결코 변개하지 않으심이니이다** 하니 [30]사울이 이르되 **내가 범죄하였을지라도 이제 청하옵나니 내 백성의 장로들 앞과 이스라엘 앞에서 나를 높이사 나와 함께 돌아가서 내가 당신의 하나님 여호와께 경배하게 하소서** 하더라 [31]이에 사무엘이 돌이켜 사울을 따라가매 사울이 여호와께 경배하니라(사무엘상 15:24-31)

하나님께서는 사무엘을 통해 사울에게 명령하셨다. "가서 죄인 아말렉 사람을 진멸하되 다 없어지기까지 치라."[96] 그러나 사울은 그의 눈에 보이지 않는 하나님보다는 눈에 보이는 상황인 '백성들의 민심'을 두려워했다. 하나님의 말씀이 아닌 백성들의 의견을 따라 행동했다.[97] 이러한 사울의 행동은 이 사실을 지적하며 책망하는 사무엘과 이어지는 대화를 볼 때 더 이상 변명의 여지가 없어진다.

"여호와께서 오늘 이스라엘 나라를 왕에게서 떼어 왕보다 나은 왕의 이웃에게 주셨나이다. 이스라엘의 지존자는 거짓이나 변개함이 없으시니 그는 사람이 아니시므로 결코 변개하지 않으심이니이다." 이러한 사무엘의 선언에도, 사울의 관심은 온통 백성에게 가 있었다. 사울에게 있어 '눈에 보이지 않는 하나님'으로부터 버림받았다는 사실은 중요하지 않았던 것으로 보인다. 오직 그의 관심은 온통 '눈에 보이는 백성들'이었다. 그들 앞에서 하나님의 이름을 빌려 높아지는 것뿐이었다. "내가 범죄하였을지라도 이제 청하옵나니 내 백성의 장로들 앞과 이스라엘 앞에서 나를 높이사 나와 함께 돌아가서 내가 당신의 하나님 여호와께 경배하게 하소서." 이것이 '하나님의 마음에 맞는 다윗'과 '하나님을 이용하는 사울'의 결정적인 차이다.

---

96 "또 여호와께서 왕을 길로 보내시며 이르시기를 가서 죄인 아말렉 사람을 진멸하되 다 없어지기까지 치라 하셨거늘"(사무엘상 15:18).

97 "[7]사울이 하윌라에서부터 애굽 앞 술에 이르기까지 아말렉 사람을 치고 [8]아말렉 사람의 왕 아각을 사로잡고 칼날로 그의 모든 백성을 진멸하였으되 [9]사울과 백성이 아각과 그의 양과 소의 가장 좋은 것 또는 기름진 것과 어린 양과 모든 좋은 것을 남기고 진멸하기를 즐겨 아니하고 가치 없고 하찮은 것은 진멸하니라"(사무엘상 15:7-9).

마찬가지였다. 미갈 또한 다윗을 사랑했으나, 그녀의 사랑은 '골리앗을 죽인 이스라엘의 민족적 영웅'을 향한 사랑이었을 뿐이다. '하나님께서 함께 하시는 다윗'을 사랑한 것은 아니었다. 결과적으로 미갈은 '다윗의 영혼'을 사랑한 적이 없었다. 그 결과, 다른 사람에게 보이는 '민족적 영웅의 아내'라는 직함이 더 이상 가능해 보이지 않게 되자 그녀는 다윗을 향한 사랑을 거두어들였다. 결과적으로 볼 때, 미갈은 다윗을 사랑한 것이 아니었다. 그녀는 '다윗의 상황'을 사랑했다.

> 사울이 그의 딸 다윗의 아내 미갈을 갈림에 사는 라이스의 아들 발디에 게 주었더라(사무엘상 25:44)

다윗이 광야로 도망간 후, 미갈은 갈림에 사는 라이스의 아들 발디와 혼인했다. 이스라엘에서 어디에 사는 누구의 아들 누구라는 표현은 그가 유력 가문 출신이라는 것을 의미했다. 그 시대를 사는 사람들에게 있어서 따로 설명을 붙이지 않아도 되는 사람이라는 의미다. 즉 미갈은 '민족적 영웅'으로 떠올랐던 다윗이 '도망자 신세'가 되자, 그를 버리고 '유력 집안의 자제(子弟)'와 재혼(再婚)했다. 다윗과의 혼인은 미갈의 적극적인 애정 표시에서 시작되었다. 이러한 사실을 생각해 볼 때, 그녀의 재혼 또한 그녀의 의사가 중요한 요소로 작용했을 것이다.

> [14]다윗이 사울의 아들 이스보셋에게 전령들을 보내 이르되 내 처 미갈을 내게로 돌리라 그는 내가 전에 블레셋 사람의 포피 백 개로 나와 정혼한

자니라 하니 ¹⁵이스보셋이 사람을 보내 그의 남편 라이스의 아들 발디엘에게서 그를 빼앗아 오매 ¹⁶**그의 남편이 그와 함께 오되 울며 바후림까지 따라왔더니** 아브넬이 그에게 돌아가라 하매 돌아가니라(사무엘하 3:14-16)

미갈은 '변하는 상황'에 민감했던 그녀의 아버지를 닮았다. 그녀는 결혼마저 '변하는 상황'에 따라 쉽게 바꾸는 여자였다. 사울의 사후(死後), 유다에서 왕이 된 다윗이 미갈을 다시 찾았다. 물론 다윗 입장에서는 그의 '왕권의 정통성'을 위한 조치였다. 정통성을 위해 '전임(前任) 왕의 딸'이 아내로 필요했다.

다윗의 이러한 요구는 정당한 요구였다. 사울이 다윗의 아내 미갈을 갈림에 사는 라이스의 아들 발디에게 준 것은 불법이었다. 사울에게는 그의 딸 미갈을 재혼시킬 권리가 없기 때문이다. 앞에서도 언급했듯이, 다윗이 사울에게 치른 '블레셋 사람의 포피 백 개'는 신부값이었다. 이 신부값을 신랑이 신부의 아버지에게 치른 이후, 신부에 대한 모든 권한은 영원히 신랑에게 귀속(歸屬)되었다. 즉 사울의 요구로 미갈의 신부값을 치른 뒤에는 미갈에 대한 모든 권한이 다윗에게 있었다. 이것이 바로 다윗이 사울의 아들 이스보셋에게 "내 처 미갈을 내게로 돌리라"고 요구한 근거다.

마찬가지다. 교회는 세상 죄를 짊어지신 어린 양이신 '예수님의 신부'다.⁹⁸ 우리 주 예수 그리스도는 '교회인 우리의 신랑' 되신다. 우리의 신랑 되

---

98 "이튿날 요한이 예수께서 자기에게 나아오심을 보고 이르되 보라 세상 **죄를 지고 가는 하나님**

신 예수님은 십자가에서 우리의 신부값을 치르셨다. 그러므로 예수님의 신부 된 우리에 대한 모든 권한은 영원히 예수님께 귀속(歸屬)된다.

"그의 남편이 그와 함께 오되 울며 바후림까지 따라왔더니" 미갈이 다윗에게 돌아오는 과정에서 일어난 일에 대한 기록이다. 미갈과 재혼한 발디는 울며 바후림까지 그녀를 따라왔다. 아마도 귀족 집안에서 귀하게 큰 발디는 미갈과 취향이 잘 맞았던 것 같다. 그러나 성경 어디에도 이때 미갈이 슬퍼했다는 기록이 없다. 미갈은 그런 여자였다.

물론 마음 둘 곳 없는 미갈과의 결혼 생활이 '다윗의 강간 사건'을 정당화할 수는 없다. 미갈과의 첫 번째 결혼 생활에서의 우여곡절이 다윗의 범죄를 변명할 수는 없다. 지금 내가 하려는 말은 이것이다. **"그러니까, 다윗은 왜 밧세바에게 끌렸을까?"**

> [12]어떤 사람이 다윗 왕에게 아뢰어 이르되 여호와께서 하나님의 궤로 말미암아 오벧에돔의 집과 그의 모든 소유에 복을 주셨다 한지라 **다윗이 가서 하나님의 궤를 기쁨으로 메고 오벧에돔의 집에서 다윗 성으로 올라갈새** [13]여호와의 궤를 멘 사람들이 여섯 걸음을 가매 다윗이 소와 살진 송아지로 제사를 드리고 [14]**다윗이 여호와 앞에서 힘을 다하여 춤을 추는데** 그때에 다윗이 베 에봇을 입었더라 [15]다윗과 온 이스라엘 족속이 즐거이 환호하며 나팔을 불고 여호와의 궤를 메어오니라 [16]여호와의

의 어린 양이로다"(요한복음 1:29). "일곱 대접을 가지고 마지막 일곱 재앙을 담은 일곱 천사 중 하나가 나아와서 내게 말하여 이르되 이리 오라 내가 신부 곧 어린 양의 아내를 네게 보이리라 하고"(요한계시록 21:9).

궤가 다윗 성으로 들어올 때에 **사울의 딸 미갈이 창으로 내다보다가 다윗 왕이 여호와 앞에서 뛰놀며 춤추는 것을 보고 심중에 그를 업신여기니라** [17]여호와의 궤를 메고 들어가서 다윗이 그것을 위하여 친 장막 가운데 그 준비한 자리에 그것을 두매 다윗이 번제와 화목제를 여호와 앞에 드리니라 [18]다윗이 번제와 화목제 드리기를 마치고 만군의 여호와의 이름으로 백성에게 축복하고 [19]모든 백성 곧 온 이스라엘 무리에게 남녀를 막론하고 떡 한 개와 고기 한 조각과 건포도 떡 한 덩이씩 나누어 주매 모든 백성이 각기 집으로 돌아가니라 [20]다윗이 자기의 가족에게 축복하러 돌아오매 사울의 딸 미갈이 나와서 다윗을 맞으며 이르되 **이스라엘 왕이 오늘 어떻게 영화로우신지 방탕한 자가 염치 없이 자기의 몸을 드러내는 것처럼 오늘 그의 신복의 계집종의 눈앞에서 몸을 드러내셨도다** 하니 [21]다윗이 미갈에게 이르되 **이는 여호와 앞에서 한 것이니라 그가 네 아버지와 그의 온 집을 버리시고 나를 택하사 나를 여호와의 백성 이스라엘의 주권자로 삼으셨으니 내가 여호와 앞에서 뛰놀리라** [22]**내가 이보다 더 낮아져서 스스로 천하게 보일지라도 네가 말한 바 계집종에게는 내가 높임을 받으리라** 한지라 [23]그러므로 사울의 딸 미갈이 죽는 날까지 그에게 자식이 없으니라(사무엘하 6:12-23)

앞에서도 잠깐 언급했던 내용이다. 다윗이 다윗성으로 여호와의 언약궤를 메어오던 날이었다. 기쁨을 주체하지 못했던 다윗은 여호와 앞에서 뛰놀며 춤을 추었다. 그 행사를 창으로 내려 보던 미갈의 눈에 그러한 다윗의 모습이 들어왔다. 다윗은 언약궤를 장막 한가운데 둔 후 번제와 화목제를 드렸다. 그리고 여호와의 이름으로 백성을 축복하며 온 무리에게 떡 한 개와 고기 한 조각 그리고 건포도 떡 한 덩이씩을 나누어주었다. 이러한 성경의 기록으로 볼 때, 수많은 사람들이 길거리를 가득 채웠던 것으로 보인다. 그런데 미갈은 그 자리에 함께하지 않았다. 오히려 멀찍이 떨어져 왕궁의 창을 통하여 언약궤를 내려다보고 있었다. 미갈 그녀의 심중에 '하나님의 위치'가 어떠했을지 이보다 더 잘 드러나는 장면이 없다.

그런 그녀의 눈에 다윗이 힘을 다하여 춤추며 뛰노는 모습이 들어왔다. 여호와의 언약궤마저 높은 왕궁의 창을 통해 곁눈질로 내려다보던 그녀였다. 그 순간 미갈의 표정이 어떠했을지 상상하는 것은 어렵지 않을 것이다.

모든 행사를 마치고 가족들을 축복하러 들어오는 다윗을 맞이하는 미갈을 성경은 '사울의 딸 미갈'이라고 표현했다. 무슨 말인가? 그녀는 다윗의 아내 자격이 없다는 이야기다. 그런 그녀가 다윗을 향해 한껏 비꼬는 말을 건넸다. "이스라엘 왕이 오늘 어떻게 영화로우신지 방탕한 자가 염치없이 자기의 몸을 드러내는 것처럼 오늘 그의 신복의 계집종의 눈앞에서 몸을 드러내셨도다." 이에 대해 다윗은 이렇게 대답했다. "이는 여호와 앞에서 한 것이니라. 그가 네 아버지와 그의 온 집을 버리시고 나를 택하사 나를 여호와의 백성 이스라엘의 주권자로 삼으셨으니 내가 여호와 앞에서 뛰놀리라. 내가 이보다 더 낮아져서 스스로 천하게 보일지라도 네가 말한바 계집종에게는 내가 높임을 받으리라." 그리고 성경은 사울의 딸 미갈이 죽는 날까지 자식이 없었다고 증언한다. 그녀는 다윗의 자녀를 낳을 자격이 없었다.

한 사람의 인생에 가장 큰 영향을 주는 존재는 배우자다. 물론 어린 시절에는 하나님께서 정해주신 부모님이 그 사람의 인생에 결정적인 영향을 준다. 그런 점에서 배우자는 '새로운 엄마 새로운 아빠'와 같은 존재다. 정신과에서는 어린 시절에 겪었던 상처를 온전히 치유할 수 있는 가장 확실한 존재로 '건강한 배우자'를 꼽는다. 즉 한 사람의 인생에 가장 큰 행복을 선물해 줄 수 있는 존재는 배우자다.

그런 점에서, 바로의 딸과 이방 여인들을 사랑했던 솔로몬의 선택은 최악이었다. 솔로몬 그가 믿음의 여인을 아내로 맞아 사랑했다면, 그의 집권 후반의 역사는 분명히 달라졌을 것이다. 그의 아버지 다윗의 범죄에 의한 상처로부터 벗어날 수 있었을 것이다. 그러나 솔로몬은 그러지 못했다. 그 결과 솔로몬의 사후(死後) '다윗 왕국'은 '북방 이스라엘'과 '남방 유다'로 분열되었다.

어찌 되었든, 다윗의 입장에서는 '왕의 사위'가 되는 것을 좋게 여겨서 했던 결혼이었다. 더군다나 미갈은 다윗의 둘도 없는 친구 '요나단의 누이'였다. 그리고 결혼 전부터 미갈은 다윗을 향한 애정 표현에 거침이 없었다. 다윗은 그러한 미갈을 보며 행복한 결혼을 꿈꾸었을 것이다. 불행을 꿈꾸며 결혼하는 사람은 존재하지 않는다.

미갈과의 결혼 생활은 어떠했을까? 이 결혼은 '사울의 시기와 질투'로 시작된 혼인이었다. 그러한 연유로 미갈과의 결혼 생활은 쉽지만은 않았을 것이다. 물론 다윗은 사울의 사위가 되면 그를 향한 시기와 질투가 줄어들 것이라는 착각을 했을 수 있다. 그러나 다윗의 결혼 생활은 시작부터 바늘방석과 같았을 것이다. 집 밖의 상황은 그렇다 치더라도, 신혼집에서 다윗은 그의 외로움과 가슴에 담아둔 이야기를 미갈과 나눌 수 있었을까? 천만의 말씀이다. 미갈과 다윗은 처음부터 끝까지 닮은 점이 하나도 없었다. 미갈은 공주였다. 다윗은 베들레헴의 목동이었다. 음식 습관과 잠자는 습관은 물론이고 세상을 바라보는 시선에 있어서 일치하는 지점이 하나도 없었을 것이다. 더군다나 다윗의 입장에서 신혼집이 있는 곳은 '객지(客地) 중에 객지'에 해당하는 곳이었다. 사울이 있는 왕궁에서 가까운 곳이었다. 다윗의 마음속에 그곳은 이 세상에서 가장 오지(奧地)에 해당하는 장소였을 것이다.

무슨 말을 하려는가? 지금 나는 **"왜 다윗은 밧세바에게 끌렸을까?"**에 대한 이야기를 하는 중이다. 다윗은 왜 밧세바에게 그토록 끌렸을까? 이유는 간단하다. **다윗의 여러 아내 중 유일하게 말이 통하는 여인이었을 테니까** …, 이 말이 무슨 말인가 싶을 것이다. 밧세바와 다윗의 첫 만남은 밧세바가 규례에 따라 목욕을 했던 날이 아니던가? 그렇지 않다. 다윗은 밧세바를 본 기억이 가물가물할지 몰라도, 밧세바는 그렇지 않았을 것이다. 무슨 말인가?

> [1]그러므로 **다윗이 그곳을 떠나 아둘람 굴로 도망하매** 그의 형제와 아버지의 온 집이 듣고 그리로 내려가서 그에게 이르렀고 [2]**환난 당한 모든 자와 빚진 모든 자와 마음이 원통한 자가 다 그에게로 모였고** 그는 그들의 우두머리가 되었는데 그와 함께한 자가 **사백 명 가량이었더라**(사무엘상 22:1-2)

¹다윗과 그의 사람들이 사흘 만에 시글락에 이른 때에 아말렉 사람들이 이미 네겝과 시글락을 침노하였는데 그들이 시글락을 쳐서 불사르고 ²거기에 있는 젊거나 늙은 여인들은 한 사람도 죽이지 아니하고 다 사로잡아 끌고 자기 길을 갔더라 ³**다윗과 그의 사람들이 성읍에 이르러 본즉 성읍이 불탔고 자기들의 아내와 자녀들이 사로잡혔는지라** ⁴다윗과 그와 함께한 백성이 울 기력이 없도록 소리를 높여 울었더라 ⁵**(다윗의 두 아내 이스르엘 여인 아히노암과 갈멜 사람 나발의 아내였던 아비가일도 사로잡혔더라)** ⁶백성들이 자녀들 때문에 마음이 슬퍼서 다윗을 돌로 치자 하니 다윗이 크게 다급하였으나 그의 하나님 여호와를 힘입고 용기를 얻었더라 ⁷다윗이 아히멜렉의 아들 제사장 아비아달에게 이르되 원하건대 에봇을 내게로 가져오라 아비아달이 에봇을 다윗에게로 가져가매 ⁸다윗이 여호와께 묻자와 이르되 내가 이 군대를 추격하면 따라잡겠나이까 하니 **여호와께서 그에게 대답하시되 그를 쫓아가라 네가 반드시 따라잡고 도로 찾으리라** ⁹**이에 다윗과 또 그와 함께한 육백 명이 가**서 브솔 시내에 이르러 뒤떨어진 자를 거기 머물게 했으되 ¹⁰곧 피곤하여 브솔 시내를 건너지 못하는 이백 명을 머물게 했고 다윗은 사백 명을 거느리고 쫓아가니라(사무엘상 30:1-10)

"그는 엘리암의 딸이요 헷 사람 우리아의 아내 밧세바가 아니니이까?" 다윗이 보냈던 신하가 다윗에게 했던 말이다. 밧세바는 '다윗의 삼십 용사' 중 한 명이었던 엘리암의 딸이다. 이 사실은 밧세바가 아주 어린 시절부터 '다윗의 아둘람 공동체에서 자란 여인'이라는 이야기다.

다윗이 아둘람 굴로 도망가자 그의 아버지의 온 집안 식솔이 그에게 왔다. 그뿐 아니라 환난 당한 모든 자와 빚진 모든 자 그리고 마음이 원통한 자들이 다윗에게 모여들었다. 그렇게 처음 모인 수가 사백 명 가량이었다. 그렇게 사백 명 가량이었던 수는 사무엘상 30장에 이르러 장정만 육백 명으로 늘어났음을 알 수 있다. 아말렉 사람들에게 사로잡혀 간 가족들을 구하러 추격에 나설 때였다. 즉 다윗에게로 모여든 사람이 수천 명으로 늘어났다는 이야기다. 당연히 처음 사백 명이었을 때에 비하여 수천 명이 되었을 때 부녀자와 아이들의 구성비가 훨씬 높아졌을 것이다.

이들은 쉽게 말해 그들이 속한 사회에서 버림받은 자들이었다. 그 시절 그들은 안정된 주거환경은 고사하고 하루하루 매일 닥치는 삶을 헤쳐 나가는 형편이었을 것이다. 그렇게 늘어난 그들의 눈에는 무엇이 보였을까? 그 시기 그들은 오직 하루하루의 삶을 연명하는 데 모든 것을 걸었을 것이다. 그들을 살게 한 힘은 오직 아내와 자녀밖에 없었을 것이다. 그것이 그들을 강하게 만들었을 것이다. 지켜야 하는 사람이 있다는 것이 사람을 얼마나 강하게 하는지는 인생을 살아보면 알게 된다. 당연히 그들에게 있어서 다윗은 유일한 희망이었을 것이다. 유일하게 눈에 보이는 의지할 수 있는 그 무엇이었을 것이다. 그들 모두는 다윗이 사무엘을 통하여 하나님께 기름 부음을 받은 자라는 사실을 분명히 알고 있었을 것이다. 그 희망으로 하루하루를 살아냈을 것이다.

[8]아비새가 다윗에게 이르되 하나님이 오늘 당신의 원수를 당신의 손에 넘기셨나이다 그러므로 청하오니 내가 창으로 그를 찔러서 단번에 땅

에 꽂게 하소서 내가 그를 두 번 찌를 것이 없으리이다 하니 ⁹다윗이 아비새에게 이르되 **죽이지 말라 누구든지 손을 들어 여호와의 기름 부음 받은 자를 치면 죄가 없겠느냐** 하고 ¹⁰다윗이 또 이르되 여호와께서 살아 계심을 두고 맹세하노니 여호와께서 그를 치시리니 혹은 죽을 날이 이르거나 또는 전장에 나가서 망하리라 ¹¹내가 손을 들어 여호와의 기름 부음 받은 자를 치는 것을 여호와께서 금하시나니 너는 그의 머리 곁에 있는 창과 물병만 가지고 가자 하고(사무엘상 26:8-11)

　다윗은 이미 여러 번 광야에서 사울을 죽일 기회가 있었다. 하지만 아둘람 공동체의 일원들이 사울을 죽이려 할 때마다 여호와의 기름 부음 받은 자를 치는 것을 금했다. 이 일은 훗날 동일하게 여호와의 기름 부음을 받은 다윗이 보호받는 데 결정적인 역할을 했다. 비록 다윗이 왕위에 오를 날에 대한 희망을 품고 하루하루를 살아낸다 해도 힘겨운 나날들이었을 것이다. 하지만 힘겨웠던 그 세월은 다윗이 온 이스라엘의 왕이 된 후 그들 가운데 '공동의 추억'이 되었을 것이다. 그들을 하나로 이어주는 힘이 되었을 것이다. 주변의 대적들을 하나님께서 정리해주신 뒤에는 '아련한 추억'이 되었을 것이다.

　같은 추억을 공유한 사람들의 결속력은 강하게 마련이다. 특별히 그 기간이 다 함께 어려운 고난을 통과하여 결국에는 이겨낸 시간이었다면 말할 것도 없다. 그리고 그 시간에 대한 같은 기억을 공유한 사람들 사이에는 '그들만의 언어'가 존재하게 마련이다. '그들만의 정서와 그들만의 문화'가 형성되는 것은 당연한 일이다.

더군다나 아둘람 굴로 모여든 사람들은 환난 당한 모든 자와 빚진 모든 자 그리고 마음이 원통한 자였다고 성경은 증언한다. 이 말뜻은 무엇일까? 그들 대부분이 '흙수저 출신'이거나 '흙수저 출신의 정서'가 가슴 깊이 새겨져 있는 사람들이었다는 이야기다. 그들은 그렇게 모여 서로의 상처를 보듬고 감싸주었던 사이였다. 물론 다윗의 증조모와 증조부의 이야기를 다룬 룻기를 볼 때, 다윗은 베들레헴의 유력자 집안 출신이었다. 그러나 다윗의 증조부 보아스가 베들레헴의 유력자였다 하더라도, 다윗의 어린 시절 그의 정서는 흙수저 출신과 다르지 않았을 것이다. 사무엘이 그의 집을 방문했을 때도 양을 지키는 목동 역할을 해야 했던 다윗이었다.

그렇게 흙수저 출신들이 다윗을 중심으로 모였다. 그것이 아둘람 공동체였다. 그들은 이후 다윗과 전 생애를 같이 했다. 압살롬의 반역 때, 피난 가는 다윗을 따라나섰던 사람들 또한 그들이었다. 다윗이 이스라엘의 왕이 된 이후 권력을 쥐게 된 사람들도 이들이었다. 당연히 다윗 당시 2,500명 정도가 거주했다고 하는 다윗성의 주민들 또한 이들이었을 것이다. 그리고 그 중심에 다윗의 삼십 용사들이 있었다는 것은 의심할 여지가 없다. 이것이 밧세바가 왕궁 옥상에서 보이는 곳에 거주할 수 있었던 이유다.

물론 밧세바가 목욕하는 장면을 보던 날, 다윗은 처음 보는 여인이라고 생각했을 것이다. 그러나 밧세바에게 있어서 다윗은 아주 어린 시절부터 보았던 그들 공동체의 상징이었다. 그리고 다윗은 밧세바의 어린 시절에 그녀를 본 적이 분명히 있었을 것이다. 당연한 이야기 아닌가? 밧세바는 다윗의 최측근인 삼십 용사의 딸이었다. 밧세바의 어린 시절, 그렇게 조그마했던 여자아이가 다윗의 눈에 심히 아름다워 보인 '목욕하는 그 여인'이 되었다는 사실을 다윗이 인지(認知)하지 못했을 뿐이다.

시간이 지나 밧세바의 어린 시절에 대한 기억이 떠오른 뒤, 다윗은 무슨 생각을 했을까? 밧세바에게 어떤 감정을 느꼈을까? 당연히 죄책감과 미안함 그리고 안쓰러움(?)[99]은 기본이었을 것이다. 거기에 더해 유한(有限)한 우리네 언어로는 표현할 수 없는 수없이 많은 감정들이 몰려왔을 것이다.

그뿐이 아니다. 다윗은 밧세바와 대화할 때마다 한두 마디 말에 너무도 많은 부분을 알아듣는 밧세바를 발견했을 것이다. 다른 부인들과는 달리 길게 설명하지 않아도 되는 밧세바를 발견했을 것이다. 그것도 그럴 것이, 밧세바는 아둘람 공동체의 소위(所謂) 원어민(原語民)이었다. 오히려 다윗보다도 그 언어에 더 익숙했을 것이다. 이러한 사실은 쉽게 예측 가능하다. 한 가족이 외국에 이민을 간 뒤, 그 나라의 언어를 어린 자녀들이 더 빨리 익힌다는 것은 누구나 아는 사실이다.

영적인 존재인 사람은 자신이 말하는 바를 앞에 있는 사람이 얼마나 흡수하는지 본능적으로 느끼게 마련이다. 상대방이 알아듣는 비율에 따라 자신이 받아들여지고 있는지 혹은 벽에 대고 이야기하는 것과 같은지를 쉽게 구분한다. 그리고 그 비율에 따라 두 사람의 친밀도가 결정된다.

왕이라는 자리는 그 왕국에서 가장 외로운 자리다. 이러한 사실은 크든지 작든지 한 공동체의 리더(leader)가 되어 본 사람이라면 누구나 쉽게 공감할 것이다. 사람은 누구나 '지음(知音)'이 필요한 존재다. 내가 하는 말을 일일이 길게 설명할 필요 없이 그 뜻을 알아주는 사람이 필요하다. 그런데 다

---

99 다윗은 밧세바에게 이런 감정을 느낄 자격이 없다. 그런 의미로 물음표를 표시한 것이다.

윗에게 있어 그의 말을 밧세바보다 잘 알아듣는 여인은 없었을 것이다. 비록 범죄로 시작된 관계였지만 말이다.

밧세바의 어린 시절을 기억하게 된 후, 다윗에게 있어 밧세바는 어떤 존재였을까? 그녀에게 씻을 수 없는 상처를 준 뒤였다. 다윗은 우선 자신이 혐오스러웠을 것이다. 하지만 어찌 되었든 다윗의 눈에 밧세바는 심히 아름다워 보였을 것이다. 자신을 향한 혐오와 사랑을 느끼게 해주는 여인이었을 것이다. 게다가 밧세바만큼 다윗의 말을 잘 알아듣는 사람이 없었을 것이다. 밧세바의 아빠도 그녀의 죽은 남편 우리아도 그리고 그녀의 할아버지 아히도벨도 모두 다윗의 사람이었다. 그러니 밧세바의 모든 세계는 다윗의 세계관으로 가득 차 있었을 것이다. 그리고 그런 그녀와의 사이에 잃어버린 첫째까지 다섯 아들이 있었다.

왜 다윗은 밧세바에게 끌렸을까? 왜 다윗은 평생 밧세바를 사랑했을까? 왜 다윗은 밧세바의 아들 솔로몬에게 자신의 왕위를 넘겨주겠노라고 하나님의 이름으로 맹세했을까? 물론 솔로몬에게 왕위를 넘겨주겠다는 것은 하나님의 약속과 연관된다. 그러나 밧세바를 굳이 '공주 출신의 재수 없는 여자 미갈'과 비교할 필요가 있을까? 다윗에게 있어 밧세바는 대체불가(代替不可)의 여인이었다.

첫 단추가 잘못 끼워진 '잔인한 사랑'이 밧세바를 향한 다윗의 사랑이었다. 그것도 단단히 잘못 끼워진 '피맺힌 단추' 말이다. 그렇게 이 세상 어디에도 마음 둘 곳이 없었던 다윗이 유일하게 마음을 두었던 사람이 밧세바다. 정말이지, 이보다 더 잔인한 사랑이 있을까? 피눈물로 절여진 사랑 말이다.

¹하나님이여 주의 인자를 따라 내게 은혜를 베푸시며 주의 많은 긍휼을 따라 내 죄악을 지워 주소서 ²나의 죄악을 말갛게 씻으시며 나의 죄를 깨끗이 제하소서 ³무릇 나는 내 죄과를 아오니 내 죄가 항상 내 앞에 있나이다 ⁴내가 주께만 범죄하여 주의 목전에 악을 행하였사오니 주께서 말씀하실 때에 의로우시다 하고 주께서 심판하실 때에 순전하시다 하리이다 ⁵내가 죄악 중에서 출생하였음이여 어머니가 죄 중에서 나를 잉태하였나이다 ⁶보소서 주께서는 중심이 진실함을 원하시오니 내게 지혜를 은밀히 가르치시리이다 ⁷우슬초로 나를 정결하게 하소서 내가 정하리이다 나의 죄를 씻어 주소서 내가 눈보다 희리이다 ⁸내게 즐겁고 기쁜 소리를 들려 주시사 주께서 꺾으신 뼈들도 즐거워하게 하소서 ⁹주의 얼굴을 내 죄에서 돌이키시고 내 모든 죄악을 지워 주소서 ¹⁰하나님이여 내 속에 정한 마음을 창조하시고 내 안에 정직한 영을 새롭게 하소서 ¹¹나를 주 앞에서 쫓아내지 마시며 주의 성령을 내게서 거두지 마소서 ¹²주의 구원의 즐거움을 내게 회복시켜 주시고 자원하는 심령을 주사 나를 붙드소서 ¹³그리하면 내가 범죄자에게 주의 도를 가르치리니 죄인들이 주께 돌아오리이다 ¹⁴하나님이여 나의 구원의 하나님이여 피 흘린 죄에서 나를 건지소서 내 혀가 주의 의를 높이 노래하리이다 ¹⁵주여 내 입술을 열어 주소서 내 입이 주를 찬송하여 전파하리이다 ¹⁶주께서는 제사를 기뻐하지 아니하시나니 그렇지 아니하면 내가 드렸을 것이라 주는 번제를 기뻐하지 아니하시나이다 ¹⁷하나님께서 구하시는 제사는 상한 심

령이라 하나님이여 상하고 통회하는 마음을 주께서 멸시하지 아니하시리이다 ¹⁸주의 은택으로 시온에 선을 행하시고 예루살렘 성을 쌓으소서 ¹⁹그때에 주께서 의로운 제사와 번제와 온전한 번제를 기뻐하시리니 그때에 그들이 수소를 주의 제단에 드리리이다(시편 51편)

시편 51편은 다윗이 밧세바를 강간한 뒤 선지자 나단이 찾아와 그를 책망하고 회개를 촉구했을 때 지은 시로 알려져 있다. 그렇게 다윗에 의해 모든 것을 잃은 밧세바에게 남은 것은 '다윗의 사랑'과 '하나님의 은혜'였다. 더군다나 아히도벨이 압살롬의 반역에 참여한 뒤, 그녀는 반역자의 자손이 되었다. 아히도벨은 그가 낸 책략이 받아들여지지 않자, 고향에 내려가 집을 정리하고 목매어 죽었다. 거사(擧事)의 실패를 예견한 까닭이었다. 밧세바에게는 그녀의 아들들이 왕위 경쟁에 나설 때 지원해줄 세력이 밑둥이부터 잘려 나간 것이다.

이러한 사실은 다윗의 아들 중 스스로 왕이 되고자 했던 압살롬과 아도니야의 위세를 볼 때 확연히 드러난다.

¹그 후에 **압살롬이 자기를 위하여 병거와 말들을 준비하고 호위병 오십 명을 그 앞에 세우니라** ²압살롬이 일찍이 일어나 성문 길 곁에 서서 어떤 사람이든지 송사가 있어 왕에게 재판을 청하러 올 때에 그 사람을 불러 이르되 너는 어느 성읍 사람이냐 하니 그 사람의 대답이 좋은 이스라엘 아무 지파에 속하였나이다 하면 ³압살롬이 그에게 이르기를 **보라 네 일이 옳고 바르다마는 네 송사를 들을 사람을 왕께서 세우지 아니하셨**

다[100] 하고 [4]또 압살롬이 이르기를 내가 이 땅에서 재판관이 되고 누구든지 송사나 재판할 일이 있어 내게로 오는 자에게 내가 정의 베풀기를 원하노라[101] 하고 [5]사람이 가까이 와서 그에게 절하려 하면 압살롬이 손을 펴서 그 사람을 붙들고 그에게 입을 맞추니 [6]이스라엘 무리 중에 왕께 재판을 청하러 오는 자들마다 압살롬의 행함이 이와 같아서 이스라엘 사람의 마음을 압살롬이 훔치니라(사무엘하 15:1-6)

[5]그때에 학깃의 아들 아도니야가 스스로 높여서 이르기를 내가 왕이 되리라 하고 자기를 위하여 병거와 기병과 호위병 오십 명을 준비하니 [6]그는 압살롬 다음에 태어난 자요 용모가 심히 준수한 자라 그의 아버지가 네가 어찌하여 그리 하였느냐고 하는 말로 한 번도 그를 섭섭하게 한 일이 없었더라 [7]아도니야가 스루야의 아들 요압과 제사장 아비아달과 모의하니 그들이 따르고 도우나 [8]제사장 사독과 여호야다의 아들 브나야와 **선지자 나단과** 시므이와 레이와 **다윗의 용사들은 아도니야와 같이 하지 아니하였더라**(열왕기상 1:5-8)

---

100 압살롬의 입장에서 이 말은 사실이다. 그의 누이 다말의 억울함을 들어줄 사람을 다윗 왕이 세우지 않았으니 말이다. 세상에는 거짓말처럼 들리는 말도, 그 역사를 찾아 들어가 보면 그럴만한 이유가 있는 경우가 적지 않다. 이런 사실은 한 공동체의 리더(leader) 자리에 있는 사람들에게 많은 긴장을 불러일으킨다. 동시에 겸손한 마음을 가지게 한다.

101 압살롬의 이 말 또한 그의 입장에는 진심이었을 것이다. 아버지가 왕이었지만, 그와 그의 누이에게는 정의가 베풀어지지 않았으니 말이다. 게다가 압살롬 입장에서는 다윗의 후계자였던 다윗의 첫째 아들 암논이 다윗을 이어 왕이 되었을 경우를 생각하지 않을 수 없었을 것이다. 그것이 암논을 살해한 이유였을 것이다. 물론 나는 지금 이러한 일련의 일들이 잘했다는 것이 아니다. 다윗이 제 역할을 하지 못했을 때, 그 아래에서 일어나는 일들을 설명한 것이다.

압살롬과 아도니야는 병거와 기병을 준비하고 호위병 오십 명을 대동(帶同)하고 다녔다. 21세기 대한민국의 화폐단위로 환산할 때, 그 정도의 호위병을 세우는 데 어느 정도의 비용이 들었을까? 당시 기병이 타는 말 한 마리의 가격은 지금의 고급 외제 차 한 대 가격을 훌쩍 넘어선다고 전해진다. 즉 압살롬과 아도니야는 지금으로 치면 수억이 넘는 외제 차 50대를 한꺼번에 끌고 다녔다는 이야기다. 그렇게 세(勢)를 과시했다는 이야기다. 정말이지, 그 모습은 장관(壯觀)이었을 것이다. 솔로몬과 압살롬 그리고 아도니야는 같은 아버지를 둔 왕자들이었다. 즉 이들이 왕자 신분으로 다윗으로부터 받은 재산은 비슷했을 것이다. 그렇다면 압살롬과 아도니야가 끌고 다녔던 외제 차 50대의 비용은 어디에서 나온 것일까? 당연히 압살롬과 아도니야의 외가(外家)에서 나온 지원금이었을 것이다. 다윗 왕국은 당대 팔레스타인 지역의 최강국이었다. 그런 다윗 왕국의 왕위 계승권자를 조카 혹은 손주로 둔 압살롬과 아도니야의 외가(外家)에서는 충분히 해 볼 만한 투자였을 것이다.

그러나 밧세바와 솔로몬이 친정과 외가에서 받은 것은 '반역자 집안의 자손이라는 굴레'뿐이었다. 최소한 압살롬과 아도니야를 따르던 사람들의 눈에는 그것만 보였을 것이다. 그러나 성경은 밧세바와 솔로몬을 위해 하나님께서 준비해 두신 사람들이 있었음을 증언하고 있다. "아도니야가 스루야의 아들 요압과 제사장 아비아달과 모의하니 그들이 따르고 도우나, **제사장 사독과 여호야다의 아들 브나야와 선지자 나단과 시므이와 레이와 다윗의 용사들은 아도니야와 같이 하지 아니하였더라.**"

이제는 눈에 띄는 사람들이 있을 것이다. 그렇다. '다윗의 강간 사건' 이후, 다윗을 찾아와 책망했던 '나단 선지자'가 이 상황을 그냥 두고 보지 않았다.[102] 또한, 다윗이 아둘람 굴로 도망갔을 때부터 함께했던 다윗의 용사들

---

102 "¹¹나단이 솔로몬의 어머니 밧세바에게 말하여 이르되 학깃의 아들 아도니야가 왕이 되었음을 듣지 못하였나이까 우리 주 다윗은 알지 못하시나이다 ¹²이제 내게 당신의 생명과 당신의 아들 **솔로몬의 생명을 구할 계책을 말하도록 허락하소서** ¹³당신은 다윗 왕 앞에 들어가서 아뢰기를 내 주 왕이여 전에 왕이 여종에게 맹세하여 이르시기를 네 아들 솔로몬이 반드시 나를 이어 왕이 되어 내 왕위에 앉으리라 하지 아니하셨나이까 그런데 아도니야가 무슨 이유로 왕이 되었나이까 하소서 ¹⁴**당신이 거기서 왕과 말씀하실 때에 나도 뒤이어 들어가서 당신의 말씀을 확증하리이다** ¹⁵밧세바가 이에 침실에 들어가 왕에게 이르니 왕이 심히 늙었으므로 수넴 여자 아비삭이 시중들었더라 ¹⁶밧세바가 몸을 굽혀 왕께 절하니 왕이 이르되 어찌 됨이냐 ¹⁷그가 왕께 대답하되 내 주여 왕이 전에 왕의 하나님 여호와를 가리켜 여종에게 맹세하시기를 네 아들 솔로몬이 반드시 나를 이어 왕이 되어 내 왕위에 앉으리라 하셨거늘 ¹⁸이제 아도니야가 왕이 되었어도 내 주 왕은 알지 못하시나이다 ¹⁹그가 수소와 살찐 송아지와 양을 많이 잡고 왕의 모든 아들과 제사장 아비아달과 군사령관 요압을 청하였으나 왕의 종 솔로몬은 청하지 아니하였나이다 ²⁰내 주 왕이여 온 이스라엘이 왕에게 다 주목하고 누가 내 주 왕을 이어 그 왕위에 앉을지를 공포하시기를 기다리나이다 ²¹그렇지 아니하면 내 주 왕께서 그의 조상들과 함께 잘 때에 나와 내 아들 솔로몬은 죄인이 되리이다 ²²밧세바가 왕과 말할 때에 선지자 나단이 들어온지라 ²³어떤 사람이 왕께 말하여 이르되 선지자 나단이 여기 있나이다 하니 그가 왕 앞에 들어와서 얼굴을 땅에 대고 왕께 절하고 ²⁴이르되 내 주 왕께서 이르시기를 아도니야가 나를 이어 왕이 **되어 내 왕위에 앉으리라 하셨나이까** ²⁵그가 오늘 내려가서 수소와 살찐 송아지와 양을 많이 잡고 왕의 모든 아들과 군사령관들과 제사장 아비아달을 청하였는데 그들이 아도니야 앞에서 먹고 마시며 아도니야 왕은 만세수를 하옵소서 하였나이다 ²⁶그러나 왕의 종 나와 제사장 사독과 여호야다의 아들 브나야와 왕의 종 솔로몬은 청하지 아니하였사오니 ²⁷이것이 내 주 왕께서 정하신 일이니이까 그런데 왕께서 내 주 왕을 이어 그 왕위에 앉을 자를 종에게 알게 하지 아니하셨나이다 ²⁸다윗 왕이 명령하여 이르되 밧세바를 내 앞으로 부르라 하매 그가 왕의 앞으로 들어가 그 앞에 서는지라 ²⁹왕이 이르되 내 생명을 모든 환난에서 구하신 여호와께서 살아 계심을 두고 맹세하노라 ³⁰내가 이전에 이스라엘의 하나님 여호와를 가리켜 네게 맹세하여 이르기를 네 아들 솔로몬이 반드시 나를 이어 왕이 되고 나를 대신하여 내 왕위에 앉으리라 하였으니 내가 오늘 그대로 행하리라 ³¹밧세바가 얼굴을 땅에 대고 절하며 내 주 다윗 왕은 만세수를 하옵소서 하니라 ³²다윗 왕이 이르되 제사장 사독과 선지자 나단과 여호야다의 아들 브나야를 내 앞으로 부르라 하니 그들이 왕 앞에 이른지라 ³³왕이 그들에게 이르되 너희는 너희 주의 신하들을 데리고 내 아들 솔로몬을 내 노새에 태우고 기혼으로 인도하여 내려가고 ³⁴**거기서 제 사장 사독과 선지자 나단은 그에게 기름을 부어 이스라엘 왕으로 삼고** 너희는 뿔나팔을 불며 솔로몬 왕은 만세수를 하옵소서 하고 ³⁵그를 따라 올라오라 그가 와서 내 왕위에 앉아 나를 대신하여 왕이 되리라 내가 그를 세워 이스라엘과 유다의 통치자로 지명하였느니라 ³⁶여호야다의 아들 브나야가 왕께 대답하여 이르되 아멘 내 주 왕의 하나님 여호와께서도 이렇게 말씀하

또한 아도니야와 같이 하지 않았다. 분명히 이들은 아도니야와 함께한 군대
장관 요압과 함께 압살롬의 반역을 진압하는 전투에 참여했었다. 아히도벨
이 함께했던 압살롬의 반역으로 피 흘린 사람들이었다. 그럼에도 그들은 군
대장관 요압과 함께하지 않았다.

왜일까? 당연히 다윗이 여호와 하나님을 가리켜 솔로몬에게 왕위를 넘기
겠다고 한 맹세가 '명분'이었을 것이다. 하지만 '현실적인 이유'가 하나 더 있
었을 것이다. 다윗의 용사들에게 있어, '밧세바'는 어린아이 시절부터 쭉 보
아온 '여자아이'였다. 다윗의 용사들에게 있어, '밧세바'는 다섯 아이의 엄마
가 된 그때도 사랑스러운 '여자아이'였다. 비록 이제는 나이 들어 중년의 여
인이 되었지만, 여전히 조그마한 '여자아이'였을 것이다. 즉 밧세바는 다윗
의 용사들에게 있어서 그들의 '피붙이'와 같은 존재였다.

결국, 이들은 솔로몬의 집권 초기 '솔로몬의 손발'이 되었다. 하나님의 말
씀이 하늘에서와 같이 이 땅에서도 이루어지는 손발이 되었다. 그 결과, 솔
로몬의 집권 초기 이미 나이 든 이들이 있는 기간 솔로몬은 하나님 앞에서
정직히 행할 수 있었다. 이들을 통하여 '솔로몬의 영광'이 피어났다. 즉 솔로
몬은 이 기간, 자신의 어린 시절의 상처를 회복할 기회가 있었다. 누가 뭐래
도, 성인이 되어 다윗의 왕국을 물려받은 제왕(帝王)이 아니던가? 솔로몬 그

시기를 원하오며 ³⁷또 여호와께서 내 주 왕과 함께 계심 같이 솔로몬과 함께 계서서 그의 왕위
를 내 주 다윗 왕의 왕위보다 더 크게 하시기를 원하나이다 하니라 ³⁸제사장 사독과 선지자 나
단과 여호야다의 아들 브나야와 그렛 사람과 블렛 사람이 내려가서 솔로몬을 다윗 왕의 노새
에 태우고 인도하여 기혼으로 가서 ³⁹제사장 사독이 성막 가운데에서 기름 담은 뿔을 가져다가
솔로몬에게 기름을 부으니 이에 뿔나팔을 불고 모든 백성이 솔로몬 왕은 만세수를 하옵소서
하니라 ⁴⁰모든 백성이 그를 따라 올라와서 피리를 불며 크게 즐거워하므로 땅이 그들의 소리로
말미암아 갈라질 듯하니"(열왕기상 1:11-40).

는 이 기간, 어린 시절의 상처를 극복하고 진정한 다윗 왕국의 제왕(帝王)으로 거듭나야 했다. 즉 하나님께서는 솔로몬에게도 기회를 주셨다.

이것이 하나님께서 밧세바와 솔로몬에서 베풀어주신 은혜다. 다시 한번 강조하지만, 밧세바를 강간한 것은 다윗이다. 이 일은 하나님께서 시키신 일이 아니다. 교리적으로 표현하면 이와 같다. 하나님께서는 사람을 선하게 창조하셨지만, 사람이 꾀를 내어 타락한 것이다.[103] 이것이 다윗의 범죄에도 불구하고 하나님께서 밧세바와 솔로몬에게 베풀어주신 최선의 은혜였다.

여기까지 다윗과 밧세바 그리고 솔로몬의 내면을 들여다보았다. 이야기를 듣고 보니 무슨 생각이 드는가? 뭐라 말로 표현할 수 없는 다양한 감정과 생각들이 소용돌이칠 것이다. 그렇다. 있어서는 안 되는 일이었다. 상상하기조차 싫은 끔찍한 일이 벌어졌다. 그리고 수없이 많은 사람들이 이 사건으로 희생되었다. 그리고 아파했다. 때로는 피눈물을 때로는 안도의 눈물을 흘렸을 것이다. 어찌할 바 몰라 몸부림쳤을 것이다. 넋을 놓고 세월을 견뎌내야 했을 것이다.

그 가운데서도 왕위를 향한 암투는 여전히 치열했을 것이다. 그 경쟁에 뛰어든 그들 각자는 진지했고, 최선을 다해 서로를 견제했을 것이다. 다윗의 식탁에 앉아 매일 같이 떡을 떼던 왕자들은 '형제인 동시에 경쟁자'였다. 솔로몬의 어린 시절, 그 왕자들이 솔로몬의 또래 집단이었다. 솔로몬의 어

---

103 "내가 깨달은 것은 오직 이것이라 곧 하나님은 사람을 정직하게 지으셨으나 사람이 많은 꾀들을 낸 것이니라"(전도서 7:29).

린 시절, 형제들과 갈등이 생길 때마다 그가 가장 많이 들었던 말은 이것이었을 것이다. "창녀의 새끼!" 그렇지 않은가? 그곳은 다윗의 왕궁이었다. 다윗은 '항상 옳고 정당하다는 상수(常數)'가 버티는 세상이었다. 사실관계는 전혀 중요하지 않은 곳이었다. 왕자들의 입장에서 자신에게 왕권을 물려줄 수 있는 어버지 다윗은 무조건 옳은 존재였을 것이다. 동시에 왕권을 두고 경쟁하는 형제와 그 형제의 모친(母親)은 무조건 틀린 존재여야 했을 것이다.

그곳에서 솔로몬은 상처받고 사랑받으며 성장했다. 위대한 아버지 다윗왕의 모습과 짙게 그늘진 엄마 밧세바 사이에서 자랐다. 자신을 사랑해주는 그의 아버지는 그들 모자에게만은 흉악한 범죄자였다. 동시에 왕정국가의 기준으로는 은인(恩人)이었다. 강력한 외척 세력을 가진 왕자들 사이에 솔로몬은 혼자였다. 동시에 든든한 삼촌들이(다윗의 용사들) 그를 감쌌다. 반역자의 자손인 그는 왕인 아버지의 가장 사랑받는 아들이었다. 그런 그의 아버지가 그를 왕으로 세운 뒤. 세상을 떠나며 했던 말은 이러했다. "내가 이제 세상 모든 사람이 가는 길로 가게 되었노니, 너는 힘써 대장부가 되라."[104]

아이를 키울 때 금기 중 하나는 '이중 메시지(message)'다. 그런데 솔로몬보다 강력한 '이중 메시지(message)'를 받으며 자란 사람이 있을까? 이것이 솔로몬이 하나님의 마음에 맞는 자 다윗의 신앙을 따르지 않은 이유다. 솔로몬의 집권 초반과 집권 후반의 신앙이 정반대인 이유다. 결국, 다윗의 일생 중 단 한 번 저지른 범죄의 흔적은 그의 아들 솔로몬에게 새겨졌다. 그 결

---

[104] 열왕기상 2:2

과, 다윗 왕국은 그의 손자 대(代)에 이르러 '남방 유다'와 '북방 이스라엘'로
분열되었다.

　당연히 어린 시절에 상처받았다는 사실이 솔로몬의 모든 허물을 면제해
주지 못한다. 결국 솔로몬의 우상숭배는 '솔로몬의 책임'이다. 앞에서도 언
급했듯이, 하나님께서는 솔로몬에게 그의 어린 시절의 상처를 극복할 시간
과 환경을 제공해 주셨다. 다윗 왕국의 제왕(帝王) 자리를 물려주시고, 다윗
의 충신들을 통하여 그의 집권 초반을 지켜주셨다. 평생에 걸친 징계와 연
단의 과정을 통하여 성숙한 다윗이 '새로운 삶을 선물한 수넴 여자 아비삭'
을 통하여 아도니야의 반역의 싹을 잘라주셨다. 다윗이 모든 준비를 마친
성전 건축을 마치게 해주셨다. 그 성전을 봉헌할 때 성전 가득히 구름으로
하나님의 영광을 보여주셨다. 그 결과, 제사장들이 능히 서서 섬기지 못했
다고 성경은 증언한다.[105] 즉 '솔로몬의 타락'은 '솔로몬의 책임'이다. 이것이
솔로몬 그가 그의 동생들보다 뒤에 이름이 나오는 이유다.[106] 그러나 그러한
사실마저도, 다윗은 뼈가 아팠을 것이다.

---

105 "¹⁰제사장이 성소에서 나올 때에 구름이 여호와의 성전에 가득하매 ¹¹제사장이 그 구름으로 말
미암아 능히 서서 섬기지 못하였으니 이는 **여호와의 영광이 여호와의 성전에 가득함이었더라**
¹²그때에 솔로몬이 이르되 여호와께서 캄캄한 데 계시겠다 말씀하셨사오나 ¹³내가 참으로 주
를 위하여 계실 성전을 건축하였사오니 주께서 영원히 계실 처소로소이다 하고 ¹⁴얼굴을 돌이
켜 이스라엘의 온 회중을 위하여 축복하니 그때에 이스라엘의 온 회중이 서 있더라"(열왕기상
8:10-14).
106 "예루살렘에서 그에게서 난 자들의 이름은 삼무아와 소밥과 나단과 **솔로몬과**"(사무엘하
5:14).. "예루살렘에서 그가 낳은 아들들은 이러하니 시므아와 소밥과 나단과 **솔로몬** 네 사람
은 다 암미엘의 딸 밧수아의 소생이요"(역대상 3:5).. "예루살렘에서 낳은 아들들의 이름은 삼
무아와 소밥과 나단과 **솔로몬과**"(역대상 14:4).

2부

―◦◦◦◦―

아브라함의 조카
롯

롯의 심리적 부모,
아브라함과 사라

⁶소돔과 고모라 성을 멸망하기로 정하여 재가 되게 하사 후세에 경건하지 아니할 자들에게 본을 삼으셨으며 ⁷**무법한 자들의 음란한 행실로 말미암아 고통 당하는 의로운 롯을 건지셨으니** ⁸(이는 이 의인이 그들 중에 거하여 날마다 저 불법한 행실을 보고 들음으로 그 의로운 심령이 상함이라) ⁹**주께서 경건한 자는 시험에서 건지실 줄 아시고** 불의한 자는 형벌 아래에 두어 심판 날까지 지키시며(베드로후서 2:6-9)

소돔과 고모라가 멸망 당하는 가운데 건짐을 받은 인물이 있다. 그는 아브라함¹의 조카 롯이다. 이때의 상황을 성경은 "무법한 자들의 음란한 행실

---

1 '아브람과 아브라함, 사래와 사라' 명칭은 하나님께서 '이삭의 수태고지(受胎告知)'를 하시기 전인지 후인지에 따라 구별하여 적었다. 즉 하나님께서 아브람과 사래의 이름을 바꾸어 주시기 전인지 후인지를 구별하였다. 다만 시기를 특정하지 않고 통칭(通稱)하는 경우는 아브라함과 사라로 했다.: "⁵이제 후로는 네 이름을 아브람이라 하지 아니하고 아브라함이라 하리니 이는 내가 너를 여러 민족의 아버지가 되게 함이니라 … ¹⁵하나님이 또 아브라함에게 이르시되 네

로 말미암아 고통당하는 의로운 롯을 건지셨다"고 증언한다. 이에 덧붙여 성경은 "이는 이 의인이 그들 중에 거하여 날마다 저 불법한 행실을 보고 들음으로 그 의로운 심령이 상함이라"라고 증언한다. 하나님은 경건한 자를 시험에서 건지시는 분이다.[2] 즉 아브라함의 조카 롯은 '의인(義人)'이었으며 '경건한 자'였다.

그러나 롯의 자손인 '모압과 암몬'은 언약 백성 이스라엘의 대적이었다. 그뿐이 아니다. 모세는 '암몬과 모압'에 대해 이렇게 말했다.

> **암몬 사람과 모압 사람은 여호와의 총회에 들어오지 못하리니** 그들에게 속한 자는 십 대뿐 아니라 **영원히 여호와의 총회에 들어오지 못하리라**
> (신명기 23:3)

즉 롯은 '의인(義人)'이었으나 그의 자손들은 '저주받은 족속'이 되었다. 롯은 '경건한 자'였으나 그의 자손들은 '하나님의 원수'가 되었다. 물론, 성경에서 어떤 인물을 향하여 '의인(義人)'이라고 할 때는 '상대적(相對的)인 의(義)'를 의미한다. '절대적(絕對的)인 의(義)'는 오직 하나님께만 돌려진다. 그런 점에서, 성경에서 말하는 '거룩'은 '구별됨'을 의미한다. 이유는 간단하다. 사람에게는 '거룩함'이 있을 수 없기 때문이다. 오직 하나님만 '거룩하신 분'이시다.

아내 사래는 이름을 사래라 하지 말고 사라라 하라"(창세기 17:5, 15).

2 결과적으로 볼 때, 롯은 소돔과 고모라의 멸망 가운데 '건짐'을 받았으나 스스로 '불행한 결과'를 자초했다. 이 또한 우리가 경계해야 할 지점이다.

즉 사람이 거룩해질 수 있는 길은 하나님께서 그를 세상으로부터 '구별'하여 하나님 당신의 '거룩'을 덧입혀 주실 때뿐이다.

어찌 되었든. 아래는 롯의 자손들에 대한 성경의 증언이다.

> [1]하나님이여 침묵하지 마소서 하나님이여 잠잠하지 마시고 조용하지 마소서 [2]**무릇 주의 원수들이 떠들며 주를 미워하는 자들이 머리를 들었나이다** [3]그들이 주의 백성을 치려 하여 간계를 꾀하며 주께서 숨기신 자를 치려고 서로 의논하여 [4]말하기를 가서 그들을 멸하여 다시 나라가 되지 못하게 하여 이스라엘의 이름으로 다시는 기억되지 못하게 하자 하나이다 [5]**그들이 한마음으로 의논하고 주를 대적하여 서로 동맹하니** [6]곧 에돔의 장막과 이스마엘인과 **모압과** 하갈인이며 [7]그발과 **암몬과** 아말렉이며 블레셋과 두로 사람이요 [8]**앗수르도 그들과 연합하여 롯 자손의 도움이 되었나이다** (셀라)(시편 83:1-8)

시편 83편 앞에는 [아삽의 시 곧 노래][3]라는 표제어가 붙어있다. 아삽은 다윗과 솔로몬 시대에 찬송하는 직분을 맡았던 인물로 알려져 있다.[4] 특별

---

3 시편은 150편으로 구성되어 있다. 그리고 성경에 직접 언급된 '시편의 인간 저자(성경은 100% 하나님의 작품인 동시에 100% 사람의 작품이다. 그러므로 성경은 참 하나님의 말씀이다.)' 중 다윗이 73편을, 아삽은 12편을, 고라 자손은 10편을, 솔로몬은 2편을, 모세는 1편을, 헤만은 1편을, 에단은 1편을 썼다.

4 "[31]언약궤가 평안을 얻었을 때에 다윗이 여호와의 성전에서 찬송하는 직분을 맡긴 자들은 아래와 같았더라 [32]솔로몬이 예루살렘에서 여호와의 성전을 세울 때까지 그들이 회막 앞에서 찬송

히 그는 '찬양대의 우두머리'[5]였으며 '**선견자(先見者)**'[6]였다. 즉 시편 83편이 쓰일 당시 이스라엘은 아직 아삽이 노래한 것과 같은 연합공격을 받은 적이 없었다. 그러한 시대에 그는 롯의 자손이 앗수르와 연합하여 하나님의 백성을 공격할 것이라 노래했다.[7]

"하나님이여 침묵하지 마소서"로 시작하는 아삽의 노래에 '롯의 자손'은 '**주의 원수**'로 언급된다. 그들은 주의 백성을 치려 간계(奸計)를 꾀하는 무리였다. 그리고 그들은 주를 미워하는 자들과 한마음으로 의논하고 주를 대적하여 서로 동맹하는 자들이었다. 그런데 그들은 하나님께서 인정하신[8] '의인(義人) 롯'의 자손이었다. 어떻게 이런 일이 가능할까? 도대체 롯 그에게는 어떤 일이 있었던 것일까?

하는 일을 행하되 그 계열대로 직무를 행하였더라 [33]직무를 행하는 자와 그의 아들들은 이러하니 그핫의 자손 중에 **헤만**은 **찬송하는 자**라 그는 요엘의 아들이요 요엘은 사무엘의 아들이요 … [39]헤만의 형제 아삽은 헤만의 오른쪽에서 직무를 행하였으니 그는 베레갸의 아들이요 베레갸는 시므아의 아들이요"(역대상 6:31-33, 39).

5　"또 레위 사람을 세워 여호와의 궤 앞에서 섬기며 이스라엘 하나님 여호와를 칭송하고 감사하며 **찬양하게 하였으니** [5]**아삽**은 **우두머리**요 그 다음은 스가랴와 여이엘과 스미라못과 여히엘과 맛디디아와 엘리압과 브나야와 오벧에돔과 여이엘이라 비파와 수금을 타고 아삽은 제금을 힘 있게 치고"(역대상 16:4-5).

6　"히스기야 왕이 귀인들과 더불어 레위 사람을 명령하여 다윗과 **선견자 아삽의 시로** 여호와를 찬송하게 하매 그들이 즐거움으로 찬송하고 몸을 굽혀 예배하니라"(역대하 29:30).

7　이 부분을 굳이 언급하는 까닭은 이러하다. 일부 신학자들은 다윗과 솔로몬의 때에 시편 83편과 같은 공격이 없었다는 이유로 이 시편이 후대에 기록되었다고 주장한다. 즉 아삽의 후손 중 누군가가 시편 83편을 썼으며, 시인이 그의 조상 아삽의 이름을 시편 83편에 붙였다는 것이다. 그러나 이러한 식으로 성경의 기록연대를 추정하는 것은 바른 태도가 아니다. 성경은 분명히 아삽을 가리켜 '미래를 미리 본 자'라고 증언하고 있다. '**선견자(先見者) 아삽**'이라고 증언하고 있다.

8　신약성경에 '의인(義人)'이라고 기록된

롯의 인생을 살펴보면서 우리가 주의해야 할 지점은 바로 이것이다. 도 대체 어떻게 살면 '호부견자((虎父犬子)'[9]가 나올까? 도대체 어떻게 하면 '경 건한 자의 자녀'가 '저주받은 하나님의 원수'가 되는 것일까? 즉 롯의 이야기 는 '신앙의 대물림'에 실패하고 있는 성도들을 향한 경고라 할 수 있다.

[26]데라는 칠십 세에 아브람과 나홀과 하란을 낳았더라 [27]데라의 족보는 이러하니라 **데라는 아브람과 나홀과 하란을 낳고** 하란은 롯을 낳았으 며 [28]하란은 그 아비 데라보다 먼저 고향 갈대아인의 우르에서 죽었더라 [29]아브람과 나홀이 장가 들었으니 아브람의 아내의 이름은 사래며 **나홀 의 아내의 이름은 밀가니 하란의 딸이요** 하란은 밀가의 아버지이며 **또 이스가의 아버지더라** [30]사래는 임신하지 못하므로 자식이 없었더라(창 세기 11:26-30)

우선 롯의 할아버지는 데라였다. 그리고 데라에게는 세 아들이 있었는데

---

9 아비는 호랑이인데(범인데) 자식은 개새끼라는 뜻이다. 원래 한자성어는 '호부무견자(虎父無犬 子)'로 "호랑이 부모에 개가 태어나지는 않는다"라는 말이다. 즉 훌륭한 부모 밑에는 못난 자식 이 없다는 의미다.: 정반대 의미를 가진 두 개의 한자 성어가 존재한다는 사실로 눈치챘을 것 이다. 부모가 훌륭한 삶을 산다고 해서 100% 자식도 훌륭한 삶을 사는 것은 아니다. 사무엘의 예를 보아도 그렇다.: "[1]사무엘이 늙으매 그의 아들들을 이스라엘 사사로 삼으니 [2]장자의 이름 은 요엘이요 차자의 이름은 아비야라 그들이 브엘세바에서 사사가 되니라 [3]그의 아들들이 자 기 아버지의 행위를 따르지 아니하고 이익을 따라 뇌물을 받고 판결을 굽게 하니라 [4]이스라엘 모든 장로가 모여 라마에 있는 사무엘에게 나아가서 [5]그에게 이르되 **보소서 당신은 늙고 당신 의 아들들은 당신의 행위를 따르지 아니하니** 모든 나라와 같이 우리에게 왕을 세워 우리를 다 스리게 하소서 한지라"(사무엘상 8:1-5).: 그러나 자식은 부모의 '말'이 아니라 '등 모습'을 보 며 자란다는 말은 사실이다. 즉 사무엘의 경우는 예외적인 상황이다. 왜 이러한 상황이 발생했 는지에 대해서는 하나님의 은혜로 '사무엘 인물 설교'를 하게 될 때 자세히 설명하겠다.

그들의 이름은 '아브람, 나홀, 하란'이었다. 동생들의 뒤에 기록된 솔로몬의 경우에서도 언급했듯이, 성경에 여러 명의 이름이 나올 때 보통은 '나이순'으로 언급된다. 그러므로 특별한 경우가 아니라면, 먼저 언급된 사람이 뒷사람보다 연장자(年長者)라고 생각하면 된다. 그렇게 보면, 아브람은 데라의 장자(長子)처럼 보인다. 그러나 신학자들은 롯의 아버지 하란을 '아브람의 형'이라고 주장한다. 즉 데라의 장자(長子)는 '하란'이라는 것이다.

성경을 자세히 살펴보면, 신학자들의 이러한 주장은 쉽게 이해된다. 우선 아브람의 동생 나홀은 '하란의 딸 밀가'와 결혼했다.[10] '근친혼(近親婚)'이 일상이었던 시대였다. 하지만 적어도 신랑 신부의 나이는 서로 맞추어 결혼했을 것이다. 그러니 하란의 이름이 나홀 뒤에 나온다고 해서 하란이 나홀의 동생이었을 리는 없다. 즉 하란은 막내였을 리가 없다. 그리고 '하란의 죽음' 뒤에 '아브람과 나홀이 장가 들었으니'라는 언급이 이어지는 것으로 보아, 아브람과 나홀은 비슷한 시기에 결혼한 것으로 보인다. 그렇다면 아브람과 나홀은 비슷한 연배(年輩)였을 것이다. 즉 하란은 '아브람 그리고 나홀'과는 상당한 나이 차가 있는 형이었을 것이다.

데라는 맏아들의 죽음 이후 남은 두 아들의 혼인을 서둘렀던 것 같다.[11]

---

10 유대인들은 29절에 나오는 '이스가'와 30절에 나오는 '사래'를 동일 인물로 본다고 한다. 그러나 이러한 생각은 잘못된 것이다. : "또 그는 정말로 나의 이복 누이로서 내 아내가 되었음이니라"(창세기 20:12). : 인용한 말씀은 아브라함이 아비멜렉에게 한 증언이다. 만약에 이스가와 사래가 '동일 인물(同一 人物)'이었다면 아브라함은 이렇게 말했어야 한다. "그는 나의 조카로서 내 아내가 되었음이라."

11 물론, 맏형인 하란의 죽음 뒤에 아브람과 나홀이 바로 장가들었다고 단정하기에는 성경의 표현이 약간 불분명하다.

내가 이렇게 보는 이유는 이러하다. 아브람은 '이복 누이인 사래'와 결혼했고 나홀은 '조카인 밀가'와 결혼했다. 그리고 성경 기록의 정황상, 아브람과 나홀은 비슷한 시기에 결혼한 것으로 보인다. 그런데 다른 부족에서 신부를 데려와야 했다면 이처럼 빨리 혼인이 성사되었을까?[12] '아브람과 사래' 그리고 '나홀과 밀가'의 결혼은 데라의 결정만 있으면 가능했다.[13]

> [31]**데라가** 그 아들 아브람과 하란의 아들인 그의 손자 롯과 그의 며느리 아브람의 아내 사래를 데리고 **갈대아인의 우르를 떠나 가나안 땅으로 가고자 하더니** 하란에 이르러 거기 거류하였으며 [32]**데라는** 나이가 이백 오 세가 되어 **하란에서 죽었더라**(창세기 11:31-32)

어찌 되었든, 맏아들의 죽음 앞에 데라는 남은 두 아들을 그의 딸과 손녀에게 장가들게 했다. 이 시기 이러한 일을 처리하는 데라의 마음은 굳이 설명하지 않아도 되리라 믿는다. 국가 시스템(system)이 완성되지 않은 시절이었다. 공권력(公權力)이 작동하지 않던 시절이었다. 가족의 안전은 오직 자신의 부족 스스로 해결해야 했던 시절이었다. 그만큼 데라에게 있어서 맏아

---

12 물론 그 시대 그 지역에 직접 살아보지를 않았으니 100% 그렇다고 단정할 수는 없다.

13 이 시기는 부족장인 데라가 그의 자식뿐 아니라 모든 부족민의 생사여탈권(生死與奪權)을 가진 때였다.: "[26]라반이 이르되 언니보다 아우를 먼저 주는 것은 우리 지방에서 하지 아니하는 바이라 [27]이를 위하여 칠 일을 채우라 우리가 그도 네게 주리니 네가 또 나를 칠 년 동안 섬길 지니라 [28]야곱이 그대로 하여 그 칠 일을 채우매 라반이 딸 라헬도 그에게 아내로 주고"(창세기 29:26-28).: 데라의 '3대손인 야곱(야곱과 레아 그리고 라헬은 사촌지간이지만, 레아와 라헬은 데라의 4대손이다. 이것은 이삭의 아내 리브가가 이삭의 조카뻘이기 때문에 생긴 일이다.)'의 결혼을 보아도 이러한 사실은 쉽게 확인할 수 있다.

들 하란은 든든한 버팀목이었던 것 같다. 그리고 맏아들 하란의 빈자리는 데라에게 '채워지지 않는 아픔'이었던 것 같다. "하란은 그 아비 데라보다 먼저 고향 갈대아인의 우르에서 죽었더라." 이것이 데라가 아브람과 사래 그리고 롯을 데리고 우르를 떠난 이유였을 것이다. 데라는 아들이 죽은 자리에 도저히 더 있을 수 없었던 것 같다. 그렇게 그는 갈대아인의 우르를 떠나 가나안 땅으로 향했다. 그러다 그의 맏아들 하란의 이름으로 불렸던 땅에 거류(居留)하다 생을 마감했다.

그렇다면 아브람은 왜 형인 하란보다 먼저 언급되었을까? 그 이유는 어렵지 않게 유추할 수 있다. 성경에서 나이순을 무시하고 누군가를 먼저 언급하는 경우는 그가 하나님 나라에서 중요한 역할을 맡았을 때다.[14] 하나님 나라에서 아브라함이 차지하는 위치를 생각해 볼 때, 아브람의 이름이 그의 형 하란보다 앞서는 것은 쉽게 납득할 수 있다. 그렇지만 성경은 왜 하란의 이름을 그의 동생 나홀보다 뒤에 언급했을까? 아마도 그것은 하란이 일찍 죽어 고인(故人)이 된 것 때문으로 보인다.

"데라의 족보는 이러하니라. 데라는 아브람과 나홀과 하란을 낳고 **하란은 롯을 낳았으며**" 성경의 이러한 기록으로 볼 때, 롯은 하란의 장자(長子)였

---

14 "¹⁴여호와께서 모세를 향하여 노하여 이르시되 레위 사람 **네 형 아론이** 있지 아니하냐 그가 말 잘하는 것을 내가 아노라 그가 너를 만나러 나오나니 그가 너를 볼 때에 그의 마음에 기쁨이 있을 것이라 … ²⁹**모세와 아론이** 가서 이스라엘 자손의 모든 장로를 모으고"(출애굽기 4:14, 29).: 아론은 모세의 형이었으나, 모세 뒤에 그의 이름이 기록되어 있음을 알 수 있다. 이것은 하나님 나라에서 모세가 차지하는 위치와 연관된다.

던 것으로 보인다. 그리고 롯에게는 밀가와 이스가라는 누이가 있었는데, 밀가는 그의 작은 삼촌 나홀과 결혼했다. 또한, 롯에게는 나홀과 비슷한 연배의 큰 삼촌이 있었는데 그가 바로 아브람이다.

그렇다면 아브람과 롯의 나이 차이는 얼마나 되었을까? 처음에 나는 아브람을 롯에게 있어 한세대 차이가 나는 아버지뻘은 아니었을 것으로 보았다. 막내 삼촌과 조카 정도의 차이로 보았다. 그러나 성경을 좀 더 살펴보는 과정에서 처음 내 생각이 틀렸음을 깨달았다. 그 이유를 차분히 설명하면 이러하다.

> [10]그가 이르시되 **내년 이맘때 내가 반드시 네게로 돌아오리니 네 아내 사라에게 아들이 있으리라** 하시니 사라가 그 뒤 장막 문에서 들었더라 … [16]그 사람들이 거기서 일어나서 소돔으로 향하고 아브라함은 그들을 전송하러 함께 나가니라 … [20]여호와께서 또 이르시되 **소돔과 고모라에 대한 부르짖음이 크고 그 죄악이 심히 무거우니** [21]내가 이제 내려가서 그 모든 행한 것이 과연 내게 들린 부르짖음과 같은지 그렇지 않은지 내가 보고 알려 하노라 [22]그 사람들이 거기서 떠나 소돔으로 향하여 가고 아브라함은 여호와 앞에 그대로 섰더니 [23]아브라함이 가까이 나아가 이르되 주께서 의인을 악인과 함께 멸하려 하시나이까(창세기 18:10, 16, 20-23)

"내년 이맘때 내가 반드시 네게로 돌아오리니, 네 아들 사라에게 아들이 있으리라." 이삭은 아브라함의 나이 100세에 태어났다. 즉 이삭의 수태고

지(受胎告知)는 아브라함의 나이 99세 때에 있었던 일이다. 그러므로 하나님
께서 소돔과 고모라를 멸하신 때, 아브라함의 나이는 99세였다. 하나님은
이삭의 수태고지를 하신 뒤에 소돔과 고모라를 멸하셨다. 이 시기는 아브라
함이 하란을 떠난 지 24년이 지난 때였다.[15] 그리고 이때 이미 롯에게는 예
비 사위 둘이 있었다.

> **롯이 나가서 그 딸들과 결혼할 사위들에게 말하여 이르기를** 여호와께서
> 이 성을 멸하실 터이니 너희는 일어나 이곳에서 떠나라 하되 그의 사위
> 들은 농담으로 여겼더라(창세기 19:14)

그렇다면 롯은 언제 결혼했을까? 유대인들의 경우 통상적으로 여성은
16세 정도에 남성은 20세 정도에 혼인하는 것으로 알려져 있다. 하지만 아
브라함의 족보를 살펴볼 때, 이 시기의 혼인연령(婚姻年齡)은 그보다 늦었던
것으로 보인다. 이 시기 사람들은 아브라함의 아버지 데라와 그의 아들들을
제외하고는 대부분 30대 초반에 자녀를 낳기 시작했다. 그렇다면 이 시기
남성의 혼인연령은 삼십 전후로 보는 것이 합리적일 것이다. 반면 여성의
혼인연령은 아브라함과 사라의 나이 차가 10살이었던 점을 감안할 때 남성
보다는 빨랐을 것이다.[16]

---

15 "이에 아브람이 여호와의 말씀을 따라갔고 롯도 그와 함께 갔으며 **아브람이 하란을 떠날 때에
칠십오 세였더라**"(창세기 12:4).

16 "아브라함이 엎드려 웃으며 마음속으로 이르되 **백 세 된 사람이** 어찌 자식을 낳을까 사라는 **구
십 세니** 어찌 출산하리요 하고"(창세기 17:17).

¹²아르박삿은 **삼십오 세에** 셀라를 낳았고 ¹³셀라를 낳은 후에 사백삼 년을 지내며 자녀를 낳았으며 ¹⁴셀라는 **삼십 세에** 에벨을 낳았고 ¹⁵에벨을 낳은 후에 사백삼 년을 지내며 자녀를 낳았으며 ¹⁶에벨은 **삼십사 세에** 벨렉을 낳았고 ¹⁷벨렉을 낳은 후에 사백삼십 년을 지내며 자녀를 낳았으며 ¹⁸벨렉은 **삼십 세에** 르우를 낳았고 ¹⁹르우를 낳은 후에 이백구 년을 지내며 자녀를 낳았으며 ²⁰르우는 **삼십이 세에** 스룩을 낳았고 ²¹스룩을 낳은 후에 이백칠 년을 지내며 자녀를 낳았으며 ²²스룩은 **삼십 세에** 나홀을 낳았고 ²³나홀을 낳은 후에 이백 년을 지내며 자녀를 낳았으며 ²⁴나홀은 **이십구 세에** 데라를 낳았고 ²⁵데라를 낳은 후에 백십구 년을 지내며 자녀를 낳았으며 ²⁶데라는 **칠십 세에 아브람과 나홀과 하란을 낳았더라**(창세기 11:12-26)

그렇다면 롯은 가나안을 향해 갈 때 혼인한 상황이었을까? 성경에 명시적(明示的)인 기록이 없으니, 잘 모르겠다. 다만 롯이 남들처럼 삼십 정도에 혼인한 후 바로 두 딸을 얻었고, 그 딸들이 결혼 적령기인 이십 정도가 되었다면, 소돔과 고모라 멸망 당시 롯의 나이는 오십 전후였을 것이다. 그렇다면 **아브람과 롯의 나이 차는 오십 가까이 되었을 것이다.** 그리고 롯은 가나안 땅에 도착한 뒤 '가나안 여자'와 혼인했을 가능성이 높다.**¹⁷** 이러한 나의

---

17 "¹아브라함이 나이가 많아 늙었고 여호와께서 그에게 범사에 복을 주셨더라 ²아브라함이 자기 집 모든 소유를 맡은 늙은 종에게 이르되 청하건대 내 허벅지 밑에 네 손을 넣으라 ³내가 너에게 하늘의 하나님, 땅의 하나님이신 여호와를 가리켜 맹세하게 하노니 너는 내가 거주하는 이 지방 가나안 족속의 딸 중에서 내 아들을 위하여 아내를 택하지 말고 ⁴내 고향 내 족속에게로 가서 내 아들 이삭을 위하여 아내를 택하라"(창세기 24:1-4).: 내가 보기에, 아브라함이 그의

추측이 사실이라면, 롯은 하란의 장자(長子)이기는 하지만 '늦둥이'였다는 이
야기가 된다. 쉽게 말해, 하란은 롯의 어린 시절 세상을 떠났으며 밀가와 이
스가는 롯과는 나이 차가 많이 나는 누나들이라는 이야기가 된다. 이러한
사실은 위에 인용한 성경 본문을 통해서도 쉽게 유추할 수 있다. 이 당시 사
람들은 이백 년 이상 아이를 낳았다. 그리고 롯의 아내가 '가나안 여자'였다
면, 그녀가 왜 롯과는 '다른 성향'을 가졌는지에 대한 어느 정도의 답이 된
다.[18]

　이렇게 얼마 되지 않는 성경의 기록이나마, 이 부분을 자세히 추적하는
이유는 이러하다. **'아브람과 롯' 둘 사이에 흐르는 '서로를 향한 마음가짐(?)
혹은 정서'를 상상하기 위해서다.** 나에게는 우리 아빠보다 18살이 적은 막
내 삼촌이 있다. 중고등학교 시절부터 돌아가신 우리 엄마가 키운 막내 삼
촌이 있다. 사춘기부터 우리와 같은 집에서 자란 막내 삼촌이 있다. 우리 아
빠가 대학까지 가르치고 결혼할 때 서울에 전셋집을 얻어 장가보낸 막내 삼
촌이 있다. 결혼한 뒤 신혼 시절에도 우리 집에 오면 우리 엄마를 안아서 빙
빙 돌리던 막내 삼촌이 있다. 그 모습을 본 작은 엄마한테 돌아가서 엄청 혼

집 모든 소유를 맡은 늙은 종에게 가나안 족속의 딸 중에서 이삭의 아내를 택하지 말라고 한
것은 '롯의 아내' 때문이었던 것으로 보인다. 좀 더 자세한 이야기는 다음 단원에 설명하겠다.

18 "[17]그 사람들이 그들을 밖으로 이끌어 낸 후에 이르되 도망하여 생명을 보존하라 돌아보거나
들에 머물지 말고 산으로 도망하여 멸망함을 면하라 … [26]**롯의 아내는 뒤를 돌아보았으므로 소
금 기둥이 되었더라**"(창세기 19:17, 26), "[30]인자가 나타나는 날에도 이러하리라 [31]그날에 만일
사람이 지붕 위에 있고 그의 세간이 그 집 안에 있으면 그것을 가지러 내려가지 말 것이요 밭
에 있는 자도 그와 같이 **뒤로 돌이키지 말 것이니라** [32]**롯의 처를 기억하라** [33]무릇 자기 목숨을
보전하고자 하는 자는 잃을 것이요 잃는 자는 살리리라"(누가복음 17:30-33).

났는지, 그 다음 방문부터는 갑자기 어른스러워졌던 막내 삼촌이 있다. 막내 삼촌은 호칭만 삼촌이지 정서적으로 나에게는 그냥 '큰 형'이었다. 그리고 돌아가신 우리 엄마에게는 '아들'이었다.

물론 차이가 있기는 하다. 성경의 기록으로 볼 때, 롯의 할아버지 데라는 집안을 살피는데 '주도적인 인물'이었던 것으로 보인다. 맏아들 하란의 죽음 뒤에 데라가 취했던 일련의 조치들을 볼 때 그러하다. 쉽게 말해 '보스(boss)' 기질(氣質)이 있는 사내였던 것으로 보인다.[19] 하지만 우리 막내 삼촌의 증언처럼 우리 삼촌은 '엄마 아빠가 책임지지 않아' 큰 형이 키운 것이었다.

돌아가신 할아버지 할머니의 장례식장에서 우리 막내 삼촌은 한탄하듯 이렇게 말했다. "나는 버림받은 자식이었어." 물론, 막내 삼촌 입장에서 이 말은 어느 정도 사실로 보인다. 하지만 내가 보기에 우리 막내 삼촌이 너무 늦게 태어난 것 또한 중요한 이유였던 것 같다. 우리 아빠와 고모 그리고 큰 삼촌을 볼 때 더더욱 그렇다.

어찌 되었든, 이러한 우리 아빠와 엄마의 선택은 나에게 좋은 영향을 끼쳤다. 나는 어린 시절 우리 막둥이 삼촌에게서 많은 것을 배울 수 있었다. 그리고 부모님 외에 우리 막내 삼촌의 사랑 또한 듬뿍 받을 수 있었다. 삼촌을 추억할 때마다 기억나는 장면은 나와 삼촌이 서로를 향해 꿀이 떨어지는 눈으로 바라보던 장면이다. 물론 부작용도 있었다. 삼촌이 결혼할 때는 작은 엄마가 엄청 미웠다. 삼촌을 빼앗기는 것만 같았다.

---

19 "데라가 그 아들 아브람과 하란의 아들인 그의 손자 롯과 그의 며느리 아브람의 아내 사래를 데리고 갈대아인의 우르를 떠나 가나안 땅으로 가고자 하더니 하란에 이르러 거기 거류하였으며"(창세기 11:31).

50이 훌쩍 넘은 지금까지도 나는 우리 막내 삼촌을 향해 '작은 아버지'라고 부른 적이 없다. 너무도 당연한 일이다. 내 마음속에 있는 우리 막둥이 삼촌은 나에게 있어 '큰 형'이기 때문이다.

사병으로 군대를 다녀온 뒤, 서울에서 4개월 정도 수능 공부를 위해 학원에 다닌 적이 있다. 그 시절, 서울에서 직장생활을 하던 우리 막내 삼촌이 밥을 사줬었다. 저녁을 같이 먹은 뒤, 산책을 하던 중 막내 삼촌이 했던 말이 지금도 생생하다. 한숨을 쉬듯 나온 푸념이었다. "관호, 너는 그래도 아들이라고 군대까지 다녀왔는데도 의대에 가고 싶다고 하니까 서울에서 공부시켜주면서, 나는 고시 공부하고 싶다고 했는데 그냥 회사에 취직시키고…"

우리 막내 삼촌은 대학 졸업 후 삼 년간 취직이 안 되었었다. 삼 년간, 취직 공부 뒷바라지를 하던 우리 아빠에게 어느 날 막내 삼촌이 와서 '고시 공시'를 하고 싶다고 했다. 나는 당시 우리 아빠가 했던 말을 기억한다. 우리 아빠의 요지(要旨)는 이러했다. 지난 삼 년간을 되돌아볼 때, 형이 보기에 너는 공부 머리는 아닌 것 같다. 그러니 형이 취직을 시켜줄 테니 회사에 다니고, 장가도 가라. 그렇게 우리 막내 삼촌은 취직을 하고 장가를 갔다. 지금은 처음 다녔던 회사에서 나와 독립한 우리 막내 삼촌은 같은 업종의 일을 하고 있다. 쉽게 말해 성공했다. 어찌 되었든, 그때 우리 막내 삼촌의 말을 통해 내가 깨달은 것은 이것이다. '아, 우리 막내 삼촌에게 우리 아빠는 형이 아니라 아빠구나.' 얼마 전, 우리 아빠가 나에게 환갑이 넘은 막내 삼촌이 아빠에게 두둑한 용돈을 줬다고 자랑하셨다.

이것이 바로 이렇게 자세히 아브람과 롯의 나이 차(差)를 추적하는 이유다. 둘 사이의 나이 차가 '아버지와 아들' 정도인 경우와 '막내 삼촌과 조카' 정도인 경우, 둘 사이에 흐르는 '정서적인 분위기'는 완전히 다를 수밖에 없다. 롯에게 가장 중요한 영향을 끼친 인물은 '할아버지 데라와 작은 아버지 아브람'일 수밖에 없다. 즉 아브람과 롯의 관계를 추적하는 데 둘의 '나이 차'는 매우 중요한 요소가 된다. 나에게는 한 명의 고모와 두 명의 작은 아버지가 있다. 그러나 나는 단 한 번도 우리 막내 삼촌을 작은 아버지라고 부른 적이 없다. 그렇게 생각해본 적도 없다. 다시 한번 강조하지만, 내 마음속 우리 막둥이 삼촌은 '우리 형'이다. 그런데 어린 시절 아버지를 잃었던 롯과 그의 작은 아버지 아브람의 나이 차는 50살 정도였다. 더군다나 40살 정도 나이 차가 나는 작은 어머니 사래는 롯의 고모이기도 했다. 쉽게 말해, 사래는 아브람과 결혼을 했기에 롯이 조카가 된 사이가 아니었다. 아브람과 결혼하기 전부터 롯은 사래의 조카였다.

[1]여호와께서 아브람에게 이르시되 **너는 너의 고향과 친척과 아버지의 집을 떠나 내가 네게 보여 줄 땅으로 가라** [2]**내가 너로 큰 민족을 이루고 네게 복을 주어 네 이름을 창대하게 하리니 너는 복이 될지라** [3]너를 축복하는 자에게는 내가 복을 내리고 너를 저주하는 자에게는 내가 저주하리니 땅의 모든 족속이 너로 말미암아 복을 얻을 것이라 하신지라 [4]이에 아브람이 여호와의 말씀을 따라갔고 롯도 그와 함께 갔으며 **아브람이 하란을 떠날 때에 칠십오 세였더라** [5]아브람이 그의 아내 사래와 조카 롯과 하란에서 모은 모든 소유와 얻은 사람들을 이끌고 가나안 땅으로

가려고 떠나서 마침내 가나안 땅에 들어갔더라(창세기 12:1-5)

하란에서 데라가 죽자, 하나님께서 아브람에게 말씀하셨다. "너는 너의 고향과 친척과 아버지의 집을 떠나 내가 네게 보여 줄 땅으로 가라." 그리고 약속해 주셨다. "내가 너로 큰 민족을 이루고 네게 복을 주어 네 이름을 창대하게 하리니 너는 복이 될지라." 무슨 말인가? 75세까지 자식이 없던 아브람에게 약속의 땅에 가면 자식을 주겠다는 이야기다. 당연히 이때까지 아브람과 사래에게 롯은 자식과 같은 존재였을 것이다. 반대로 롯에게 있어 아브람과 사래 또한 먼저 세상을 떠난 그의 아빠 하란을 대신한 존재였을 것이다.

앞에서 추적했듯이, 롯에게 있어 아브람은 50살이 많은 자식이 없는 작은 아버지였다. 사래는 40살이 많은 자식이 없는 고모이자 작은 어머니였다. 물론 롯은 '보스(boss)' 기질을 가진 할아버지 데라의 장손(長孫)이었다. 하지만 어린 시절 롯의 실질적인 양육은 누가 맡았을까? 쉽게 예상할 수 있는 일이다.

그렇다면, 아브람의 '가나안 행(行)'은 롯에게 어떤 의미였을까? 이미 아브람과 사래는 나이가 많은 상태였다. 게다가 아브람이 늦게 결혼했다 해도 이십 년이 넘는 결혼생활 동안 자식이 없는 상황이었다.[20] 그런데 약속의 땅

---

20 "[26]데라는 칠십 세에 아브람과 나홀과 하란을 낳았더라 … [32]데라는 나이가 이백오 세가 되어 하란에서 죽었더라"(창세기 11:26,32).: 롯의 아버지 하란은 '데라의 맏아들'이다. 그렇다면 데라가 칠십 세에 낳은 아들은 '하란'이라는 이야기가 된다. 그런데 하나님은 데라가 하란에서 죽

에 가면 자식을 주겠다는 하나님의 말씀에 아브람이 그에게 있는 모든 소유와 사람들을 이끌고 가나안으로 가려 준비한다? 그 모습을 보며 롯은 무엇을 느꼈을까? 지금과 같이 '국가 시스템(system)과 이민제도(移民制度)'가 정비되어 있던 시절이 아니었다. 그 시기 그 먼 곳으로 이주한다는 것은 '목숨을 건 행위'였다. 그런데 자식을 주겠다는[21] 하나님의 약속에 목숨을 거는 아브람을 보면서 롯은 어떤 감정을 느꼈을까? 굳이 따로 설명하지 않아도 되리라 믿는다.

'롯도 그와 함께 갔으며', 이러한 성경의 기록으로 보아 롯이 아브람과 동행한 것은 표면적으로 볼 때 '롯의 결정'이었던 것으로 보인다. 롯이 결혼하지 않은 상태였다면, 롯에게는 별다른 선택지가 없었을 것이다. 이미 고향

은 뒤 아브람에게 "너는 너의 고향과 친척과 아버지의 집을 떠나 내가 네게 보여 줄 땅으로 가라."라고 명령하셨다. 이때 아브람의 나이는 75세였다. 만약에 하란이 살아있었다면 이때 하란의 나이는 135세였을 것이다. (70세에 하란을 낳은 데라는 205세에 사망했다.) 이것을 통하여 우리는 하란과 아브람의 나이 차는 '60세'임을 알 수 있다. 아브람과 롯의 나이 차가 50세 정도였다는 것을 감안할 때, 롯은 하란이 110세에 낳은 장자라는 이야기가 된다. 그리고 나홀과 결혼한 하란의 딸 밀가는 나홀보다 어렸을 가능성이 높다. 그렇다면 하란은 그의 아버지와 비슷한 나이에 자식을 낳기 시작했을 가능성이 높다. 그렇게 놓고 보면, 75세가 된 아브람에게 자식을 주겠다는 하나님의 약속이 아브람에게 먹혔던 이유가 눈에 보일 것이다. 아브람의 족보를 통해서 확인할 수 있듯이, 이 당시에는 보통 30대 초반에 자식을 낳기 시작했다. 그런데, 아브람의 아버지 데라는 70세부터 자식을 낳기 시작했다. 아브람의 형 하란 또한 70세 정도에 자식을 낳기 시작했을 것이다. 그리고 아브람과 롯의 나이 차이를 생각할 때(하란이 죽은 뒤 아브람과 나홀이 결혼했다는 기록으로 보아), 아브람과 나홀은 50세 정도에 결혼한 것 같다. 왜 데라와 그의 아들들은 다들 이렇게 늦게 장가들어 늦게 자식을 낳았을까? 잘 모르겠다. 다만 모두가 30대 초반부터 자식을 낳던 시절에 이러한 일은 '아브람의 믿음(75세가 되었음에도 자식을 주겠다는 하나님의 말씀을 믿는)'을 위한 하나님의 계획이었을 것이다. 이러한 하나님의 역사하심은 믿는 자들의 삶 가운데 흔하게 나타난다.

21 큰 민족을 이루게 해주겠다는

땅인 우르를 떠난 상황이었다. 롯 입장에서는 유아 시절에 떠나온 고향 땅이었을 것이다. 당연히 고향으로 돌아간다 한들 그를 알아볼 사람은 없었을 것이다. 당연히 롯 또한 말로만 들었던 나홀과 밀가를 알아볼 수 없었을 것이다.[22] 그러니 객지(客地)인 하란에 혼자 남아 있을 수는 없었을 것이다. 이제는 장손(長孫)을 '끼고 돌던(?)' 할아버지마저 돌아가신 상황이었다. 당연히 롯에게는 아브람과 사래를 따라나서는 것 말고는 별다른 방법이 없었을 것이다. 이것이 내가 롯이 가나안에 도착한 뒤에 결혼했을 것이라 보는 이유 중 하나다.

　하란에서 롯이 이미 결혼하여 가정을 꾸린 상태였다면 어땠을까? 그랬다면 비록 객지이기는 하지만 롯은 혼자가 아니었을 것이다. 더군다나 그의 아버지 하란의 이름으로 불리던 그곳은 롯이 자란 땅이었다. 즉 롯이 하란 땅에서 이미 결혼하여 가정을 꾸렸다면 아브람과 동행하지 않았을 가능성이 높다. 만에 하나 아내가 임신한 상태이거나 갓난아이가 있었다면 말할 것도 없다. 어찌 되었든, 데라의 장자(長子)는 '하란'이며 장손(長孫)은 '롯'이었다. 그러니 할아버지 데라가 이끌던 부족의 재산과 사람들에 대한 상속권은 당연히 아브람보다는 롯이 앞섰을 것이다. 그러므로 롯이 하란에서 이미 가정을 꾸린 상황이었다면, 롯은 목숨을 건 모험을 하지 않았을 것이다. 어찌 되었든, 롯이 아브람을 따라 가나안으로 향한 것은 별다른 선택지가 없었던 '롯의 결정'으로 보인다.

22　그 시절, 지금과 같이 그 먼 거리를 통해 왕래(往來)가 가능했을까? 물론 불가능한 일은 아니었을 것이다. 그러나 쉽지 않은 일이었을 것이다. 그러니 왕래가 있었다 한들 몇 번이나 있었을까?

그렇다면 갈대아인의 우르에서 하란으로 향할 때의 동행은 누구의 결정이었을까? 당연히 롯의 할아버지 데라의 결정이었을 것이다. 우르를 떠날 당시 롯은 영유아기를 지나고 있었을 것이다. 우르는 롯의 작은 삼촌과 결혼한 누이가 사는 곳이었다.[23] 맏아들을 잃은 데라는 손녀딸을 작은 아들에게 시집보낸 뒤 그곳을 떠났다. 쉽게 말해, 맏아들을 잃은 땅이 싫어진 데라는 손녀(孫女)의 안전을 확보한 후 그 땅을 떠난 셈이다. 당연히 데라가 평생 일군 터전은 작은 아들인 나홀에게 넘어갔을 것이다. 이러한 상황을 고려해볼 때, 롯의 하란으로의 이동은 데라의 결정이었을 것이다. 데라의 장손(長孫)인 롯이 우르에 남아 있을 경우 결국 '상속 문제'가 발생할 수밖에 없기 때문이다.

이러한 점까지 고려해보면, 롯에게는 아브람을 따라가는 것 말고는 뾰족한 방법이 없었을 것이다. 우르로 돌아간다 한들 그를 반겨줄 사람은 없었을 테니 말이다. 오히려 그의 존재는 고향 집의 평화를 깨뜨리는 '뜨거운 감

---

23 "⁴¹그의 아버지가 야곱에게 축복한 그 축복으로 말미암아 에서가 야곱을 미워하여 심중에 이르기를 아버지를 곡할 때가 가까웠은즉 내가 내 아우 야곱을 죽이리라 하였더니 ⁴²맏아들 에서의 이 말이 리브가에게 들리매 이에 사람을 보내어 작은 아들 야곱을 불러 그에게 이르되 네 형 에서가 너를 죽여 그 한을 풀려 하니 ⁴³내 아들아 내 말을 따라 일어나 **하란으로 가서 내 오라버니 라반에게로 피신하여** ⁴⁴네 형의 노가 풀리기까지 몇 날 동안 그와 함께 거주하라"(창세기 27:41-44).: 야곱 때에 이르러 나홀의 손자 라반은 하란에 거주했다. 그렇다면 나홀과 그의 자손들은 언제 우르에서 하란으로 이주했을까? 성경에 정확한 기록이 나와 있지 않으니 알 수 없다. 그러나 최소한 데라가 아브람과 사래 그리고 롯을 데리고 우르를 떠난 때는 아니었다.: "**데라가 그 아들 아브람과 하란의 아들인 그의 손자 롯과 그의 며느리 아브람의 아내 사래를 데리고** 갈대아인의 우르를 떠나 가나안 땅으로 가고자 하더니 하란에 이르러 거기 거류하였으며"(창세기 11:31).: 처음부터 나홀도 데라를 따라나섰다면, 창세기 11장 31절에 나홀의 이름이 빠졌을 이유가 없기 때문이다.

자'가 되었을 것이다.

그렇게 시작된 큰 삼촌 아브람과의 동행이었다. 할아버지가 살아 계신 동안 하란에서의 삶은 롯에게 있어 평생 아련한 추억으로 남았을 것이다. 주도적으로 집안일을 처리하는 할아버지의 슬하(膝下)[24]에서 보낸 어린 시절이었다. 오십 가까이 차이가 나는 '큰 삼촌(작은 아빠) 아브람'과 사십 가까이 차이가 나는 '작은 엄마이자 고모인 사래'에게 어린 롯이 어떤 사랑을 받았을지는 굳이 설명하지 않아도 되리라 믿는다. 부족 전체가 롯을 중심으로 돌아가던 시절이었을 것이다. 롯이 데라와 아브람의 '유일한 상속자'이던 시절이었다. 롯이 부족의 유일한 희망이던 시절이었다. 게다가 그곳은 이미 세상을 떠난 그의 아버지의 이름으로 불리던 땅이었다. 유일한 상속자인 동시에 일찍 아버지를 잃었다는 동정심까지 한 몸에 받았을 롯이었다. 그런 롯의 어린 시절이 어떠했을지는 쉽게 상상할 수 있을 것이다.

그런데 하늘과도 같았던 할아버지가 세상을 떠나자 큰 삼촌 아브람이 하란을 떠나 가나안 땅으로 가겠다는 것이다. 그리고 그 목적은 "자식을 얻기 위해서"란다. 칠십이 넘어 자식을 낳기 시작한 아버지와 형을 보아온 아브람과 달리, 롯에게 있어 칠십이 넘은 아브람에게 자식이 생길 것이라는 이야기는 상상조차 해 본 적이 없었을 것이다. 이십 년이 넘는 결혼생활에도 생기지 않던 자식이 어느 날 갑자기 생길 리가 없지 않은가? 게다가 아브람

---

24 무릎 아래

과 사래의 부부금슬(夫婦琴瑟)은 소문이 자자한 상황이었을 것이다. 그러한 금슬(琴瑟)로도 생기지 않던 자식이 갑자기? 당연히 아브람과 사래의 자식은 바로 나 롯이 아니던가?

그렇게 가나안 땅을 향하던 롯의 발걸음은 어떠했을까? 가벼웠을까? 아니면, 말 그대로 땅만 바라보며 터벅터벅 내딛는 걸음이었을까? 어쩌면 처음 느껴보는 무력감? 우울감? 외로움이었을지도 모른다. 아버지 하란이 세상을 떠났을 당시, 롯의 나이가 정말 어렸다면 더욱 그러했을 것이다. 주변 세상을 구별하기 시작한 때로부터, 롯이 접한 세상은 모든 부족민(部族民)들이 애틋한 시선을 보내며 뭐든지 받아줄 준비가 되어 있다는 신호를 보내는 곳이었을 것이다. 그러나 이제는 어쩌면 처음으로 나 홀로 세상을 살아내야 할지 모른다는 막연한 두려움이 그를 짓누르기 시작했을 것이다. 이제는 어쩔 수 없이 내 몫을 해야만 할지도 모른다는 막연한 부담감이 그를 깨우기 시작했을 것이다.

이전까지의 롯의 세상은 그의 존재(Being)만으로 모든 것이 해결되던 곳이었다. 그러나 이제는 무언가를 해야만(Doing) 하는 곳으로 보이기 시작했을 것이다. 물론 이후에 아브람이 롯을 대하는 태도에서 이러한 롯의 생각이 착각이었음을 쉽게 확인할 수 있다. 소돔에 거주하던 롯이 전쟁에 휘말려 그의 가족들과 함께 포로로 잡혀갔을 때, 아브람은 318명의 가신(家臣)을 이끌고 롯을 구해 왔다. 그런데 이 당시 롯을 포로로 잡아간 군대의 수는 수만 명에 달했다고 알려져 있다. 가나안으로 향한 이후에도 롯은 아브람에게

그 존재(Being)만으로도 소중한 존재였다.[25]

그러나 롯에게 있어 아브람의 가나안 행(行)은 한 번도 자신과 구별하여 생각해 본 적이 없었던 아브람과 사래가 남으로 보이기 시작한 순간이었을 것이다. 아브람과 사래를 향한 '사랑의 감정'이 '분노와 서운함'으로 바뀌기 시작한 순간이었을 것이다. 아브람과 롯의 나이 차(差)가 막내 삼촌 정도였다면 덜 서운했을지도 모른다. 하란에서 생활하는 동안, 아브람과 사래가 롯에게 있어 보통의 삼촌과 고모 정도였다면 덜 서운했을지도 모른다. 그러나 아브람과 사래가 롯에게 있어 진짜 부모와 같은 존재였다면, 그 서운함은 당연히 서운함을 넘어 분노의 감정에 이르렀을 것이다. 그리고 이러한 감정은 '중요한 선택의 순간'마다 그를 '잘못된 선택'으로 내몰고 만다.[26] 그렇게 놓고 보면, 우리가 주의해야 할 감정 중 하나는 내가 사랑하는 존재를 향한 '서운함'인지도 모른다. 이제 다음 단원부터는 아브람을 향한 롯의 이러한 감정이 그를 어디로 이끌어가는지 살펴보도록 하겠다.

---

25 우리의 신앙 또한 마찬가지다. 우리는 우리의 행위(Doing)로 구원받지 않는다. 우리가 구원받는 것은 우리가 하나님의 자녀(Being)이기 때문이다. 그런 점에서, 자녀를 양육할 때 무언가를 성취하는 것을 전제로(일례로, 이번 시험에서 몇 등을 하면 혹은 몇 점을 맞으면) 상을 주는 것은 생각해 볼 필요가 있다.

26 롯의 자손들이 하나님과 언약 백성의 대적이 되는 계기가 되고 만다.

마음의 상처,
서운함

⁵아브람이 그의 아내 사래와 조카 롯과 하란에서 모은 모든 소유와 얻은 사람들을 이끌고 가나안 땅으로 가려고 떠나서 마침내 가나안 땅에 들어갔더라 ⁶아브람이 그 땅을 지나 세겜 땅 모레 상수리나무에 이르니 그 때에 가나안 사람이 그 땅에 거주하였더라 ⁷여호와께서 아브람에게 나타나 이르시되 내가 이 땅을 네 자손에게 주리라 하신지라 자기에게 나타나신 여호와께 그가 그곳에서 **제단을 쌓고** ⁸거기서 벧엘 동쪽 산으로 옮겨 장막을 치니 서쪽은 벧엘이요 동쪽은 아이라 그가 그곳에서 여호와께 **제단을 쌓고** 여호와의 이름을 부르더니 ⁹**점점 남방으로 옮겨갔더라** ¹⁰그 땅에 기근이 들었으므로 **아브람이 애굽에 거류하려고 그리로 내려갔으니** 이는 그 땅에 기근이 심하였음이라(창세기 12:5-10)

아브람이 그의 아내 사래와 함께 가나안 땅에 들어갔을 때, 롯이 함께했다. 그렇게 그들이 가나안 땅에 들어간 지 얼마 되지 않아 그 땅에 기근이 들었다. 그러자 그들은 기근을 피해 애굽으로 내려갔다. 성경의 기록을 자세히 살펴볼 때, 아브람은 기근이 들기 전부터 가나안 땅 여러 곳을 조금씩 옮겨 다녔다. 즉 아브람은 가나안 땅 이곳저곳으로 옮겨 다니며 여호와께 제단을 쌓았다. 그리고 그 과정에서 점점 남쪽으로 향했다. 지도를 살펴볼 때, 아브람의 이러한 행적(行蹟)은 당연하다. 하란은 가나안 땅보다 북쪽에 위치했다. 그러므로 아브람은 당연히 가나안 북쪽에 도착했을 것이다.

그렇다면 아브람은 어느 길을 통하여 가나안에 들어왔을까? 성경에 분명한 기록이 없으니, 아브람이 어느 지역을 경유(經由)하여 가나안 땅에 들어왔는지는 정확히 알 수 없다. 다만 학자들은 아브람이 요단 동쪽인 길르앗 산지에 먼저 도착한 뒤, 요단강을 건너 세겜에 도착했을 것이라 추측한다. 이유는 간단하다. 아브람의 손자 야곱이 그의 형 에서를 피해 하란으로 도망한 뒤, 다시 고향으로 돌아올 때 이용한 길이 이 경로(經路)이기 때문이다. 지금과 같이 '지도나 네비게이션(navigation)'이 없던 시절이었다. 그러니 야곱은 당연히 그의 조상들로부터 들은 길을 이용했을 것이다.[27] 이러한 상황

---

27 물론 야곱이 하란을 오갈 때 사용했던 길은 그의 할아버지 '아브라함의 기억'보다는 그의 어머니 '리브가의 경험'에 의지했을 가능성이 더 높다. : "'이삭이 야곱을 불러 그에게 축복하고 또 당부하여 이르되 너는 가나안 사람의 딸들 중에서 아내를 맞이하지 말고 ²일어나 **밧단아람으로 가서 네 외조부 브두엘의 집에 이르러** 거기서 네 외삼촌 라반의 딸 중에서 아내를 맞이하라"(창세기 28:1-2).: '밧단아람'은 '하란' 부근에 위치했다. 참고로 아브라함의 아들 이삭과 나홀의 아들 브두엘은 사촌지간이다. 그러나 늦둥이인 이삭이 브두엘의 딸인 리브가와 결혼했기에 브두엘은 야곱의 외조부가 된다. : 어찌 되었든, 야곱은 15세가 될 때까지 그의 할아버지 아브라함과 함께 살았을 것이다. : "⁵아브라함이 이삭에게 자기의 모든 소유를 주었고 ⁶자기 서자들에게도 재산을 주어 자기 생전에 그들로 하여금 자기 아들 이삭을 떠나 동방 곧 동쪽 땅으로 가게 하였더라 ⁷아브라함의 향년이 백칠십오 세라 ⁸그의 나이가 높고 늙어서 기운이 다하여 죽어 자기 열조에게로 돌아가매"(창세기 25:5-8). "후에 나온 아우는 손으로 에서의 발꿈치를 잡았으므로 그 이름을 야곱이라 하였으며 **리브가가 그들을 낳을 때에 이삭이 육십 세였더라**"(창

을 생각해보면 학자들의 추측이 맞을 것 같다.

그렇게 하나님께서 약속하신 땅을 둘러보며 아브람은 점점 가나안 남쪽으로 향했다. 그렇다면 이때 아브람은 어느 길을 이용했을까? 가나안 지역에는 4개의 주요 도로가 있었던 것으로 알려져 있다. 이 4개의 도로는 지중해에 가까운 것부터 차례대로 '해변 길(해안도로), 족장의 길, (요단) 계곡 길, 왕의 대로'라 불렸다.

아브람은 이 네 개의 도로 중 최소한 지중해에 가까운 '해변 길'은 이용하지 않았을 것이다. 이유는 간단하다. 가나안은 그때도 '메소포타미아 문명권'과 '애굽 문명권'을 잇는 '전략적 요충지'였다. 즉 양쪽 중 어느 한쪽의 힘이 강해질 경우, 가나안 땅은 상대 문명권의 '주요 침략 경로'가 되었다. 그리고 이때 이용되었던 길이 '해변 길'이다. 그러한 이유로 애굽은 이 당시 해변 길에 위치한 가사[28]에 최정예 병력을 배치해 두었다고 전해진다. 즉 애굽은 가나안 남쪽 지역을 '제1차 방어선'으로 간주했다.

학자들은 아브람이 유목민들의 무역로인 '족장의 길'을 따라 남방으로 이동했을 것으로 본다. 아브람이 가나안 땅에 도착한 뒤 처음으로 언급된 지명(地名)이 '세겜'이었다는 점을 생각하면, 이러한 주장은 개연성이 높다. 또한 '족장의 길'은 '세겜, 벧엘, 베들레헴, 헤브론, 브엘세바'를 경유하는 도로다. 성경을 자세히 살펴볼 때, 아브람은 방금 언급한 곳을 중심으로 활동했음을 알 수 있다.

세기 25:26).: 아브라함의 나이 100세에 낳은 이삭이 60세가 되었을 때 야곱이 태어났다. 그리고 아브라함은 175세까지 살았다.

28 이곳은 후에 '블레셋의 5대 성읍' 중 하나가 된다.

그렇게 아브람은 하나님께서 약속하신 땅을 둘러보며 남방으로 옮겨가는 중이었다. 그 와중(渦中)에 그 땅에 기근이 들었고, 이미 가나안 남쪽에 이른 아브람은 애굽으로 향했다. 롯이 가나안 땅에 도착한 뒤 혼인했다면, 아브람이 남방으로 옮겨가던 이 시기였을 것이다. 이러한 추측은 아래 인용한 성경 말씀을 통해서도 확인할 수 있다. 아브람이 바로의 궁전에 사래를 팔아먹은(?) 그 유명한 사건 뒤의 기록이다.

> [1]아브람이 애굽에서 그와 그의 아내와 모든 소유와 롯과 함께 네게브로 올라가니 [2]아브람에게 가축과 은과 금이 풍부하였더라 [3]그가 네게브에서부터 길을 떠나 벧엘에 이르며 벧엘과 아이 사이 곧 전에 장막 쳤던 곳에 이르니 [4]그가 처음으로 제단을 쌓은 곳이라 그가 거기서 여호와의 이름을 불렀더라 [5]아브람의 일행 **롯도 양과 소와 장막이 있으므로** [6]그 땅이 그들이 동거하기에 넉넉하지 못하였으니 **이는 그들의 소유가 많아서 동거할 수 없었음이니라**(창세기 13:1-6)

성경에서는 이때부터 '롯의 장막'이라는 표현을 아브람과 구별하여 언급하기 시작한다. 즉 정확한 시점을 특정할 수는 없지만, 최소한 이 시기 이전에 롯은 결혼하여 아브람과 따로 살림을 차린 것으로 보인다.

롯의 할아버지 데라가 세상을 떠난 뒤, 롯은 아브람과 함께 가나안으로 향했다. 앞서 언급했듯이, 롯이 그의 누이와 결혼한 나홀이 있는 우르로 돌아갔다면 상속 문제가 발생했을 것이다. 우리 입장에서는 아브람이 중요한 인물이기 때문에 미처 생각하지 못하는 부분이 바로 이 지점이다. 데라의

장손(長孫)은 롯이다. '혈연중심사회(血緣中心社會)'에서 '장손(長孫)'이 가지는
의미는 따로 설명하지 않아도 될 것이다. 아브람의 고향 우르에서 뿐이 아
니다. 데라가 세상을 떠난 하란에서도 데라의 '장손(長孫)'은 롯이었다. 아브
람은 데라의 '차남(次男)'일 뿐이었다. 게다가 아브람에게는 자식이 없었다.
그렇다면 하란에서 데라가 남긴 재산과 사람들에 대한 상속권은 아브람과
롯 중 누구에게 우선권이 있었을까? 물론 아브람에게 자식이 없는 상황에
서는 누구의 상속권이 우선할지에 대해 따질 필요가 없었을 것이다. 이때까
지도 아브람의 상속자는 롯이었으니 말이다.[29]

　그런 맥락에서, 자식을 얻기 위해 가나안으로 향했던 아브람은 처음으로
'롯의 상속권'을 생각했을 것이다. 당연히 롯을 혼인시켜 재산을 나누어 주
어야겠다는 생각을 했을 것이다. '롯의 상속권'을 해결해야 '아브람에게서
태어날 아이의 상속권'에 분쟁이 없을 테니 말이다. 그렇다면 롯은 언제 결
혼했을까? 내가 보기에는 하란에 있을 때보다는 가나안에 도착한 후였을
것이다. 이전 시간에도 언급했듯이, 이유는 이와 같다. 롯이 만약 하란에서
결혼해 살림을 차렸다면 과연 생명을 걸어야 하는 '가나안 행(行)'을 선택했
을까? 다시 한번 강조하지만, 이 시기는 여행의 안전이 보장되지 않던 시절

29　"이 후에 여호와의 말씀이 환상 중에 아브람에게 임하여 이르시되 아브람아 두려워하지 말라
　　나는 네 방패요 너의 지극히 큰 상급이니라 ²아브람이 이르되 주 여호와여 무엇을 내게 주시
　　려 하나이까 나는 자식이 없사오니 **나의 상속자는 이 다메섹 사람 엘리에셀이니이다**"(창세기
　　15:1-2).: "나의 상속자는 이 다메섹 사람 엘리에셀이니이다." 혹시나 해서 설명해둔다. 아브
　　람이 하나님께 이 말을 할 때는 롯이 아브람을 떠난 후였다. 게다가 1절의 시작 부분 "이 후에"
　　는 아브람이 소돔에 거주하다가 전쟁에 휘말려 포로가 된 롯과 그 가족을 구한 사건 후를 의미
　　한다. 즉 롯이 아브람을 떠나기 전까지 아브람의 상속자는 분명히 롯이었다.

이었다. 만에 하나 아내가 임신 중이었거나 태어난 아기가 있었다면 어떠했을까? 과연 젖먹이 딸을 데리고 그 험한 길에 나설 수 있었을까?

　아브람이 하란을 떠난 지 24년째가 되던 해에 소돔과 고모라가 멸망했다. 그렇게 소돔과 고모라가 멸망하던 때, 롯에게는 예비 사위 둘이 있었다.[30] 남성의 경우, 삼십 대 초반부터 아이를 낳던 시절이었다. 아브람과 사래의 나이 차가 10살이었던 점을 감안하면, 이 시대의 여성들은 스무 살 정도에 혼인했을 가능성이 있다.[31] 그렇다면 소돔과 고모라가 멸망할 당시, 롯의 두 딸은 20세 언저리였을 것이다.[32] 이러한 내 추측이 맞다면, 롯은 가나안에 도착한 뒤 '가나안 여인'과 결혼했을 가능성이 높다. 그리고 롯의 결혼을 계기로 아브람은 그의 소유의 상당 부분을 롯에게 나누어주었을 것이다. 당연히 이때 롯이 받은 '재산과 사람들'은 롯의 할아버지 데라의 것이었을 것이다.

　내가 롯의 아내가 '가나안 여인'이었을 것이라고 보는 또 하나의 이유는 이와 같다.

　　¹아브라함이 나이가 많아 늙었고 여호와께서 그에게 범사에 복을 주셨더라 ²아브라함이 자기 집 모든 소유를 맡은 늙은 종에게 이르되 청하건

---

30 "롯이 나가서 그 딸들과 결혼할 사위들에게 말하여 이르기를 여호와께서 이 성을 멸하실 터이니 너희는 일어나 이곳에서 떠나라 하되 그의 사위들은 농담으로 여겼더라"(창세기 19:14).
31 물론, 아브람과 사래의 나이 차이가 이 시대 부부의 일반적인 나이 차이가 아닐 수 있다.
32 10대 후반이었을 수도 있다.

대 내 허벅지 밑에 네 손을 넣으라 ³내가 너에게 하늘의 하나님, 땅의 하
나님이신 여호와를 가리켜 맹세하게 하노니 **너는 내가 거주하는 이 지
방 가나안 족속의 딸 중에서 내 아들을 위하여 아내를 택하지 말고** ⁴**내
고향 내 족속에게로 가서 내 아들 이삭을 위하여 아내를 택하라**(창세기
24:1–4)

신학자들은 아브라함이 '그의 집 모든 소유를 맡은 늙은 종'³³에게 '가나안
족속의 여인'이 아닌 아브라함의 고향에 있는 '아브라함의 족속의 딸'들 중에
서 이삭의 아내를 택하라고 한 이유를 '신앙적으로 해석'한다. 쉽게 말해, '이
방신을 섬기는 가나안 여인'이 아닌 '여호와 하나님을 섬기는 아브라함의 족
속' 중에서 이삭의 아내를 택하라고 했다는 것이다. 나 또한 지금까지는 그
렇게 생각했다. 그러나 이번 설교문을 쓰는 과정에서 생각이 바뀌었다.

²여호수아가 모든 백성에게 이르되 이스라엘의 하나님 여호와께서 이
같이 말씀하시기를 **옛적에 너희의 조상들 곧 아브라함의 아버지, 나홀
의 아버지 데라가 강 저쪽에 거주하여 다른 신들을 섬겼으나** ³내가 너희
의 조상 아브라함을 강 저쪽에서 이끌어 내어 가나안 온 땅에 두루 행하
게 하고 그의 씨를 번성하게 하려고 그에게 이삭을 주었으며(여호수아
24:2–3)

---

33 신학자들은 이 늙은 종을 아마도 창세기 15장에서 아브람이 상속자로 지목한 '다메섹 사람 엘
리에셀'이었을 것이라 추측한다.

우선 하나님은 '갈대아인의 우르'에서 '다른 신들을 섬기던 아브라함의 족속' 가운데서 아브라함을 불러내셨다. 그리고 그와 동행하시는 가운데 아브라함을 '믿음의 조상'으로 성장시켜 나가셨다. 또한, 야곱의 기사를 살펴볼 때 나홀의 손자 라반의 집에는 '우상'이 있었다.[34] 야곱이 하란에서 그의 아버지 집으로 돌아올 때 라헬이 도둑질한 드라빔은 '가정의 수호신'으로 '상속권'을 상징했다. 이 때문에 라반이 끝까지 야곱을 추격한 것이다.[35] 즉 우르와 하란에 남아 있던 아브라함의 족속들이 하나님을 믿었다는 증거는 성경 어디에도 없다.

그러므로 아브라함이 이삭의 아내로 자기 족속의 딸들을 고집한 이유를 '여호와 하나님을 섬기는 신앙'과 연관 짓기에는 무리가 있어 보인다. 아브라함은 가나안 여인들에 대해 아주 '부정적인 인식(認識)'을 가졌던 것 같다. 즉 "가나안 여인들이 싫어서" 고향에 있는 자신의 족속의 딸 중에서 이삭의 아내를 구했던 것으로 보인다. 그렇다면 아브라함에게 가나안 여인들에 대한 부정적인 인식을 심어준 사람은 누구였을까? 당연히 롯의 아내였을 것이다. 성경의 기록으로 볼 때, 롯의 아내는 좋은 사람이었을 리가 없다. 돈만 밝히는 '속물'이었을 것이다. **오죽했으면 예수님께서 "롯의 처를 기억하라"고 경고하셨을까?** 예수님께서 직접 악처(惡妻)로 지명한 여인은 성경에

---

34 "그때에 라반이 양털을 깎으러 갔으므로 **라헬은 그의 아버지의 드라빔을 도둑질하고**"(창세기 31:19).

35 "²¹그가 그의 모든 소유를 이끌고 강을 건너 길르앗 산을 향하여 도망한 지 ²²삼 일 만에 야곱이 도망한 것이 라반에게 들린지라 ²³**라반이 그의 형제를 거느리고 칠 일 길을 쫓아가** 길르앗 산에서 그에게 이르렀더니"(창세기 31:21-23).

서 롯의 아내밖에 없다.**³⁶**

'이는 그들의 소유가 많아서 동거할 수 없었음이니라.' 어찌 되었든, 롯의 살림은 결혼 초반부터 괜찮았던 것으로 보인다. 아마도 이렇게 된 것은 사래가 바로의 궁에 다녀온 것 때문이었을 것이다.**³⁷** 이때도 아브람은 바로에게서 받은 양과 소와 노비와 암수 나귀와 낙타 중 상당 부분을 롯에게 나누어주었던 것으로 보인다. 즉 롯은 아브람에게 있어서 엄청난 '애정의 대상'이었을 것이다. 자식이 없는 상황에서, 조카가 얼마나 예쁜 존재인지에 대해서는 따로 설명하지 않아도 되리라 믿는다. 더군다나 롯은 아브람과 사래 입장에서는 유아 시절부터 직접 키운 조카였다. 그러나 아브람의 이러한 호의(好意)는 이어지는 '민망한 상황'의 원인이 되고 만다.

> 그러므로 **아브람의 가축의 목자와 롯의 가축의 목자가 서로 다투고 또** 가나안 사람과 브리스 사람도 그 땅에 거주하였는지라(창세기 13:7)

하란 땅의 '귀염둥이 롯'이 달라진 것이다. 하란에서는 상상조차 못할 일이었을 것이다. 현실에서는 '아브람의 목자'와 '롯의 목자'가 다투었지만, 아

---

36 "³⁰인자가 나타나는 날에도 이러하리라 ³¹그날에 만일 사람이 지붕 위에 있고 그의 세간이 그 집 안에 있으면 그것을 가지러 내려가지 말 것이요 밭에 있는 자도 그와 같이 뒤로 돌이키지 말 것이니라 ³²롯의 처를 기억하라 ³³무릇 자기 목숨을 보전하고자 하는 자는 잃을 것이요 잃는 자는 살리리라"(누가복음 17:30-33).

37 "이에 바로가 그로 말미암아 아브람을 후대하므로 아브람이 양과 소와 노비와 암수 나귀와 낙타를 얻었더라"(창세기 12:16).

브람을 향한 롯의 마음이 하란에서와 같았다면 이런 일이 일어났을까? 불가능한 일이다. 어느 종이 주인이 존중하는 상대와 다툴까? 이러한 상황은 이 시기에 아브람을 향한 '롯의 심리 상태'를 반영한 것이었을 것이다.

　우선 롯은 아브람에게 서운했을 것이다. 적지 않은 재산과 사람을 아브람에게서 받았지만, 별로 고맙지 않았을 것이다. 당연한 권리라고 생각했을 것이다. 어쩌면 재산을 나누어주는 것 자체가 서운했을 수도 있다. 하란을 떠나기 전까지 롯은 '아브람의 것은 당연히 전부 자신의 것'이라고 생각했을 것이다. 그런데 하나님께서 자식을 주시겠다고 했다면서 떠난 하란 땅이었다. 그곳은 롯의 아버지 하란의 이름을 따서 불리던 곳이었다. 하나님께서 큰 민족을 이루게 해주시겠다고 했다면서 도착한 가나안 땅이었다. 그렇게 도착한 가나안 땅에서 여자를 얻어 장가를 보내더니 재산과 사람을 나누어준다? 롯에게는 '아브람의 소유'와 '자신의 소유'가 구별되는 첫 번째 경험이었을 것이다. 이제는 '아브람의 가족'과 '자신의 가족'이 구별된다는 의미로 받아들여졌을 것이다.

　게다가 아브람과 사래가 자신의 아내를 바라보는 눈이 탐탁지 않았다면 롯의 기분은 어떠했을까? 어찌 되었든, 가나안 땅에서 롯의 아내를 구하는 과정에서 아브람과 사래는 일정한 역할을 했을 것이다. 그러니 롯의 입장은 이러했을 것이다. '아니, 내가 가나안 땅으로 오자고 했나? 멀쩡히 잘 지내던 하란을 떠나 나를 가나안으로 데려온 것은 아브람과 사래잖아. 그렇게 해서 얻은 가나안 여자잖아. 자기들이 가나안 여자를 내 아내로 구해주고서, 왜 내 아내를 볼 때마다 얼굴이 이그러지는 거야? 도대체 뭘 어쩌라고?'

소돔과 고모라가 멸망하던 시기에 예비 사위가 있었다면, 롯은 결혼한 후 바로 두 딸을 낳았을 것이다. 하나님이 아브람에게 자식을 주시겠다고 했다면서 데려온 땅이었다. 그런데 자식은 롯에게만 생긴 상황이었다. 비록 아들은 아니었지만 말이다. 하지만 롯은 이렇게 생각했을 것이다. '아니, 가나안에 오면 자식을 주시겠다고 했다면서? 큰 민족을 이루게 해주겠다고 했다면서? 그런데 왜 이때까지 아브람과 사래한테는 자식 소식이 없지? 자식은 오히려 나한테만 있네.' 비록 아들은 아니었지만, 딸 둘이 태어났다면 다음에는 아들이 태어날 수도 있는 일이었다. 하지만 아브람과 사래에게는 여전히 자식이 없었다. 자식을 낳지 못하는 것과 딸만 낳은 것은 전혀 다른 이야기였다. 게다가 롯 부부는 아브람과 사래와는 달리 젊었다.

거기다가 기근을 당해 들어간 애굽 땅에서 작은 엄마이자 고모인 사래는 바로의 궁전에 팔려 갔다 왔다. 그것도 아브람이 시킨 거짓말 때문에 말이다.[38] **"원하건대 그대는 나의 누이라 하라.** 그러면 내가 그대로 말미암아 안전하고 내 목숨이 그대로 말미암아 보존되리라." 이때는 정말 롯의 눈에 아브람이 한심해 보였을 것이다. 자신을 키워준 엄마와 같은 사래를 아브람이 팔아먹은 것이다. 게다가 사래는 롯의 혈육이었다. 사래가 작은 아버지인 아브람과 결혼했기 때문에 생긴 가족관계가 아니었다. 그러니 이때 아브람을 향해 롯은 한심함을 넘어 분노했을 것이다. '도대체 저 인간은 뭐 하는

---

38 "¹¹그가 애굽에 가까이 이르렀을 때에 그의 아내 사래에게 말하되 내가 알기에 그대는 아리따운 여인이라 ¹²애굽 사람이 그대를 볼 때에 이르기를 이는 그의 아내라 하여 나는 죽이고 그대는 살리리니 ¹³**원하건대 그대는 나의 누이라 하라** 그러면 내가 그대로 말미암아 안전하고 내 목숨이 그대로 말미암아 보존되리라 하니라"(창세기 12:11-13).

인간이지?'

온 세상을 창조하신 하나님께서 큰 민족을 이루게 해주시겠다고 했다면서 데려온 가나안 땅이었다. 그런 점에서 아브람의 가나안 행(行)은 롯에게는 이런 뜻이었다. **"롯, 너는 내 자식이 아니다. 나에게는 롯 너 말고 내 자식이 필요하다."** 그것도 말이 아닌 '목숨을 건 행동'으로 보여준 분명한 뜻이었다. 즉 롯의 마음 한가운데는 아브람을 향한 '서운함과 분노 그리고 경멸의 마음'이 가득했을 것이다. 그러니 아브람의 목자와 롯의 목자가 목축지를 두고 다투는 것은 당연한 결과였다.

문제는 아브람의 목자와 롯의 목자가 다투는 자리에 가나안 사람과 브리스 사람이 있었다는 것이다. 고향을 떠난 객지(客地)에서 친족 사이에 보이는 이러한 틈은 현지인(現地人)들에게 잘못된 신호를 주기에 충분했다. 위험 신호를 감지한 아브람이 먼저 롯에게 제안했다.

> [8]아브람이 롯에게 이르되 **우리는 한 친족이라** 나나 너나 내 목자나 네 목자나 서로 다투게 하지 말자 [9]네 앞에 온 땅이 있지 아니하냐 나를 떠나가라 네가 좌하면 나는 우하고 네가 우하면 나는 좌하리라(창세기 13:8-9)

"우리는 한 친족이라." 아브람의 이 말 또한 롯에게는 상처로 다가왔을 가능성이 높다. 하란에서 아브람이 롯을 부른 호칭(呼稱)은 무엇이었을까?

어쩌면 성경에 흔히 나오는 표현인 "내 아들아!"가 아니었을까? 그렇다면 "우리는 한 친족이라"는 아브람의 말을 듣는 순간 롯은 무슨 생각을 했을까? '그래, 당신은 내 아버지가 아니지. 내 아버지는 우르에 묻히셨지. 장손(長孫)이라면 정신을 못 차리고 예뻐하셨던 내 할아버지도 하란에 묻히셨지. 그렇게 할아버지가 돌아가시자마자 당신은 당신의 자식을 얻겠다고 어린 나를 이끌고 이 땅에 왔지. 그 덕에 나는 내 아버지와 할아버지의 산소에도 가보지 못하는 신세가 되었지. 내가 장남(長男)이며 장손(長孫)인데도 말이지. 그런데 우리는 한 친족이라? 그래 친족이기는 하지. 친족일 뿐이지.' 아브람의 가나안 행(行) 이후, 아브람이 선의(善意)로 하는 말 하나하나가 전부 롯에게는 상처였을 것이다.

> ⁹네 앞에 온 땅이 있지 아니하냐 **나를 떠나가라** 네가 좌하면 나는 우하고 네가 우하면 나는 좌하리라 ¹⁰이에 롯이 눈을 들어 요단 지역을 바라본즉 소알까지 온 땅에 물이 넉넉하니 여호와께서 소돔과 고모라를 멸하시기 전이었으므로 여호와의 동산 같고 애굽 땅과 같았더라 ¹¹그러므로 롯이 요단 온 지역을 택하고 동으로 옮기니 그들이 서로 떠난지라 ¹²아브람은 가나안 땅에 거주하였고 롯은 그 지역의 도시들에 머무르며 그 장막을 옮겨 소돔까지 이르렀더라 ¹³소돔 사람은 여호와 앞에 악하며 큰 죄인이었더라(창세기 13:9-13)

"네 앞에 온 땅이 있지 아니하냐. **나를 떠나가라**. 네가 좌하면 나는 우하고 네가 우하면 나는 좌하리라." 아브람의 말 중 롯의 마음에는 어느 부분이

비수로 꽂혔을까? 이제는 쉽게 예상할 수 있을 것이다. "나를 떠나가라." 물론 롯의 목자들이 아브람의 목자들과 다툰 것은 롯 때문이었을 것이다. 하지만 그랬기로서니 이제는 "나를 떠나가라?" 아브람의 말을 듣는 순간 롯의 표정은 어땠을까? 그렇게 일그러진 표정으로 주위를 둘러보던 롯의 눈에 요단 지역이 들어왔다. "이에 롯이 눈을 들어 요단 지역을 바라본즉 소알까지 온 땅에 물이 넉넉하니 여호와께서 소돔과 고모라를 멸하시기 전이었으므로 여호와의 동산 같고 애굽 땅과 같았더라."

　그렇게 놓고 보면, 롯의 '소돔과 고모라 행(行)'은 아브람을 향한 감정과 무관하지 않다. 아브람을 향한 '서운함과 분노'가 중요한 역할을 했을 것이다. 그리고 이 선택은 롯의 인생에 '지옥문'을 열어버리고 만다. 이 부분이 인생에서 주의해야 할 지점이다. 누군가를 향한 '서운함과 분노의 마음'이 있을 때, 우리는 그 마음이 우리의 선택에 어떤 영향을 미치고 있는지 되돌아보아야 한다. 특별히 그가 나와 가까웠던 사람일 때는 더욱더 그러하다.

　물론 롯의 선택은 아브람을 향한 감정 때문만은 아니었다. '롯이 눈을 들어'에서 '눈(目)'에 쓰인 히브리어 '아인'은 '근본(根本)'이라는 뜻 또한 가지고 있다. 그러니 롯은 그의 근본에 어울리는 소돔과 고모라를 선택한 것이었다. 롯의 눈에 비친 소돔과 고모라는 '여호와의 동산 같고 애굽 땅'과 같았다. 즉 롯은 기근을 당하여 들어간 애굽 땅에서 아브람이 보았던 '하나님의 영광'을 보지 못했다. 당시 고대근동(古代近東) 사람들의 입장에서 애굽은 전 세계를 호령하는 제국(帝國)이었다. 게다가 아브람이 애굽에 도착했을 당시,

애굽에는 피라미드와 스핑크스가 존재했다고 전해진다. 즉 롯은 애굽의 왕궁을 압도한 '하나님의 영광'을 기억하지 못했다. 오히려 롯은 '하나님의 영광'이 아닌 '애굽의 풍요와 화려함'을 그의 마음에 담아왔다. 이것이 롯의 인생에 불행을 가져왔다.

그런데 '성경에서 의인으로 칭(稱)해지는'[39] 롯의 수준이 꼭(항상) 그 정도였을까? 인생을 살다 보면 알게 되는 사실은 이것이다. 사람이라는 존재는 참으로 '모순된 존재'다. 사람이라는 존재는 참으로 '다층적(多層的)인 존재'다.[40] 그렇게 '서운함과 분노'에 휩싸여 선택한 롯의 결정은 그를 언약 백성으로부터 멀어지게 만드는 시발점(始發點)이 되고 만다. 그렇게 바로의 궁에서 '하나님의 영광'을 보지 못한 롯의 결정은 그의 자손이 '하나님의 원수'가 되는 출발점이 되고 만다.[41]

---

39 "⁶소돔과 고모라 성을 멸망하기로 정하여 재가 되게 하사 후세에 경건하지 아니할 자들에게 본을 삼으셨으며 ⁷무법한 자들의 음란한 행실로 말미암아 고통 당하는 **의로운 롯을** 건지셨으니 ⁸(이는 이 의인이 그들 중에 거하여 날마다 저 불법한 행실을 보고 들음으로 그 **의로운 심령이** 상함이라)"(베드로후서 2:6-8).

40 다층적(多層的)인: 여러 층을 가진. 즉 사람은 한 꺼풀을 벗겨내면 전혀 다른 모습이 나오는 존재다. 서로 모순되는 전혀 다른 여러 모습을 가진 존재다.

41 "¹하나님이여 침묵하지 마소서 하나님이여 잠잠하지 마시고 조용하지 마소서 ²무릇 주의 원수들이 떠들며 주를 미워하는 자들이 머리를 들었나이다 ³그들이 주의 백성을 치려 하여 간계를 꾀하며 주께서 숨기신 자를 치려고 서로 의논하여 ⁴말하기를 가서 그들을 멸하여 다시 나라가 되지 못하게 하여 이스라엘의 이름으로 다시는 기억되지 못하게 하자 하나이다 ⁵그들이 한마음으로 의논하고 주를 대적하여 서로 동맹하니 ⁶곧 에돔의 장막과 이스마엘인과 모압과 하갈인이며 ⁷그발과 암몬과 아말렉이며 블레셋과 두로 사람이요 ⁸앗수르도 그들과 연합하여 롯 자손의 도움이 되었나이다 (셀라)"(시편 83:1-8).

'맹모삼천지교(孟母三遷之敎)'는 다 아는 '고사(古事)'일 것이다. 나중에 졸업하고 나면 알게 되겠지만, 우리 CMF 지체들이 경제력을 가진 뒤에 이사 가는 곳은 대부분의 경우 정해져 있다.[42] 그 도시의 의사들이 모여 사는 아파트촌과 학군(學群)은 정해져 있다. 그런데 생각해볼 일이다. 그 도시의 의사들이 모여 사는 지역에서 오가는 말과 문화는 어떠할까? 어떤 가치관이 자라나는 자녀들 사이에 오갈까? 과연 성경적인 이야기가 오갈까?

> [14]**롯이 아브람을 떠난 후에** 여호와께서 아브람에게 이르시되 **너는 눈을 들어** 너 있는 곳에서 북쪽과 남쪽 그리고 동쪽과 서쪽을 바라보라 [15]**보이는 땅을 내가 너와 네 자손에게 주리니 영원히 이르리라** [16]내가 네 자손이 땅의 티끌 같게 하리니 사람이 땅의 티끌을 능히 셀 수 있을진대 네 자손도 세리라 [17]**너는 일어나 그 땅을 종과 횡으로 두루 다녀 보라 내가 그것을 네게 주리라** [18]이에 **아브람이 장막을 옮겨 헤브론에 있는 마므레 상수리 수풀에 이르러 거주하며 거기서 여호와를 위하여 제단을 쌓았더라**(창세기 13:14-18)

그렇게 롯이 아브람을 떠나자 하나님께서 아브람에게 말씀하셨다. "너는 눈을 들어 너 있는 곳에서 북쪽과 남쪽 그리고 동쪽과 서쪽을 바라보라. 보이는 땅을 **내가 너와 네 자손에게 주리니** 영원히 이르리라. 내가 네 자손

---

42 이 책의 내용은 내가 사역하는 한국누가회(CMF) 캠퍼스에서 선포된 설교다. 그러한 이유로 이러한 예가 나오는 것이다. 한국누가회(CMF)는 의대생, 한의대생, 치대생, 간호대생과 의사, 한의사, 치과의사, 간호사로 구성된 선교단체다.

이 땅의 티끌 같게 하리니 사람이 땅의 티끌을 능히 셀 수 있을진대 네 자손도 세리라. 너는 일어나 그 땅을 종과 횡으로 두루 다녀 보라. **내가 그것을 네게 주리라.**" 이전에 하나님께서 아브람에게 해주셨던 약속은 "너로 큰 민족을 이루게 하겠다"[43]라는 것이었다. 그렇게 롯이 아브람을 떠나자 비로소 하나님의 약속이 구체적으로 주어진다. "네가 보는 땅, 네가 밟는 땅을 너와 네 자손에게 주리라." 무슨 말씀인가? **"롯은 너의 아들, 즉 너의 자손이 아니다." "롯은 너의 상속자가 아니다."**

"너는 **눈을 들어** 너 있는 곳에서 북쪽과 남쪽 그리고 동쪽과 서쪽을 바라보라." 하나님의 명령대로 그의 근본(根本)[44]을 들어 동서남북을 바라본 아브람은 장막을 옮겨 **헤브론**에 있는 마므레 상수리 수풀에 자리 잡았다. 그리고 그곳에 하나님을 위하여 제단을 쌓았다. 무슨 뜻인가? 헤브론은 '친교, 동맹'이라는 뜻을 가진 지명(地名)이다. 즉 아브람은 "네가 보는 땅 네가 밟는 땅 모두를 주겠다"라는 하나님의 약속을 듣자 친교(親交)라는 뜻의 헤브론에 자리 잡고 하나님께 제사를 드렸다. 예수님께서 하셨던 비유로 쉽게 설명하면, 포도나무 가지인 아브람은 포도나무인 하나님께 가서 붙었다.

내 안에 거하라 나도 너희 안에 거하리라 **가지가 포도나무에 붙어 있지**

---

43 "여호와께서 아브람에게 이르시되 너는 너의 고향과 친척과 아버지의 집을 떠나 내가 네게 보여 줄 땅으로 가라 ²**내가 너로 큰 민족을 이루고** 네게 복을 주어 네 이름을 창대하게 하리니 너는 복이 될지라"(창세기 12:1-2).
44 히브리어로 '아인'

아니하면 스스로 열매를 맺을 수 없음 같이 너희도 내 안에 있지 아니하면 그러하리라(요한복음 15:4)

이것이 롯과 아브람의 근본(根本)의 차이다. 애굽 행(行)이라는 같은 경험을 공유했지만, 누군가의 눈에는 '소돔과 고모라가 여호와의 동산 같고 애굽 땅' 같이 보이는 반면 누군가의 눈에는 '하나님과의 교제[45]의 장소'가 보이는 이유가 여기에 있다. 즉 롯의 마음 한가운데 애굽은 그에게 엄청난 부를 안겨 주었던 땅이었다. 반면 아브람의 마음 한가운데 애굽은 자신의 실수에도 불구하고 바로의 궁을 압도하는 하나님의 영광을 보여주신 땅이었다. 그곳은 하나님께서 아브람을 처음 부르실 당시에 하셨던 약속[46]을 확인해준 '교제의 장소'였던 것이다. 이것이 바로 '하나님의 은혜를 입은 자'의 특징이다. 그렇게 아브람은 헤브론에서 하나님과 '동맹'[47]을 맺었다.

그런데 롯이 아브람을 떠나 소돔과 고모라에 이르던 때를 전후로, 고대 근동(古代近東)의 국제 정세는 급박하게 돌아가고 있었다. 아래 인용한 말씀의 '당시에'는 그렇게 '아브람은 헤브론'에 자리 잡고 '롯은 소돔'에 거주하게 된 때를 이른다.

---

45 헤브론
46 "너를 축복하는 자에게는 내가 복을 내리고 너를 저주하는 자에게는 내가 저주하리니 땅의 모든 족속이 너로 말미암아 복을 얻을 것이라 하신지라"(창세기 12:3).
47 헤브론

¹**당시에 시날 왕** 아므라벨과 엘라살 왕 아리옥과 엘람 왕 그돌라오멜과 고임 왕 디달이 ²**소돔 왕 베라와 고모라 왕 비르사와** 아드마 왕 시납과 스보임 왕 세메벨과 벨라 곧 소알 왕과 **싸우니라** ³이들이 다 싯딤 골짜기 곧 지금의 **염해에 모였더라** ⁴이들이 십이 년 동안 그돌라오멜을 섬기다가 제십삼년에 배반한지라 ⁵제십사년에 그돌라오멜과 그와 함께 한 왕들이 나와서 아스드롯 가르나임에서 르바 족속을, 함에서 수스 족속을, 사웨 기랴다임에서 엠 족속을 치고 ⁶호리 족속을 그 산 세일에서 쳐서 광야 근방 **엘바란까지 이르렀으며** ⁷그들이 돌이켜 엔미스밧 곧 가데스에 이르러 아말렉 족속의 온 땅과 하사손다말에 사는 아모리 족속을 친지라 ⁸소돔 왕과 고모라 왕과 아드마 왕과 스보임 왕과 벨라 곧 소알 왕이 나와서 싯딤 골짜기에서 그들과 전쟁을 하기 위하여 진을 쳤더니 ⁹엘람 왕 그돌라오멜과 고임 왕 디달과 시날 왕 아므라벨과 엘라살 왕 아리옥 네 왕이 곧 그 다섯 왕과 맞서니라 ¹⁰싯딤 골짜기에는 역청 구덩이가 많은지라 소돔 왕과 고모라 왕이 달아날 때에 그들이 거기 빠지고 그 나머지는 산으로 도망하매 ¹¹**네 왕이 소돔과 고모라의 모든 재물과 양식을 빼앗아 가고** ¹²**소돔에 거주하는 아브람의 조카 롯도 사로잡고 그 재물까지 노략하여 갔더라**(창세기 14:1-12)

우선 알아야 할 것은 1절에 인용된 왕들이 가나안 지역의 왕들이 아니라는 사실이다. '시날'은 '두 강 사이'라는 뜻이다. 이 말을 듣는 순간, 상당히 많은 지체들은 이곳이 어느 곳을 가리키는지 눈치챘을 것이다. 시날은 '티그리스강과 유프라테스강 사이'를 가리키는 지명(地名)이다. 즉 '바벨론 평지'에 있던 왕들이 엘람 왕 그돌라오멜과 연합했다. 쉽게 말해, 아브람의 고향 우르와 하란 지역의 왕들이 소돔과 고모라를 공격한 것이다. 그돌라오멜이 다스린 엘람 지역은 티그리스강 동쪽에 위치했다. 엘람은 오늘날의 이란 고원 남서부 지역을 가리킨다. 즉 이들은 왕복 4,000km가 넘는 원정 전쟁을 한 것이었다.

롯은 아브람을 떠나 소돔에 이른 후 성경에 처음 기록된 국제전쟁에 휘말리게 되었다. 이러한 사실은 우리에게 중요한 교훈을 준다. 아브람이 롯에게 건넨 "나를 떠나가라. 네가 좌하면 나는 우하고 네가 우하면 나는 좌하리라"라는 말은 '약속의 땅 가운데서'라는 전제(前提)가 있었다. 그런데 롯은 약속의 땅(가나안 땅)을 벗어나 소돔에 정착했다. 그리고 그렇게 약속의 땅을 떠난 롯을 기다린 것은 전쟁이었다.

그 먼 옛날 이들은 왜 소돔과 고모라를 공격했을까? 왕복 4,000km라면 현대에도 쉽지 않은 거리다. 우리 대한민국을 기준으로 생각할 때, 이 거리는 '서울에서 몽골의 수도 울란바토르'를 오가는 거리다. 전쟁사를 공부하면 알게 되는 사실이 하나 있다. 그것은 '경제적 이득'이 없는 전쟁은 인류 역사상 거의 존재하지 않는다는 점이다. 그렇다면 이들은 어떤 '경제적 이유' 때문에 전쟁에 나선 것일까? 일부 학자는 이 전쟁을 소금 때문에 일어난 '소금 전쟁'이라고 부른다. 이 당시 고대근동(古代近東) 지역에 공급되던 소금의 대부분은 '염해(鹽海, 소금 바다)'라 불리는 '사해'에서 나왔다고 한다. 즉 소금은 소돔과 고모라의 자금줄인 동시에 '경제적 번영'을 가져다준 원동력이었다.[48] 그런데 어느 순간부터인가 소돔과 고모라의 욕심이 과했던 것 같다. 21세기의 표현대로 하자면, 소돔과 고모라가 '소금의 수출 통제'[49] 등 소위 (所謂) '국제적 갑질'을 했던 것으로 보인다. 소금이 귀하던 시절이었다. 더군다나 무더운 근동지역(近東地域)의 기후 아래서 소금 공급은 필수품을 넘어 '생존이 달린 문제'였다. 이러한 문제로 수만 명의 군대가 그 먼 거리를 이동해 전쟁에 나선 것이었다.

　"이들이 다 싯딤 골짜기 곧 지금의 염해에 모였더라. 이들이 십이 년 동안 그돌라오멜을 섬기다가 제십삼년에 배반한지라." 첫 번째 소금 전쟁에서 '염해(鹽海) 지역'에 있는 왕들이 패했다. 그 결과 사해 지역의 왕들은 12년 동안 엘람 왕 그돌라오멜을 섬기게 되었다. 아마도 이 기간 소돔과 고모라를 포함한 사해 지역의 왕들은 소금을 공물로 바쳤을 것이다. 그러다가 13년이 되던 해에 정기적으로 바치던 소금을 바치지 않자, 1년간의 전쟁 준비후 두 번째 소금 전쟁이 일어난 것으로 보인다.

---

48 참고로 사해 지역의 소금은 여러 광물 등 불순물이 많아 그대로 섭취할 수 없다고 한다. 이러한 이유로 사람들은 사해 주변에 쌓여있는 소금 기둥을 물에 녹여 소금만 따로 추출하는 방식으로 소금을 얻었다고 한다. 그런데 소금 기둥 중 소금만 추출한 후 남은 찌꺼기(광물)의 겉모양 또한 처음 소금 기둥과 같은 모양을 했다고 한다. 다만 불순물만 남은 소금(?)은 짠맛이 나지 않아 한쪽에 버려졌는데, 이것을 잘못 먹게 될 경우 아주 심한 배앓이를 했다고 한다. 이것이 바로 예수님께서 말씀하신 버려진 소금 이야기의 배경이다.: "너희는 세상의 소금이니 소금이 만일 그 맛을 잃으면 무엇으로 짜게 하리요 후에는 아무 쓸 데 없어 다만 밖에 버려져 사람에게 밟힐 뿐이니라"(마태복음 5:13).

49 이 당시의 '소금'은 지금으로 치면 반도체에 필수적으로 쓰이는 '희토류(稀土類)' 정도의 물질이었을 것이다.

성경의 기록을 살펴보면, 두 번째 소금 전쟁에서 그돌라오멜 연합군은 곧바로 소돔과 고모라로 향하지 않았음을 알 수 있다. 그들은 요단 동쪽 '왕의 대로'를 따라 내려오다가 소돔과 고모라를 지나쳐 가나안의 남쪽 엘바란까지 내려갔다. 그돌라오멜 연합군은 이 과정에서 '왕의 대로'에 위치한 소돔과 고모라의 동맹들을 차례대로 쳐나갔다. 이것은 전형적인 '고대(古代)의 전법(戰法)'이었다. 이러한 기록으로 볼 때, 소돔과 고모라는 그 지역의 맹주(盟主)였던 것으로 보인다. 그렇게 소돔과 고모라의 주변을 정리한 그돌라오멜 연합군은 '소돔과 고모라를 포함한 염해 지역의 다섯 왕'과 비로소 맞붙었다. 전쟁의 결과는 그돌라오멜 연합군의 압도적인 승리였다. 그렇게 그들은 소돔과 고모라의 모든 재물과 양식을 빼앗아 갔다. 그리고 그 과정에서 아브람의 조카 롯도 함께 사로잡혀 가고 말았다.

아브람을 향한 '서운함과 분노'에 휩싸여 선택한 소돔 행(行)이었다. 애굽의 화려함과 풍요를 꿈꾸며 옮겨간 소돔이었다. 그렇다면, 롯이 포로로 잡혀간 두 번째 소금 전쟁은 롯이 아브람을 떠난 지 얼마 후에 일어났을까? 이 사건에 이어지는 성경의 증언으로 볼 때, 아브람과 롯은 '첫 번째 소금 전쟁'과 '두 번째 소금 전쟁' 사이에 헤어진 것으로 보인다. 내가 그렇게 보는 근거는 이와 같다.

> **¹이 후에 여호와의 말씀이 환상 중에 아브람에게 임하여 이르시되** 아브람아 두려워하지 말라 나는 네 방패요 너의 지극히 큰 상급이니라 **²아브람이 이르되** 주 여호와여 무엇을 내게 주시려 하나이까 **나는 자식이 없**

사오니 나의 상속자는 이 다메섹 사람 엘리에셀이니이다(창세기 15:1-
2)

위에 인용한 말씀 첫 부분의 '이 후에'는 아브람이 두 번째 소금 전쟁에서
포로가 된 롯을 구해온 후를 가리킨다. 아브람이 그돌라오멜 연합군으로부
터 롯을 구해온 후에 하나님의 말씀이 아브람에게 임했다. 당연히 이러한
하나님의 조치는 불안에 떠는 아브람을 안심시키기 위한 배려였다. "나는
자식이 없사오니 나의 상속자는 이 다메섹 사람 엘리에셀이니이다." 아브람
의 말을 통해서도 우리는 이 일이 이스마엘 출생 전의 일이라는 사실을 알
수 있다. 이스마엘은 아브람이 가나안에 도착한 지 11년 만에 태어났다.

하갈이 아브람에게 이스마엘을 낳았을 때에 **아브람이 팔십육 세였더라**
(창세기 16:16)**[50]**

즉 롯이 포로로 잡혀간 두 번째 소금 전쟁은 아브람이 가나안에 도착한
지 11년이 채 안 되었을 때 일어난 일이었다. 그런데 '첫 번째 소금 전쟁'과
'두 번째 소금 전쟁' 사이에는 14년의 시간 차(差)가 있다. 즉 아브람과 롯은
첫 번째 소금 전쟁과 두 번째 소금 전쟁 사이에 헤어졌다는 이야기다. 그렇
다면 롯은 10살이 채 안 된 아주 어린 나이의 두 딸과 함께 포로로 잡혀갔다
는 이야기가 된다.

---

50 이제는 아브람이 하란을 떠날 때 나이가 75세였다는 사실을 언급하지 않아도 되리라 믿는다.

아브람을 향한 '서운함과 분노'에 휩싸여 선택한 소돔 행(行)이었다. 애굽의 화려함과 풍요를 꿈꾸며 옮겨간 소돔이었다. 그렇게 소돔에 정착한 지 '7-8년 정도(?)'의 시간이 흐른 뒤 롯은 고향 땅인 우르와 하란 지역의 왕들에게 포로로 잡혀갔다. '바벨론 평지'의 왕들에게 포로로 잡혀갔다. 이 부분에서 '바벨론 포로'로 잡혀간 이스라엘 백성들을 떠올리는 것은 나만의 논리적 비약일까?

> 도망한 자가 와서 히브리 사람 아브람에게 알리니 **그때에 아브람이 아모리 족속 마므레의 상수리 수풀 근처에 거주하였더라** 마므레는 에스골의 형제요 또 아넬의 형제라 이들은 아브람과 동맹한 사람들이더라(창세기 14:13)

그때도 여전히 아브람은 하나님과의 친교의 장소인 **헤브론**에 있는 마므레 상수리 수풀 근처에 거주했다. 그때까지도 아브람과 사래에게는 자식이 없었다. 상수리 수풀 근처에 거주했다는 것은 시골에 살았다는 이야기다. 반면 롯은 당시 고대근동(古代近東)의 '소금 줄'을 잡고 있던 소돔이라는 도시에 거주했다. 그 사이 롯의 아내와 두 딸은 '타락한 도시의 여자'로 성장하고 있었다.

아브람을 향한 '서운함과 분노'에 휩싸여 선택한 '소돔 행(行)'이었다. 애굽의 화려함과 풍요를 꿈꾸며 옮겨간 소돔이었다. 그렇게 두 번째 소금 전쟁이 일어나기 전까지 아브람과 롯의 처지는 서로 달라지고 있었다. 그 7-8년(?) 사이, 아브람을 향한 롯의 '서운함과 분노'의 감정은 점차 아브람을 향한 '멸시'의 감정으로 바뀌고 있었을 것이다. **'도대체 왜 저렇게 살아? 촌스럽게, 궁상을 떨면서? 큰 민족을 이루게 해주겠다던 하나님은 어디 가고?'** 그렇게 롯은 소돔 사람들의 문화에 젖어 들고 있었을 것이다. 그렇게 롯의 가치관은 조금씩 바뀌고 있었을 것이다. 그리고, 그 사이 '의인 롯'의 아내와 두 딸은 '소돔에 딱 맞는 여인'으로 바뀌고 있었다. '의인 롯'의 아래서 '하나님의 원수의 싹'이 자라고 있었다.

전형적인 소돔의 여인,
롯의 두 딸

¹³도망한 자가 와서 히브리 사람 아브람에게 알리니 **그때에 아브람이 아모리 족속 마므레의 상수리 수풀 근처에 거주하였더라** 마므레는 에스골의 형제요 또 아넬의 형제라 이들은 아브람과 동맹한 사람들이더라 ¹⁴**아브람이 그의 조카가 사로잡혔음을 듣고 집에서 길리고 훈련된 자 삼백십팔 명을 거느리고 단까지 쫓아가서** ¹⁵**그와 그의 가신들이 나뉘어 밤에 그들을 쳐부수고 다메섹 왼편 호바까지 쫓아가** ¹⁶모든 빼앗겼던 재물과 자기의 조카 롯과 그의 재물과 또 부녀와 친척을 다 찾아왔더라(창세기 14:13-16)

이러한 전쟁의 기운은 이브람의 목자와 롯의 목자가 다투기 전부터 있었던 일이다. 이 사실을 롯은 소돔에 살기 시작한 후 알게 되었을 것이다. 하지만 별 생각이 없었을 가능성이 높다. 다른 민족은 몰라도 휴전선 인근에 2,500만 명이 살고 있는 우리는 롯의 이러한 상태를 쉽게 이해할 것이다.

그런 상황 가운데 먹었던 마음이었을 것이다. '도대체 왜 저렇게 살아? 촌스
럽게, 궁상을 떨면서? 큰 민족을 이루게 해주겠다던 하나님은 어디 가고?'

그렇게 아브람을 멸시하는 마음이 한껏 커가던 시절에 일어난 난리였다.
생각지도 않은 시간에 도적같이 맞닥뜨린 난리였다.[51] 아브람을 향한 '서운
함과 분노'가 '조소(嘲笑)'[52]로 바뀌던 시절에 당한 재난이었다.

지금으로 치면, 유치원 혹은 초등학교 1학년 정도의 딸아이 둘 그리고 아
내와 함께 포로로 잡혀가면서 롯은 무슨 생각을 했을까? 또 아브람을 원망
했을까? '왜 나를 가나안에 데려와서 이 꼴을 당하게 하나? 멀쩡히 하란에
서 잘살고 있었는데 무슨 바람이 들어서 어린 나를 이리로 끌고 왔나? 자식
도 없는 것이 이제는 내 자식마저 죽게 만드네 …, 세상에 이제는 고향 땅
에 노예로 끌려가게 생겼네 …' 앞 시간에도 설명했지만, 엘람은 아브람의
고향인 우르 동쪽에 위치한 강력한 국가였다. 그리고 엘람 왕 그돌라오멜과
함께 온 연합군들은 우르와 하란 지역의 사람들이었다. 그러니 롯은 자신의
가족을 포로로 잡은 군인들의 말을 알아들었을 것이다. 그리고 그와 그의
가족들의 행선지(行先地)를 알고 있었을 것이다.

자신을 포로로 잡아가는 연합군이 그의 고향 사람들인 것을 확인한 롯은
무슨 생각을 했을까? 어쩌면 운이 좋아 그의 누이 밀가와 결혼한 작은 아버
지 나홀의 집에 팔려가는 상상을 했을까? 그렇게 된다면, 어떻게 그들에게

51 "그러나 주의 날이 도적같이 오리니 그날에는 하늘이 큰 소리로 떠나 가고 체질이 뜨거운 불에
풀어지고 땅과 그 중에 있는 모든 일이 드러나리로다"(베드로후서 3:10, 개역한글).
52 비웃음

자신이 롯인지 증명할지를 고민했을까? 만에 하나, 아내와 두 딸과 자신이 각기 다른 부족에 나뉘어 노예로 팔려 가는 걱정을 했을까? 끌려가는 도중, 귀동(貴童)으로 자란 롯은 아내와 두 딸을 이끌고 탈출하는 시도는 상상조차 못 했을 것이다. 그 정도의 야성(野性)이 있었다면, 그는 굳이 도시인 소돔을 선택하지 않았을지도 모른다.

그런데 다행히 롯의 부족원(部族員) 중에 사로잡히지 않은 도망자가 있었다. 그리고 그가 이 사실을 아브람에게 알렸다. 이 사실을 전해 들을 당시 아브람은 하나님과의 교제의 장소인 헤브론에 거주하고 있었다. 아모리 족속 마므레의 상수리 수풀 근처에 거주하고 있었다. 결국, 약속의 땅을 떠난 롯을 하나님과의 교제의 장소에 있던 아브람이 구하러 갔다. "마므레는 에스골의 형제요 또 아넬의 형제라. 이들은 아브람과 동맹한 사람들이더라." 롯이 아브람을 떠난 세월 동안, 아브람은 그 지역 사람들과 동맹을 맺을 만큼 자리를 잡았다.

롯이 사로잡혀갔다는 소식을 전해 들은 아브람은 곧바로 행동에 들어갔다. "아브람이 그 조카의 사로잡혔음을 듣고 집에서 길리고 연습한 자 삼백 십 팔인을 거느리고 단까지 쫓아가서", 아브람은 그의 집에서 길리고 훈련된 자 318명을 거느리고 단까지 쫓아갔다. 이때 아브람의 동맹인 아넬과 에스골 그리고 마므레가 함께했다. 물론 13절의 기록으로는 아브람의 동맹인 에스골과 아넬의 형제가 동행(同行)했는지 분명치 않아 보인다. 그러나 승전(勝戰) 후 아브람이 소돔 왕에게 한 말을 통해 우리는 이들이 아브람과 함께

했음을 알 수 있다.[53]

"그와 그의 가신들이 나뉘어 밤에 그들을 쳐부수고 다메섹 왼편 호바까지 쫓아가, 모든 빼앗겼던 재물과 자기의 조카 롯과 그의 재물과 또 부녀와 친척을 다 찾아왔더라." 그렇게 단까지 쫓아간 아브람은 '밤을 타서' 공격했다. 쉽게 말해 '게릴라전'으로 그들을 상대했다. 학자들은 두 번째 '소금 전쟁' 때 소돔과 고모라를 침략한 연합군이 수만에 달했을 것이라고 본다. 그러니 318명의 가신(家臣)으로 이들과 정면으로 맞붙는다는 것은 자살행위였을 것이다. 물론, 이때 아브람 쪽의 병력은 그래도 1,000명은 되었을 것이다. 아브람의 동맹인 아넬과 에스골 그리고 마므레가 함께했으니 말이다. 그러나 상대는 수만에 달하는 연합군이었다. 그러니 아브람 쪽의 병력이 318명이든 1,000명이든 아브람 쪽의 숫자는 큰 변수가 될 수 없었다.

그런 점에서 아브람의 이 전술(戰術)은 지형과 시간을 잘 이용한 현명한 처사(處事)였다. 아브람이 그돌라오멜 연합군을 공격한 단은 요단강이 시작되는 지점으로 물과 나무가 많은 지역이었다.[54] 즉 그돌라오멜 연합군은 물

---

53 "오직 젊은이들이 먹은 것과 나와 동행한 아넬과 에스골과 마므레의 분깃을 제할지니 그들이 그 분깃을 가질 것이니라"(창세기 14:24).

54 "¹³예수께서 **빌립보 가이사랴** 지방에 이르러 제자들에게 물어 이르시되 사람들이 인자를 누구라 하느냐 ¹⁴이르되 더러는 세례 요한, 더러는 엘리야, 어떤 이는 예레미야나 선지자 중의 하나라 하나이다"(마태복음 16:13-14).: 빌립보 가이사랴는 이스라엘의 맨 북쪽 끝단에 있는 도시다. 우리 한반도를 '백두에서 한라까지'라고 표현하는 것처럼 이스라엘 땅을 표현하면 '단에서 브엘세바까지'가 된다. 빌립보 가이사랴는 최북단(最北端) 지역인 '단 부근'에 있었다. 빌립보 가이사랴에는 큰 바위로 된 깎아지른 절벽이 있었고 바위로 이루어진 이곳에 요단강의 시작이 되는 샘이 있었다. 헤르몬산의 물은 바위로 스며들어 여러 곳에서 터져 나와 요단강을 이루었는데, 그중 한 곳이 빌립보 가이사랴에 있었다. 즉 아브람은 롯을 구하러 이 먼 곳까지 단숨에

소리가 가득한 수풀 가운데 야영하고 있었다. 이러한 지형에서 경계를 서기란 쉽지 않은 일이다. 한밤중에 기습공격을 당하는 입장에서는 자신들을 공격하는 병력(兵力)의 수를 가늠하기 쉽지 않은 곳이기 때문이다. 이러한 아브람의 전술(戰術)은 기드온과 미디안 사이에 있었던 첫 번째 전투를 생각나게 한다. 기드온은 300명의 병사로 13만 5천 명의 미디안 대군을 격파(擊破)했다.[55]

또한, 그돌라오멜 연합군이 아브람의 고향 사람들이었다는 점이 아브람에게 유리하게 작용했을 것이다. 아마도 아브람은 그돌라오멜 연합군의 경계 방법에 익숙했을 것이다. 어느 시각이 이들 경계 병력의 교대 시간인지 어느 시각이 취약 시간인지 알았을 가능성이 크다. 반면, 그돌라오멜 연합군은 자신들의 속사정을 훤히 꿰뚫고 있는 아브람이 그곳까지 쫓아와 공격하리라고는 꿈에도 생각하지 못했을 것이다. 내가 이렇게 보는 까닭은 이러하다. 하나님과 동행하는 인생을 살아보면 알게 되는 사실이다. 우연히 들은 사실이 먼 훗날 인생의 위기 가운데 '구원받는 결정적인 정보'가 되었음을 고백할 수 있는 인생이 나만 있지는 않을 것이다. 그러니 아브람은 고향 땅에 있을 때, 그 지역의 병력이 연합할 때 어떤 '전법(戰法)과 경계법(警戒法)'

달려와 한밤중에 1,000명 정도의 병력으로 수만 명을 공격했다. 이때 아브람의 나이는 85세 정도 되었을 것이다. 쉽게 말해, 전쟁을 할 나이는 아니었다. 어찌 되었든, 내가 아브람의 나이를 이렇게 보는 이유는 간단하다. 이 일 후에 아브람과 하갈의 동침이 있었다. 그리고 아브람의 나이 86세에 이스마엘이 태어났다.: "하갈이 아브람에게 이스마엘을 낳았을 때에 아브람이 팔십육 세였더라"(창세기 16:16).: 85세의 나이에 아브람은 그의 조카 롯을 구하기 위해 가나안의 최북단까지 쫓아갔다.

55 "이 때에 세바와 살문나가 갈골에 있는데 동방 사람의 모든 군대 중에 칼 든 자 **십이만 명이 죽었고 그 남은 만 오천 명 가량은** 그들을 따라와서 거기에 있더라"(사사기 8:10).

을 쓰는지 자세히 살펴볼 기회가 분명히 있었을 것이다. 게다가 아브람은 롯을 사로잡아간 연합군의 언어를 알아들었다.

　이러한 사실을 생각해볼 때, 아브람은 롯을 구하는 이 전투를 통하여 그의 고향 우르와 심리적으로 그리고 현실적으로 진정한 단절(斷切)이 되었을 것이다. 앞에서도 언급했지만, 이 '소금 전쟁'은 아브람의 고향인 우르와 하란 지역 사람들에게 있어서는 생존이 걸린 일이었다. 수만 명의 병력이 4,000km를 오가며 치른 전쟁이었다. 쉽게 말해 아브람의 고향 사람들은 국가[56]의 운명을 건 전쟁을 치르는 중이었다. 그런데 그 중요한 일을 아브람이 어그러뜨린 것이었다. 그러니 이제 아브람에게는 돌아갈 고향이 없어져 버린 것이다. 이러한 일은 하나님께 부름받아 소명자(召命者)로 나선 하나님의 사람들에게 있어서 흔히 있는 일이다.

　어찌 되었든, 한밤중에 게릴라전을 벌여 그들을 파(破)했지만, 아브람은 그 장소에서 롯을 구하지 못했던 것 같다. "다메섹 좌편 호바까지 쫓아가", 단에서 다메섹까지는 70-80km의 거리다. 생각해보면, 1,000명 남짓한 병력으로 수만 명의 연합군을 전멸시켰을 리가 없다.[57] 아마도 그돌라오멜 엽합군은 남아 있는 소돔과 고모라의 연합군이 주변 세력을 모두 긁어모아 자신들을 기습했다고 생각했을 것이다. 이들은 한밤중에 숲과 물소리로 가득

---

56 당연히 지금과 같은 국가는 아니지만 말이다. 그것이 부족이든 무엇이든.
57 기드온과 미디안의 첫 번째 전투에서 미디안 군사 12만 명이 죽은 것은 자중지란(自中之亂)에 의해 서로가 서로를 죽인 까닭이다.

한 야영지(野營地)에서 자다가 사방에서[58] 기습공격을 받아 당황했던 것 같
다. 그렇게 그돌라오멜 연합군이 아브람의 기습공격에 당황하여 허둥지둥
하는 사이 포로로 잡혀가던 사람들은 가만히 있었을까? 당연히 포로로 잡
혀가던 가나안 사람들은 아브람과 연합했을 것이다. 그돌라오멜 연합군이
버리고 달아난 무기들로 무장했을 것이다. 그런데 하필 그돌라오멜 연합군
이 도망가면서도 끌고 간 포로 가운데 롯과 그의 가족이 포함되었던 것 같
다. 그렇다면 이때 롯은 아브람이 자신을 구하러 온 사실을 알았을까? 알았
을 가능성이 높다. 아브람의 가신(家臣) 318명이[59] 그돌라오멜 연합군을 공
격하며 질렀던 소리는 단 한 명의 이름이었을 것이다.

"롯!!! 롯~!!! 롯~~!!!"

그렇게 사방에서 자신의 이름을 부르는 소리를 뒤로하고 끌려가는 동안
롯의 심정은 어떠했을까? 당연히 그는 자신의 이름을 부르는 소리 중 익숙
한 목소리가 있음을 알았을 것이다. 그 소리가 아브람의 목소리일 수도 있
고 아니면 어린 시절부터 알았던 아브람의 부족민 중 하나일 수도 있지만
말이다. 그렇게 시작된 한밤중의 추격전은 70km에 걸쳐 이루어졌다. 당연
히, 그 사이 날이 밝았을 것이다. 그러나 날이 샌 후, 그돌라오멜 연합군이
본 추격 병력에는 아브람의 가신(家臣)과 그의 동맹 1,000여 명만 있지 않았

---

58 그와 그의 가신들이 나뉘어 밤에 그들을 쳐부수고
59 아마도 아브람의 동맹인 '아넬과 에스골 그리고 마므레의 병력' 또한 각자의 친척이 포로로 잡
혀가는 중이었을 가능성이 높다. 사로잡혀가는 사람 중에 이들의 친족이 없는 것이 오히려 더
이상할 것이다. 아마도 이러한 사실이 '아넬과 에스골 그리고 마므레'가 아브람과 함께한 이유
였을 것이다. 즉 그들은 그들대로 자신들의 친척이나 친구의 이름을 불렀을 것이다.

을 것이다. 포로로 끌려가던 사람들 중, 한밤중에 단에서 풀려난 사람들도 함께했을 것이다.

이러한 상황은 당연하다. 가족이나 친족 중 자신만 풀려난 사람들이 혼자만 살겠다고 돌아갔을 리가 없기 때문이다. 이 당시 유목민들에게도 '피의 보복법'[60]이 있었다고 전해진다. 그리고 이제는 그들의 손에도 무기가 들려있었을 것이다. 그 무기는 당연히 지난밤 그돌라오멜 연합군이 버리고 간 것들이었을 것이다. 그러니 날이 새었을 때, 그돌라오멜 연합군의 눈에 보인 병력은 이미 상당한 수에 이르렀을 것이다. 이러한 상황에서 그돌라오멜 연합군이 취할 수 있는 선택은 무엇이었을까? 최대한 몸을 가볍게 해서 그 자리를 빠져나가는 것이 아니었을까? "모든 빼앗겼던 재물과 자기의 조카 롯과 그의 재물과 또 부녀와 친척을 다 찾아왔더라." '피의 보복법'으로 똘똘 뭉친 사람들의 추격을 받은 그돌라오멜 연합군은 결국 모든 노획물과 포로를 두고 본국으로 귀환할 수밖에 없었다. 정말이지. 이 사건을 통하여 아브람은 그의 고향에 절대 돌아갈 수 없는 몸이 되어 버렸다.

롯을 구하기 위해 318명의 가신(家臣)을 끌고 나갈 때, 아브람은 무슨 생각을 했을까? 어쩌면 아브람은 그 순간 이미 세상을 떠난 그의 아버지 데라의 유언을 생각했을지 모른다. 성경에 기록되어 있지는 않지만, 데라는 세

---

60 이때 언급된 '피의 보복법'은 '고대(古代) 사회(社會)의 사적(私的) 보복관습(報復慣習)'을 의미한다. 국가(國家) 사법(司法) 시스템(system)이 없던 시절, 인류는 혈연을 중심으로 서로를 지켜주기 위해 사적인 보복의 의무를 친족에게 부담시켰다. 그돌라오멜 연합군으로부터 도망한 자가 아브람에게 롯이 사로잡혀갔음을 알린 것 또한 이러한 관습과 연관된 행위다.

상을 떠나기 전 아브람에게 무슨 말을 했을까? 너무도 당연한 이야기 아닐까? "아브람아, 우리 롯 잘 돌봐라. 네가 장가도 보내고 가정을 꾸리고 잘 살 수 있도록 돌봐라." 이 말 말고 데라가 아브람에게 무슨 유언을 남겼을까? 데라는 당연히 아브람에게 롯을 부탁했을 것이다.

"여호와의 동산 같고 애굽 땅과 같았더라."[61] 물론 롯이 선택해서 간 소돔이었다. 약속의 땅을 떠난 것은 롯의 선택이었다. "네 앞에 온 땅이 있지 아니하냐? 나를 떠나가라. 네가 좌하면 나는 우하고 네가 우하면 나는 좌하리라."[62] 아브람의 이 말은 하나님께서 아브람에게 주시기로 한 약속한 땅 안에서의 선택을 의미했다. "하나님께서 내게 주시기로 한 땅이 네 눈앞에 펼쳐져 있지 않냐? 그 땅 중 네 마음에 드는 곳을 골라라. 그러면 나는 그 나머지를 고르마"라는 말이었을 것이다. 즉 아브람의 마음속에 그려진 하나님께서 주시기로 한 언약의 땅은 롯과 함께한 곳이었을 것이다. 그러나 롯은 하나님께서 아브람에게 주시기로 한 땅을 벗어나 소돔에 이르렀다. 이유는 그의 눈에 소돔이 여호와의 동산 같고 애굽 땅과 같은 곳으로 보였기 때문이다.

애굽은 아브람뿐 아니라 롯에게도 큰 부를 안겨주었던 곳이었다. 앞에서도 언급했듯이, 아브람 당시 애굽에는 이미 피라미드와 스핑크스가 존재했다. 또한, 애굽은 나일강의 주기적인 범람으로 인해 식량이 풍부했다. 나일강의 주기적인 범람은 나일강 상류에 있는 밀림 지역의 풍부한 유기물을 주

---

61 창세기 13:10 후반절
62 창세기 13:9

기적으로 애굽의 농토에 제공했다. 그 결과 애굽의 농토는 씨만 뿌리면 백배 이상의 결실을 맺는 곳이었다. 아브람은 애굽에서 자신의 실수에도 불구하고 바로의 궁을 압도하는 '하나님의 영광'을 보았다. 그러나 롯은 '애굽의 물질적인 풍요'만을 그의 마음에 담아 왔다. 그 결과 롯은 아브람의 목숨을 건 활약 덕분에 포로에서 풀려난 이후에도 소돔에 그대로 머물렀다.

> 아브람이 그돌라오멜과 그와 함께한 왕들을 쳐부수고 돌아올 때에 **소돔 왕이 사웨 골짜기 곧 왕의 골짜기로 나와 그를 영접하였고**(창세기 14:17)

순식간에 아브람은 전쟁 영웅이 되었다. 롯이 거주하던 소돔의 왕이 사웨 골짜기까지 나와 아브람을 영접했다. 사웨 골짜기는 아브람의 거주지였던 마므레 상수리의 동쪽 부근에 있는 골짜기였다. 즉 사해의 서쪽에 위치한 곳이었다. 쉽게 말해, 소돔 왕은 사해의 동쪽에 위치했던 소돔으로부터 사해를 빙 둘러와서 아브람을 영접한 것이었다. 수만의 대군을 물리친 아브람이었다. 모든 포로와 빼앗겼던 모든 재물을 찾아온 아브람이었다. 그러니 아브람을 향한 이러한 대접은 당연한 것이었다.

> [21]소돔 왕이 아브람에게 이르되 사람은 내게 보내고 물품은 네가 가지라 [22]아브람이 소돔 왕에게 이르되 천지의 주재이시요 지극히 높으신 하나님 여호와께 내가 손을 들어 맹세하노니 [23]네 말이 내가 아브람으로 치부하게 하였다 할까 하여 **네게 속한 것은 실 한 오라기나 들메끈 한 가**

닭도 내가 가지지 아니하리라 [24]오직 젊은이들이 먹은 것과 나와 동행한 아넬과 에스골과 마므레의 분깃을 제할지니 그들이 그 분깃을 가질 것이니라[63](창세기 14:21-24)

게다가 아브람은 그의 조카 롯을 구한 것으로 만족하고 어떤 전리품도 챙기지 않았다. 이는 사람의 소유가 하나님으로부터 말미암지 사람으로 말미암지 않는다는 아브람의 신앙고백이었다. 이후 이 지역에서 아브람에 대한 명성(名聲)이 어떠했을지는 설명하지 않아도 되리라 믿는다.

[1]저녁 때에 그 두 천사가 소돔에 이르니 **마침 롯이 소돔 성문에 앉아 있다가** 그들을 보고 일어나 영접하고 땅에 엎드려 절하며 [2]이르되 내 주여 돌이켜 종의 집으로 들어와 발을 씻고 주무시고 일찍이 일어나 갈 길을 가소서 그들이 이르되 아니라 우리가 거리에서 밤을 새우리라(창세기 19:1-2)

이후 롯은 소돔의 성문에 앉는 존재가 되었다. 성문에 앉았다는 것은 그가 그 성읍의 '재판관이나 지도자'가 되었다는 것을 의미했다. 성곽이 한 성읍의 가장 중요한 방어 수단이던 시절 성문은 '생명줄'을 의미했다. 성문을

---

63 아브람은 '자신의 것'에 한해서 권리를 행사하지 않겠다고 선언한다. 즉 그와 함께 전투에 참여한 젊은이들과 아넬과 에스골과 마므레의 분깃은 인정해야 한다고 밝히고 있다. 우리는 아브람의 이러한 자세를 배워야 한다. 이것이 바른 태도다. 동시에 이 부분이 '하나님의 일'을 한다고 생각하는 사람들이 흔하게 범하는 실수다.

연다는 것이 항복과 복종을 의미하던 시절,[64] 생명줄인 성문에 앉는다는 것
은 그 성읍의 '지도자와 재판관'이 되었다는 것을 의미했다. 소돔에서의 이
러한 롯의 지위는 '전쟁 영웅인 아브람의 조카'였기 때문에 가능했을 것이
다. 사해 인근의 모든 성읍을 구한 아브람의 조카였기 때문에 가능한 일이
었을 것이다. 혹자는 애굽에서 얻은 재산 덕에 롯이 성문에 앉을 수 있었다
고 말하지만, 내 생각은 다르다. 소돔과 그 인근의 성읍들은 고대 근동(古代
近東)의 소금 줄을 쥐고 있었다. 즉 '자원부국(資源富國)'이었다. 그러니 롯의
재산이 많았다 한들 그들 가운데 주택을 구하고 여유 있게 생활할 수 있는
정도였을 것이다. 이러한 상황을 생각해보면, 소돔에서의 롯의 지위 상승은
전적으로 아브람의 승전(勝戰) 덕이었을 것이다.

　그렇다면, 이 시기 아브람을 향한 롯의 마음은 어땠을까? 내가 보기에는
'감탄고토(甘呑苦吐)'[65]의 상태였을 것 같다. 쉽게 말해, 자신에게 유리한 부
분은 적극적으로 취하고 불리한 부분은 대면(對面)하지 않았을 것이다. 아브
람의 승전(勝戰) 이후, 롯과 그의 가족은 아브람의 친족임을 적극적으로 드
러냈을 것이다. 하지만 아브람을 만나러 가거나 아브람과 함께하는 시간은
거의 없었을 것이다. 당연히 아브람이 섬기는 하나님을 적극적으로 섬겼을
리가 없다. 롯이 마음속으로부터 아브람의 조카라는 사실이 기쁘고 자랑스

---

64 "그 성읍이 만일 화평하기로 회답하고 너를 향하여 **성문을 열거든** 그 모든 주민들에게 네게 조
　공을 바치고 너를 섬기게 할 것이요"(신명기 20:11).
65 달면 삼키고 쓰면 뱉는다.

러웠다면 소돔의 멸망 뒤 그는 아브라함[66]에게 돌아갔을 것이다. 즉 롯은 아브람을 인격적인 존재라기보다는 '이용 가치가 있는 대상'으로 인식했던 것 같다.

　한편 생각해보면 롯의 이러한 마음이 안쓰럽기도 하다. 사람이라는 존재가 누군가를 향해 서운함을 느끼는 것은 그 대상에 대한 '기대치'와 연관된다.[67] 그렇게 놓고 보면, 롯의 가슴 속에 아브람은 '아빠'였던 것 같다. 그것도 자신의 '모든 응석을 다 받아주는 그런 아빠' 말이다. 그런 롯에게 있어 아브람의 가나안 행(行)은 "너는 내 아들이 아니다"라는 '행동으로 보여준 확실한 말'이었을 것이다. 롯의 입장에서 생각해보면 정말 끔찍한 말이다. 롯에게 있어 할아버지 데라와 작은 아빠 아브람은 그의 세상이고 그의 하늘이며 그의 전부였을 것이다. 그러니 그 거절감이 롯에게 얼마나 큰 상처가 되었을지는 충분히 이해할 수 있다. 그러나 롯은 그 마음을 극복했어야 했다.

66　"'보라 내 언약이 너와 함께 있으니 너는 여러 민족의 아버지가 될지라 ⁵이제 후로는 네 이름을 아브람이라 하지 아니하고 아브라함이라 하리니 이는 내가 너를 여러 민족의 아버지가 되게 함이니라"(창세기 17:4-5).: 소돔과 고모라의 멸망 직전부터 아브람은 아브라함이라고 불리기 시작했다. 이러한 시기에 따라 아브람과 아브라함의 명칭을 구분했다.

67　앞 단원에 언급했던 내용이다. 내가 군대를 다녀온 뒤 서울에서 수능 공부를 할 당시 우리 막내 삼촌한테 들었던 말을 반복한다. "관호 너는 그래도 아들이라고 군대까지 다녀왔는데도 의대에 가고 싶다고 하니까 서울에서 공부시켜주면서, 나는 고시 공부하고 싶다고 했는데 그냥 회사에 취직시키고 …" 이때 우리 막내 삼촌은 결혼한 상태였다. 막내 삼촌이 결혼할 때, 우리 아빠는 막내 삼촌에게 서울에 전셋집을 마련해주셨다. 당시 우리 아빠의 2년 치 연봉이었던 것으로 기억한다. 즉 우리 막내 삼촌의 우리 아빠에 대한 기대치는 형에 대한 그것이 아니었던 것 같다. 우리 막내 삼촌에게 우리 아빠는 큰형님이라 부르는 '아빠'였던 것 같다. 물론 우리 막내 삼촌은 지금은 잘 극복한 것으로 보인다. 혹시나 하는 노파심에서 언급해둔다. 나는 우리 막둥이 삼촌을 롯과 연관 지어 생각해본 적이 없다. 내가 우리 아빠와 우리 막내 삼촌을 통해 알게 된 것은 이것이다. "형이 아빠가 될 수 있다."

언제까지 어린아이로 있을 수는 없으니 말이다. 더군다나 롯 그가 챙겨야 하는 사람들이 생긴 뒤에는 더더욱 그래야 했다.

롯은 아브람이 그를 장가보낼 때도 서운했을 것이다. 재산을 나누어주는 것 자체가 "너는 내 아들이 아니다"라는 말로 들렸을 것이다. 롯은 그 이전까지 단 한 번도 아브람의 것과 자신의 것을 구분해 본 적이 없었을 것이다. 롯에게 있어 아브람의 것은 당연히 모두 자신의 것이었을 것이다. 게다가 가나안 땅에서 얻은 그의 아내를 바라보는 아브람과 사래의 눈빛이 점차 탐탁지 않게 변하는 과정에서 분노했을 것이다. 이전 단원에도 언급했듯이, 객지인 가나안 땅에서 롯이 직접 나서 그의 아내를 구했을 가능성은 희박하다. 당연히 아브람과 사래가 나서 롯의 아내를 구해왔을 것이다. 그렇다면 롯은 자신의 아내를 기뻐하지 않는 아브람과 사래의 낯빛을 볼 때마다 기가 막혔을 것이다. '아니 내가 내 아내를 선택했나? 자기들이 선택해서 내 아내로 삼아 놓고서 …, 뭘 어쩌라고?'

"그들을 보고 일어나 영접하고 땅에 엎드려 절하며 이르되 내 주여 돌이켜 종의 집으로 들어와 발을 씻고 주무시고 일찌기 일어나 갈 길을 가소서." 그래도 어린 시절부터 보고 배운 것이 있었던 롯이었다. 그리고 롯의 심성 (心性) 또한 그의 할아버지 데라와 작은 아버지 아브라함과 다르지 않았을 것이다. 즉 그는 의인(義人)의 심성(心性)을 가지고 있었다.[68] 그런 점에서 보

---

68 "소돔과 고모라 성을 멸망하기로 정하여 재가 되게 하사 후세에 경건하지 아니할 자들에게 본을 삼으셨으며 ⁷무법한 자들의 음란한 행실로 말미암아 고통 당하는 **의로운 롯을** 건지셨으니 ⁸(이는 이 **의인**이 그들 중에 거하여 날마다 저 불법한 행실을 보고 들음으로 **그 의로운 심령이**

면, 롯의 자손들의 결국은 참으로 가슴 아프다.

> ³롯이 간청하매 그제서야 돌이켜 그 집으로 들어오는지라 롯이 그들을
> 위하여 식탁을 베풀고 무교병을 구우니 그들이 먹으니라 ⁴그들이 눕기
> 전에 그 성 사람 곧 소돔 백성들이 노소를 막론하고 원근에서 다 모여
> 그 집을 에워싸고 ⁵롯을 부르고 그에게 이르되 오늘 밤에 네게 온 사람
> 들이 어디 있느냐 이끌어 내라 우리가 그들을 상관하리라(창세기 19:3-
> 5)

롯의 영접에 두 천사는 이렇게 답했다. "아니라. 우리가 거리에서 밤을
새우리라." 이 대답에 롯이 재차(再次) 간청하자 두 천사는 비로소 그의 집에
들어갔다. 두 천사의 이러한 과정은 아브라함을 떠난 '롯의 심성(心性)'이 현
재 어느 정도인지를 확인하는 절차였던 것으로 보인다.[69] 그렇게 두 천사가

___

상함이라"(베드로후서 2:6-8).

69 "¹여호와께서 마므레의 상수리나무들이 있는 곳에서 아브라함에게 나타나시니라 날이 뜨거
울 때에 그가 장막 문에 앉아 있다가 ²눈을 들어 본즉 **사람 셋이 맞은편에 서 있는지라** 그가 그
들을 보자 곧 장막 문에서 달려나가 영접하며 몸을 땅에 굽혀 … ²⁰**여호와께서 또 이르시되 소
돔과 고모라에 대한 부르짖음이 크고 그 죄악이 심히 무거우니 ²¹내가 이제 내려가서 그 모
든 행한 것이 과연 내게 들린 부르짖음과 같은지 그렇지 않은지 내가 보고 알려 하노라**"(창세
기 18:1-2, 20-21).: 창세기 18장에서 아브라함이 영접한 사람 셋 중 한 분은 성육신(成肉身
)하시기 이전에 현현(顯現)하신 성자 하나님이시다. "여호와께서 또 이르시되" 이 말씀을 통해
서도 우리는 이 사실을 쉽게 확인할 수 있다. 그러나 롯이 소돔 성문에 앉았다가 영접한 존재
는 두 천사로 그 수가 줄어 있음을 알 수 있다. 즉 소돔은 천사들만 방문했다. 어찌 되었든, 성
자 하나님의 "소돔과 고모라에 대한 부르짖음이 크고 그 죄악이 심히 무거우니 내가 이제 내려
가서 그 모든 행한 것이 과연 내게 들린 부르짖음과 같은지 그렇지 않은지 내가 보고 알려하노
라"라는 말씀은 두 천사의 '소돔 방문 목적'이었을 것이다. 그리고 그 목적에 롯 또한 포함되었
을 것이 분명하다. 물론, 전지전능(全知全能)하신 성자 하나님은 직접 현장에 가셔야만 무언가

롯의 집에 들어가자, 롯이 그들을 위하여 저녁을 차려 내었다. 그런데 두 천사가 잠자리에 들기 전에 소돔 사람들이 롯의 집을 에워싸고 롯을 불렀다. "오늘 밤에 네게 온 사람이 어디 있느냐? 이끌어내라. 우리가 그들을 상관하리라."

여기서 우리는 소돔 사람들의 '죄성(罪性)'뿐 아니라 소돔 성에서 처한 '롯의 위치' 또한 확인할 수 있다. 소돔 사람들의 입장에서, 롯이 소돔 성문에 앉은 것이 합당해 보였다면 이렇게 행동했을까? 어림도 없는 이야기다. 어느 성읍의 성문에 앉았다는 것은 그 성읍의 '지도자와 재판관'이 되었다는 것을 의미했다. 다른 성읍의 지도자나 재판관도 아니고, 자신의 성읍 지도자와 재판관에게 이렇게 행동하는 사람들은 없다. 즉 소돔 사람들의 눈에 롯은 그들의 성문에 앉을 만한 그릇이 못되었다는 이야기다. 다음에 나오는 소돔 사람들의 말을 통해서도 이러한 사실을 확인할 수 있다.

> [6]롯이 문 밖의 무리에게로 나가서 뒤로 문을 닫고 [7]이르되 청하노니 내 형제들아 이런 악을 행하지 말라 [8]내게 남자를 가까이 하지 아니한 두 딸이 있노라 청하건대 내가 그들을 너희에게로 이끌어 내리니 너희 눈에 좋을 대로 그들에게 행하고 이 사람들은 내 집에 들어왔은즉 이 사람들에게는 아무 일도 저지르지 말라 [9]그들이 이르되 너는 물러나라 또 이르되 **이 자가 들어와서 거류하면서 우리의 법관이 되려 하는도다** 이제

를 확인하실 수 있는 존재가 아니다. 그러나 당신이 만드신 시공간 안에 직접 들어오셔서 우리의 눈높이에서 현장을 확인하시는 하나님의 이러한 모습은 우리와 함께하시고자 하시는 삼위일체 하나님의 마음과 은혜를 깊이 느끼게 한다.

우리가 그들보다 너를 더 해하리라 하고 롯을 밀치며 가까이 가서 그 문을 부수려고 하는지라(창세기 19:6-9)

두 천사와 상관하겠다는 소돔의 무리에게로 롯이 나아갔다. 그리고 뒤로 문을 닫고 말했다. "청하노니 내 형제들아 이런 악을 행하지 말라. 내게 남자를 가까이 하지 아니한 두 딸이 있노라. 청하건대 내가 그들을 너희에게로 이끌어내리니 너희 눈에 좋을 대로 그들에게 행하고 이 사람들은 내 집에 들어왔은즉 이 사람들에게는 아무 일도 저지르지 말라." 롯도 알고 있었던 것 같다. 롯의 말로 볼 때, 롯도 자신이 소돔 성의 성문에 앉을만한 그릇이 못 된다는 사실을 느끼고 있었던 것으로 보인다. 롯이 자신을 소돔의 진정한 지도자라고 생각했다면 이와 같이 말했을 것이다. "이게 뭐 하는 짓들이냐? 내가 누군 줄 몰라서 이렇게 떼로 몰려왔냐? 이 집이 누구 집인 줄 모르느냐?"

그래도 롯은 성문에 앉았던 배경에 의지해서 무리에게로 나아갔을 것이다. 이런 롯에게 소돔 사람들이 했던 대답이다. "너는 물러나라. 이 자가 들어와서 거류하면서 **우리의 법관이 되려 하는도다.** 이제 우리가 그들보다 너를 더 해하리라." 무슨 말인가? 비록 롯이 소돔 성문에 앉아 있기는 했으나 소돔 사람들이 보기에 롯은 그 정도 그릇은 못되었다는 이야기다. 쉽게 말해, "웃기는 소리 하지 말라"는 것이었다.

이러한 소돔 사람들의 반응을 통해서도, 우리는 평소 소돔 사람들의 눈의 비친 롯의 모습을 가늠할 수 있다. "너는 물러나라. 이 자가 들어와서 거류하면서" 소돔 사람들의 눈에 롯은 '뜨내기'일 뿐이었다. "우리의 법관이 되려 하는도다." 겉으로 볼 때, 이 말은 롯이 소돔 성문에 앉아 있는 것을 지적한 것처럼 보인다. 하지만 이 말의 속뜻이 "롯, 네까짓 게 우리의 법관이 되겠다고? 네 아내와 두 딸이나 잘 단속하고서 그 소리를 우리에게 하지 그래?"였다면 어떻게 되는 것일까?

쉽게 말해, 롯의 이 말이 사실일까? "내게 남자를 가까이 하지 아니한 두 딸이 있노라." 정말 롯의 두 딸이 남자를 몰랐다면 훗날 롯에게 술을 먹이고 그 아비를 강간할 수 있었을까?[70] 생각해보면, 불가능한 일이다. 성에 대한 지식이 지금과 같이 편만한 시절이 아니었다. 그런데 그 시절 남자를 모르는 두 딸이 아비에게 술을 먹이고 동침해 자식을 낳는다? 롯의 두 딸이 남자를 몰랐다면, 우선 지식이 없어서라도 애시당초 그런 생각을 하지 못했을 것이다. 거기에 더해, 어디서 들은 지식이 있었다 한들 두려워서 그런 행동을 하지 못했을 것이다. 그렇다면 평소 소돔에서 롯의 아내와 두 딸의 행실(行實)이 어떠했을지는 따로 언급할 필요가 없을 것이다.

쉽게 말해, 롯만 모르지 그의 두 딸은 남자를 알았을 것이다. 그리고 소돔 사람들은 그 사실을 아주 잘 알고 있었을 것이다. 그러니 "내게 남자를

---

70 "³¹큰 딸이 작은 딸에게 이르되 우리 아버지는 늙으셨고 온 세상의 도리를 따라 우리의 배필 될 사람이 이 땅에는 없으니 ³²우리가 우리 아버지에게 술을 마시게 하고 동침하여 우리 아버지로 말미암아 후손을 이어가자 하고 ³³그 밤에 그들이 아버지에게 술을 마시게 하고 큰 딸이 들어가서 그 아버지와 동침하니라 그러나 그 아버지는 그 딸이 눕고 일어나는 것을 깨닫지 못하였더라 ³⁴이튿날 큰 딸이 작은 딸에게 이르되 어제 밤에는 내가 우리 아버지와 동침하였으니 오늘 밤에도 우리가 아버지에게 술을 마시게 하고 네가 들어가 동침하고 우리가 아버지로 말미암아 후손을 이어가자 하고 ³⁵그 밤에도 그들이 아버지에게 술을 마시게 하고 작은 딸이 일어나 아버지와 동침하니라 그러나 아버지는 그 딸이 눕고 일어나는 것을 깨닫지 못하였더라"(창세기 19:31-35).

가까이 하지 아니한 두 딸이 있노라"는 롯의 말을 듣는 순간 소돔 사람들은 코웃음을 쳤을 거다. 기가 막히다는 표정을 지었을 것이다. 어쩌면, 롯의 그 말을 듣는 소돔 사람들 중에 롯의 딸과 상관한 자들이 있었을지도 모를 일이다. 나의 이러한 추측이 사실이라면, 소돔 사람들의 눈에 롯이 얼마나 한심한 존재로 보였을까?

"이제 우리가 그들보다 너를 더 해하리라 하고 롯을 밀치며 가까이 가서 그 문을 부수려고 하는지라." 그러니 소돔 사람들의 이러한 반응은 어떤 면에서는 당연했다.[71] 물론 그렇다 하더라도 소돔 사람들의 악함은 변명이 되지 않지만 말이다. 상황이 이 정도까지 악화(惡化)되자 두 천사가 개입했다.

> [10]그 사람들이 손을 내밀어 롯을 집으로 끌어들이고 문을 닫고 [11]문 밖의 무리를 대소를 막론하고 그 눈을 어둡게 하니 그들이 문을 찾느라고 헤매었더라(창세기 19:10-11)

두 천사가 손을 내밀어 롯을 집 안으로 끌어들였다. 그리고 문을 닫으며 문밖의 무리들의 눈을 어둡게 했다. 적지 않은 신학자들이 이 부분에 대해 천사들이 문을 닫으며 강한 빛을 무리들의 눈에 비추었다고 설명한다. 신학자들의 이러한 설명은 그때의 상황을 쉽게 상상할 수 있게 해준다. 하지만 천사들이 어떤 방법으로 무리들의 눈을 어둡게 했는지는 알 수 없다. 어찌

---

71 인생을 살아보면 알게 되는 일이지만, 아무리 악한 자라 할지라도 자신보다 강한 자에게는 공손하게 마련이다. 제대로 된 실력자에게는 함부로 행동하지 못하게 마련이다. 즉 롯은 자신의 실력이 아니라 아브람의 후광(後光)에 의해 소돔 성의 성문에 앉았다는 이야기다.

되었든, 무리들은 눈이 어두워져 바로 앞에 있는 롯의 집 문을 찾으려 헤매었다.

> ¹²그 사람들이 롯에게 이르되 이 외에 네게 속한 자가 또 있느냐 네 사위나 자녀나 성 중에 네게 속한 자들을 다 성 밖으로 이끌어 내라 ¹³그들에 대한 부르짖음이 여호와 앞에 크므로 여호와께서 이곳을 멸하시려고 우리를 보내셨나니 우리가 멸하리라(창세기 19:12–13)

순간적으로 이적(異蹟)을 보인 두 천사가 비로소 롯에게 자신들의 목적을 말했다. "이 외에 네게 속한 자가 또 있느냐? 네 사위나 자녀나 성 중에 네게 속한 자들을 다 성 밖으로 이끌어 내라. 그들에 대한 부르짖음이 여호와 앞에 크므로 여호와께서 이곳을 멸하시려고 우리를 보내셨나니 우리가 멸하리라."

> 롯이 나가서 그 딸들과 결혼할 사위들에게 말하여 이르기를 여호와께서 이 성을 멸하실 터이니 너희는 일어나 이 곳에서 떠나라 하되 **그의 사위들은 농담으로 여겼더라**(창세기 19:14)

천사들의 이적(異蹟)을 경험한 롯은 바로 반응했다. 롯이 그의 사위들을 방문하러 나갈 때도 소돔의 무리들은 롯의 집을 에워싸고 있었을 것이다. 그러나 그들은 롯의 집 문을 찾지 못하고 있었고, 롯은 유유히 그의 집 문을 나와 사위들을 방문할 수 있었을 것이다. 그렇게 사위들을 방문한 롯이 말했다. "여호와께서 이 성을 멸하실 터이니 너희는 일어나 이곳에서 떠나라." 그러나 그의 사위들은 롯의 말을 '농담'으로 여겼다. 이 부분에서도 평소 롯에 대한 사람들의 평판(評判)을 엿볼 수 있다. 사람들은 자신과 다른 가치관과 입장을 가지고 있는 사람이라 할지라도, 그가 평소 자신의 신념에 진실된 삶을 사는 경우 그의 말을 쉽게 무시하지 못한다. 평소 자신의 신념대로 사는 사람을 향해 그와 입장이 다른 사람들은 그를 미워하거나 증오할 수는 있지만 무시하지는 못한다. 그러나 롯의 사위들은 롯의 말을 농담으로 여겼다. 쉽게 말해, 롯의 사위들은 롯의 말을 가볍게 무시했다. 이 부분을 통해서도 롯의 딸들의 평소 행실(行實)을 엿볼 수 있다. 당연히 롯의 사위들은 롯의 딸들을 통해 롯을 보았을 것이다.

> [15]동틀 때에 천사가 롯을 재촉하여 이르되 일어나 여기 있는 네 아내와 두 딸을 이끌어 내라 이 성의 죄악 중에 함께 멸망할까 하노라 [16]**그러나 롯이 지체하매** 그 사람들이 롯의 손과 그 아내의 손과 두 딸의 손을 잡아 인도하여 성 밖에 두니 여호와께서 그에게 자비를 더하심이었더라 (창세기 19:15-16)

다사다난(多事多難)하고 길었던 밤이 지나 동이 트기 시작하자, 천사가 롯을 재촉했다. "일어나 여기 있는 네 아내와 두 딸을 이끌어 내라. 이 성의 죄악 중에 함께 멸망할까 하노라." 그러나 롯은 머뭇거렸다. 그렇다면 롯은 왜 머뭇거렸을까? 소돔 그곳에 롯의 모든 것이 있었기 때문이다. 사실은 그렇지 않았는데도 말이다. 롯에게는 소돔에 있는 것뿐 아니라, 아브라함이 있었다. 그러나 그는 그렇게 생각하지 않았다. 그렇게 롯이 지체하자 두 천사가 롯의 손과 그 아내의 손과 두 딸의 손을 잡아끌었다. 그렇게 그들을 유황과 불로 멸망 당할 소돔으로부터 끌어냈다. 그리고 그 이유를 성경은 "여호와께서 그에게 자비를 더하심이었더라"라고 증언하고 있다. 그렇다면 하나님께서 롯에게 자비를 더하신 이유는 무엇이었을까? 그것은 아브라함을 향한 하나님의 배려셨다. "하나님이 그 지역의 성을 멸하실 때 곧 롯의 거주하는 성을 엎으실 때에 하나님이 아브라함을 생각하사 롯을 그 엎으시는 중에서 내보내셨더라."[72] 그리고 보면, 아브라함의 덕을 가장 많이 본 사람 중하나가 롯이다. 그러나 아브라함의 은혜를 정말 많이 입은 존재가 아브라함을 가장 멀리한 셈이었다.

> [17]그 사람들이 그들을 밖으로 이끌어 낸 후에 이르되 도망하여 생명을 보존하라 돌아보거나 들에 머물지 말고 산으로 도망하여 멸망함을 면하라 [18]롯이 그들에게 이르되 내 주여 그리 마옵소서 [19]주의 종이 주께 은혜를 입었고 주께서 큰 인자를 내게 베푸사 내 생명을 구원하시오나 내가 도망하여 산에까지 갈 수 없나이다 두렵건대 재앙을 만나 죽을까 하나이다 [20]보소서 저 성읍은 도망하기에 가깝고 작기도 하오니 나를 그 곳으로 도망하게 하소서 이는 작은 성읍이 아니니이까 내 생명이 보존되리이다 [21]그가 그에게 이르되 내가 이 일에도 네 소원을 들었은즉 네가 말하는 그 성읍을 멸하지 아니하리니 [22]그리로 속히 도망하라 네가 거기

---

[72] 창세기 19:29

이르기까지는 내가 아무 일도 행할 수 없노라 하였더라 그러므로 그 성
읍 이름을 소알이라 불렀더라 ²³롯이 소알에 들어갈 때에 해가 돋았더라
(창세기 19:17-23)

그렇게 두 천사가 롯과 그의 가족을 소돔 밖으로 이끌어낸 후에 말했다.
"도망하여 생명을 보존하라. 돌아보거나 들에 머물지 말고 산으로 도망하여
멸망함을 면하라." 그러자 이때까지 그렇게 지체하던 롯이 이렇게 요구했
다. "내 주여 그리 마옵소서. 주의 종이 주께 은혜를 입었고 주께서 큰 인자
를 내게 베푸사 내 생명을 구원하시오나 내가 도망하여 산에까지 갈 수 없
나이다. 두렵건대 재앙을 만나 죽을까 하나이다." 정말이지 곱게 자란 도련
님다운 요구였다. 이어지는 롯의 요구를 볼 때 더욱 그러하다. "보소서. 저
성읍은 도망하기에 가깝고 작기도 하오니 나로 그곳으로 도망하게 하소서.
이는 작은 성읍이 아니니이까? 내 생명이 보존되리이다." 무슨 말인가? 산
으로 도망하여 멸망함을 면하라는 천사들의 말에 "예? 산에서 어떻게 살라
고요. 저는 도시 아니면 안 돼요. 저기 보이는 저 작은 성읍은 도망하기에
가깝기도 하고 작기도 하니 그곳으로 도망가게 해주세요. 작은 성읍이니까
저 성읍 하나 정도는 하나님의 심판에서 빼주시면 안 될까요?" 이 말이 고
대 근동(古代 近東)의 소금 줄을 쥐고 있는 성읍의 지도자가 할 소리로 들리
는가? 소알은 소돔의 남쪽에 위치한 성읍이었다. 반면 지형(地形)상 산지는
소돔 동쪽에 위치했다. 누구나 지도를 검색해보면 쉽게 이 말이 나올 것이
다. "어, 소돔 동쪽 산이 소알보다 훨씬 가까운데? 왜 굳이?" 그 결과 롯은
해가 돋을 즈음이 되어서야 소알에 들어갈 수 있었다.

"내가 이 일에도 네 소원을 들었은즉 네가 말하는 그 성읍을 멸하지 아니하리니 그리로 속히 도망하라. 네가 거기 이르기까지는 내가 아무 일도 행할 수 없노라." 천사가 이 정도까지 말하는 것으로 보아 소돔에 가기 전 두 천사는 하나님께[73] 일종의 지침(指針)을 받았던 것으로 보인다. 그것은 아브라함을 생각해서 그의 조카 롯이 요구하는 것은 어지간하면 다 들어주라는 것이었던 것 같다. 그리고 그 지침에는 롯의 철없는 성품과 '귀동(貴童)이'로 자란 그의 성장배경 또한 포함되었을 것이다. 덕분에 소알[74]이라는 조그마한 성읍이 구원받게 되었다. 소알 입장에서는 정말이지, 철부지 롯에 의해 얻은 '느닷없는 구원'이었다. 이것 또한 인생의 한 단면이다.

> [23]롯이 소알에 들어갈 때에 해가 돋았더라 [24]여호와께서 하늘 곧 여호와께로부터 유황과 불을 소돔과 고모라에 비같이 내리사 [25]그 성들과 온 들과 성에 거주하는 모든 백성과 땅에 난 것을 다 엎어 멸하셨더라(창세기 19:23-25)

그렇게 롯이 소알에 들어간 뒤, 하나님께서는 유황과 불을 비같이 소돔과 고모라에 내리셨다. 그렇게 그 성들과 온 들과 성에 거하는 모든 백성과 땅에 난 것을 모두 엎어 멸하셨다. 그렇게 하나님은 '롯과 그의 아내가 사랑했던 모든 것'을 엎어 멸하셨다.

---

73 두 천사와 함께 아브라함을 방문하신 성자 하나님으로부터
74 소알은 '작은'이란 뜻이다.

²⁶롯의 아내는 뒤를 돌아보았으므로 소금 기둥이 되었더라 ²⁷아브라함이 그 아침에 일찍이 일어나 여호와 앞에 서 있던 곳에 이르러 ²⁸소돔과 고모라와 그 온 지역을 향하여 눈을 들어 연기가 옹기 가마의 연기같이 치솟음을 보았더라 ²⁹하나님이 그 지역의 성을 멸하실 때 곧 롯이 거주하는 성을 엎으실 때에 하나님이 아브라함을 생각하사 롯을 그 엎으시는 중에서 내보내셨더라(창세기 19:26-29)

"롯의 아내는 뒤를 돌아보았으므로 소금 기둥이 되었더라." 하나님의 은혜에도 불구하고, 돌아보지 말라는 천사들의 명령을 어기고 뒤를 돌아본 롯의 아내는 소금 기둥이 되고 말았다. 롯의 아내가 소돔에 두고 온 재산을 잊지 못해 뒤를 돌아봤다는 신학자들의 의견에 나는 적극적으로 동의한다. 앞에서도 지적했듯이, 돈을 밝히는 롯의 아내의 이러한 성향은 아브라함과 사라의 심기(心氣)를 불편하게 했을 것이다. 오죽했으면, 이삭의 아내로 '가나안 여인'은 절대 안 된다고 했을까?[75]

결국, 롯의 아내는 그녀가 '사랑하는 대상'의 모습으로 변했다. 소돔과 고모라의 부(富)는 그 지역의 특산물인 '소금' 덕이었다. 즉 소돔과 고모라는 '소금으로 지어진 성읍'이었다. 그렇게 소돔을 사랑한 롯의 아내는 그녀가

---

75 "³내가 너에게 하늘의 하나님, 땅의 하나님이신 여호와를 가리켜 맹세하게 하노니 너는 내가 거주하는 **이 지방 가나안 족속의 딸 중에서 내 아들을 위하여 아내를 택하지 말고** ⁴내 고향 내 족속에게로 가서 내 아들 이삭을 위하여 아내를 택하라"(창세기 24:3-4).: 앞에서도 언급했듯이, 아브라함의 고향에 있는 아브라함의 족속들은 하나님을 섬기는 데 충실한 사람들이 아니었다. 그러니 이삭의 아내를 아브라함의 고향에서 구하려 한 것은 신앙적인 이유보다는 롯의 아내에 의한 '학습 효과'였을 가능성이 높다.

사랑한 '소금 기둥'이 되고 말았다.

> [30]롯이 소알에 거주하기를 두려워하여 두 딸과 함께 소알에서 나와 산에 올라가 거주하되 그 두 딸과 함께 굴에 거주하였더니 [31]큰 딸이 작은 딸에게 이르되 우리 아버지는 늙으셨고 온 세상의 도리를 따라 우리의 배필 될 사람이 이 땅에는 없으니 [32]우리가 우리 아버지에게 술을 마시게 하고 동침하여 우리 아버지로 말미암아 후손을 이어가자 하고 [33]그 밤에 그들이 아버지에게 술을 마시게 하고 큰 딸이 들어가서 그 아버지와 동침하니라 그러나 그 아버지는 그 딸이 눕고 일어나는 것을 깨닫지 못하였더라 [34]이튿날 큰 딸이 작은 딸에게 이르되 어제 밤에는 내가 우리 아버지와 동침하였으니 오늘 밤에도 우리가 아버지에게 술을 마시게 하고 네가 들어가 동침하고 우리가 아버지로 말미암아 후손을 이어가자 하고 [35]그 밤에도 그들이 아버지에게 술을 마시게 하고 작은 딸이 일어나 아버지와 동침하니라 그러나 아버지는 그 딸이 눕고 일어나는 것을 깨닫지 못하였더라 [36]롯의 두 딸이 아버지로 말미암아 임신하고 [37]큰 딸은 아들을 낳아 이름을 **모압**이라 하였으니 오늘날 **모압의 조상**이요 [38]작은 딸도 아들을 낳아 이름을 **벤암미**라 하였으니 오늘날 **암몬 자손의 조상**이었더라(창세기 19:30-38)

롯이 소알로 도망가겠다고 하기 전, 천사들이 롯에게 했던 처음 명령은 이러했다. "도망하여 생명을 보존하라. 돌아보거나 들에 머물지 말고 **산으로 도망하여** 멸망함을 면하라." 그러나 자신의 요구로 소알로 도망간 롯은 무슨 이유인지 소알에 거하기를 두려워했다. 그 결과 두 딸과 함께 소알에서 나와 산에 올라 거(居)하게 되었다. 그렇게 놓고 보면, 천사들의 처음 명령이 옳았다. 그렇다면 천사들은 왜 산으로 피난하라고 했을까? 혹시, 하나님께 롯의 '귀동(貴童)이'로서의 성장배경을 전해 들은 천사들의 생각에 산은 '중간 기착지(寄着地)'[76]였을까?

소알에 거하는 것이 두려워지자, 롯은 뒤늦게 천사들의 '처음 명령'을 기억했을 수도 있다. 만에 하나 그렇다면, 정말이지 요즘 시장 언어로 '대(大)환장(換腸) 파티(party)'라 할 상황이 벌어진 것이다. 이것이 어리석은 자들의 특징이다. 하나님의 명령 중, 뒤늦게 이상한 부분에 집착하는 것이 이런 사람들의 특징이다. 이들은 하나님의 명령 중 전체적인 맥락이 아니라 아주 지엽적(枝葉的)[77]인 부분에 집착하는 경향이 있다. 어쩌면 두 천사는 롯에게 산으로 도망하라고 할 경우, 산에서의 생활에 적응하지 못하고 자연스럽게 아브라함에게 돌아가리라 생각했을 수도 있다. 그런데 뒤늦게 소알에 거하는 것이 두려워지자 천사들이 산에서 살라고 했다면서 롯이 고집을 피웠을 가능성이 높다. 이 이야기를 들으면서 각자 떠오르는 그 무엇이 있으리라 믿는다.

이러한 내 추측은 상당히 가능성이 높다. 어찌 되었든, 그 꼴이 되어서도 롯은 아브라함이 싫었던 것 같다. 아브라함에게 돌아가기 싫었던 것 같다.

---

76 목적지로 가는 도중 잠시 들르는 곳.
77 본질적이지 않은, 중요하지 않은.

한편으로는, 자존심도 상했을 것이다. 소돔에서 두 번째 '소금 전쟁'에 휘말리기 전까지 아브라함을 향한 롯의 마음은 이러했을 것이다. '도대체 왜 저렇게 살아? 촌스럽게, 궁상을 떨면서? 큰 민족을 이루게 해주겠다던 하나님은 어디 가고?'

그런데 이삭의 수태 고지 직후, 소돔과 고모라가 멸망했다. 그렇다면 롯이 소알을 떠나 산에 들어갔을 때, 아브라함에게는 이삭이 태어났을 것이다. 이제 모든 것을 잃은 롯에게는 두 딸밖에 남아 있지 않았다. 그런데 사라의 죽은 몸에서[78] '적장자(嫡長子)'[79]가 태어난 것이다. 아브라함을 통해 큰 민족을 이루시겠다던 하나님의 약속이 실현되기 시작한 것이다. 아브라함이 하란에서 가나안을 향해 출발할 때 하나님이 하셨다는 말씀이 사실로 눈앞에 드러나기 시작한 것이다. '도대체 왜 저렇게 살아? 촌스럽게, 궁상을 떨면서? 큰 민족을 이루게 해주겠다던 하나님은 어디 가고?' 아브라함을 멸시하며 품었던 롯의 이 생각이 틀렸다는 사실이 확실해진 것이다.

이전에는 롯이 아브라함을 찾아가지 않은 것은 면목이 없어서라고 생각했다. 그러나 '아브라함의 조카, 롯' 설교문을 쓰다 보니 그 이유만 있었던 것 같지 않다. 물론, 롯은 면목이 없었을 것이다. 동시에 하나님의 약속대로 아들을 가지게 된 아브라함의 모습이 보기 싫었던 것 같다. 자신의 평생이 '부정당하는 느낌'이었을 것이다. 자신의 평생이 틀렸다는 것을 확인하는 것

---

78 "그가 백 세나 되어 자기 몸이 죽은 것 같고 **사라의 태가 죽은 것 같음을** 알고도 믿음이 약하여지지 아니하고"(로마서 4:19).

79 정실(正室)의 몸에서 태어난 장자(長子)

보다 사람을 비참하게 만드는 것은 없다.

그렇게 평생 아브라함을 향한 부정적인 감정을 해결하지 못한 롯은 불행한 과정을 통하여 두 명의 아들이자 손자를 얻게 되었다. 롯의 큰딸은 그 아이의 이름을 '모압'이라고 했다. 작은딸은 아이의 이름을 '벤암미'라고 했다. '모압'의 뜻은 '아버지의 소생'이다. '벤암미'의 뜻은 '내 육신의 아들'이다. 후에 '벤암미'의 자손들을 사람들은 '암몬'이라 불렀다. '암몬'의 뜻은 '근친(近親)'이다.

"그 밤에 그들이 아버지에게 술을 마시게 하고 큰 딸이 들어가서 그 아버지와 동침하니라. 그러나 그 아버지는 그 딸이 눕고 일어나는 것을 **깨닫지 못하였더라.**", "그 밤에도 그들이 아버지에게 술을 마시게 하고 작은 딸이 일어나 아버지와 동침하니라. 그러나 아버지는 그 딸이 눕고 일어나는 것을 **깨닫지 못하였더라.**" 물론 롯은 두 딸이 어떠한 과정을 통하여 임신하게 되었는지 깨닫지 못했다. 처음에는 그랬다. 그러나 끝까지 그 사실을 몰랐을까? 두 딸이 태어난 사내아이들을 부르는 이름을 듣고도 과연 끝까지 그 사실을 몰랐을까? 그랬을 리가 없다. 그렇게 놓고 보면, 롯의 "내게 남자를 가까이 하지 아니한 두 딸이 있노라"라는 말은 사실일 리가 없다. 정말이지, 롯의 두 딸은 소돔에 딱 맞는 여자들이었다. 생각해보면, 참으로 잔인한 인생이다. 참으로 안된 인생이다. 그렇게 태어난 두 사내아이는 이후 언약 백성의 대적이자 저주받은 족속 '모암과 암몬의 조상'이 되었다.

'아브라함의 조카, 롯' 설교문을 시작할 때 언급했듯이, 롯의 인생은 "어떤 삶을 살면 의인(義人)의 자식들이 하나님의 원수가 되는가?"에 대한 이야기다. 그리고 이 설교문을 미리 읽어보신 어느 목사님의 말씀대로 어쩌면 롯의 인생은 지금 한국 교회 성도들의 일반적인 모습일지도 모른다. 믿는 부모님 밑에서 자라는 자식들이 그들의 부모에게서 가장 많이 듣는 말은 무엇일까? 과연 몇이나 "예수 잘 믿어야 한다. 성경 읽어라"는 말을 듣고 자랄까? 그런 말을 듣고 자란다 할지라도, 그중에 몇이나 "신앙을 위해 손해 보는 선택"을 하는 부모의 모습을 볼까? 나는 20년 가까운 CMF간사 생활 동안 의사 아들을 둔 목사님과 장로님 그리고 권사님들이 의사 아닌 사람과 결혼하겠다는 자녀에게 성경적인 이야기를 하는 경우를 거의 보지 못했다. 자녀의 결혼 과정에서 성경에서 말하는 대로 하는 분을 '거의' 보지 못했다.[80] 그분들은 '대부분' 말이 아닌 행동으로 '소금 기둥'을 사랑했다.

> [27]**아브라함이 그 아침에 일찌기 일어나** 여호와 앞에 서 있던 곳에 이르러 [28]소돔과 고모라와 그 온 지역을 향하여 눈을 들어 연기가 옹기 가마의 연기같이 치솟음을 보았더라 [29]하나님이 그 지역의 성을 멸하실 때 곧 롯이 거주하는 성을 엎으실 때에 하나님이 아브라함을 생각하사 롯을 그 엎으시는 중에서 내보내셨더라(창세기 19:27-29)

이러한 '롯의 모습'은 '롯을 향한 아브라함의 모습'과 대비되면서 우리에게 아련함을 남긴다. 하나님께서 소돔과 고모라를 멸하시던 날, 아브라함

---

80 '거의'와 '대부분'이라는 단어를 쓴 이유는 아브라함과 같은 부모님을 뵌 적이 있기 때문이다. 다만 그러한 경우는 희귀했다.

은 아침에 일찍이 일어나 여호와 앞에 섰던 곳에 이르렀다. 그리고 사해 너머 소돔과 고모라를 바라보았다. 약속의 땅에 서서 약속의 땅 너머에 있는 소돔과 고모라를 바라보았다. 그곳은 롯이 아브라함을 떠나 정착한 곳이었다. 그곳은 롯이 약속의 땅을 벗어나 정착한 곳이었다. '아침에 일찍이 일어나', 무슨 뜻일까? 지난밤 아브라함은 롯 걱정에 한숨도 제대로 자지 못했다는 것이다. 그렇게 이삭이 태어나기 전에도 이삭이 태어난 후에도 롯은 아브라함에게 있어서 '아들'이었을 것이다. 롯 그만 알지 못했을 뿐이다. 롯은 그 자신이 존재(Being)로서 아브라함에게 선물이었다는 사실을 알지 못했다. 그것이 그의 비극이었다. 롯 그를 사랑한 아브라함의 길을 따르지 않은 것이 그와 그의 자손들의 비극이었다.

양육 가설

['맹모삼천지교(孟母三遷之敎)'는 다 아는 '고사(古事)'일 것이다. 나중에 졸업하고 나면 알게 되겠지만, 우리 CMF 지체들이 경제력을 가진 뒤에 이사 가는 곳은 대부분의 경우 정해져 있다. 그 도시의 의사들이 모여 사는 아파트촌과 학군(學群)은 정해져 있다. 그런데 생각해볼 일이다. 그 도시의 의사들이 모여 사는 지역에서 오가는 말과 문화는 어떠할까? 어떤 가치관이 자라나는 자녀들 사이에 오갈까? 과연 성경적인 이야기가 오갈까?]

'아브라함의 조카, 롯' 두 번째 설교에서 한 말이다. '아브라함의 조카, 롯' 설교문은 20-30분 정도의 짧은 설교문을 예상하고 시작했다. 롯이라면 짧은 시간에 소화할 수 있으리라는 생각에서 시작한 설교였다. 하지만 벌써 네 번째 설교에 이르렀다.

롯에 대한 네 번째 설교는 전적(全的)으로 설교문을 읽어보신 어느 목사님의 '피드백(feedback)' 때문에 생각하게 되었다. "이 설교문은 한국 교회를 향한 하나님의 강력한 경고다. 특별히 신실해 보이는 성도들의 자녀교육에 대한 경고다. 자녀의 신앙교육에 실패하고 있는 모든 성도들의 이야기다. 그리고 그 어느 누구 하나 자유로울 수 없는 이야기다." 맨 처음 목사님의 이야기를 들었을 때는 그렇게 크게 와닿지 않았다. 하지만 목사님의 두 번째 방문을 받고, 그분의 고뇌에 찬 얼굴 표정을 접하고 나서 설교문을 다시 살펴보게 되었다. 그리고 이 문제가 간단한 문제가 아님을 깨닫게 되었다. '아브라함의 조카, 롯' 설교문을 처음 생각했을 때 떠올랐던 가인과 아담의 족보가 생각났다.

> [16]가인이 여호와 앞을 떠나서 에덴 동쪽 놋 땅에 거주하더니 [17]아내와 동침하매 그가 임신하여 에녹을 낳은지라 **가인이 성을 쌓고** 그의 아들의 이름으로 성을 이름하여 에녹이라 하니라 [18]에녹이 이랏을 낳고 이랏은 므후야엘을 낳고 므후야엘은 므드사엘을 낳고 므드사엘은 라멕을 낳았더라 [19]라멕이 두 아내를 맞이하였으니 하나의 이름은 아다요 하나의 이름은 씰라였더라 [20]아다는 야발을 낳았으니 **그는 장막에 거주하며 가축을 치는 자의 조상이 되었고** [21]그의 아우의 이름은 유발이니 **그는 수금과 퉁소를 잡는 모든 자의 조상이 되었으며** [22]씰라는 두발가인을 낳았으니 **그는 구리와 쇠로 여러 가지 기구를 만드는 자요** 두발가인의 누이는 나아마였더라(창세기 4:16−22)

인류 역사상, 최초의 살인자인 가인의 족보다. 그는 여호와 앞에서 쫓겨

나 에덴 동쪽 놋 땅에 거주하게 되었다. 그리고 아들을 낳게 되었는데 그 이름을 에녹이라 하였다. 이후 가인은 성을 쌓고 그의 아들의 이름으로 성을 이름하여 에녹이라 하였다. 인류 역사상, 첫 번째 '도시 문명'이 시작된 것이다. 즉 도시 문명은 인류 최초의 살인자로부터 시작되었다. 바로 앞의 문장때문에 나를 '반문명주의자(反文明主義者)'로 생각할 필요는 없다. 나는 비록작은 도시이기는 하지만 도시에서 태어나 도시에서 자랐으며 도시를 떠나산 적이 없다. 인류 최초의 살인자로부터 도시 문명이 시작되었다는 사실에서 우리가 기억해야 할 지점은 이것이다. 도시는 자연에 노출되어있는 환경보다 하나님을 잊고 살기 쉬운 곳이라는 점이다.

이후 가인의 자손 중에서 '가축을 치는 자의 조상'과 '수금과 퉁소를 잡는모든 자의 조상' 그리고 '구리와 쇠로 여러 가지 기구를 만드는 자'가 나온다. 욥기에서도 확인할 수 있듯이, 이 시기 부(富)의 척도는 '가축'이었다.[81]특별히 욥기에 언급된 '낙타와 소 그리고 나귀'는 고대 근동(古代 近東) 지역에서 상단(商團)이 물건을 나를 때 사용했던 대표적인 가축이었다. 당연히이들 가축은 농업에도 사용되었다. 즉 가인의 족보에 나오는 야발은 '농업과 축산업 그리고 물류(物流)사업'의 조상이 되었다. 이제는 누구나 '물류 사업자'가 전 세계의 부(富)를 쥐게 된다는 사실 정도는 알고 있으리라 믿는다.이렇게 '가축을 치는 일'이 '농업과 축산업'뿐 아니라 '물류사업'을 뜻한다

---

81 "그의 소유물은 양이 칠천 마리요 낙타가 삼천 마리요 소가 오백 겨리요 암나귀가 오백 마리이며 종도 많이 있었으니 이 사람은 동방 사람 중에 가장 훌륭한 자라"(욥기 1:3).

면, '수금과 퉁소를 잡는 자'는 무엇을 하는 사람들일까? 쉽게 예상할 수 있 듯이 야발의 아우 유발은 '문화(Entertainment)사업'을 하는 사람들의 조상이 되었다. 또한, 가인의 족보에 나오는 두발가인은 '구리와 쇠로 여러 가지 기 구를 만드는 자'였다. 그렇다면 '구리와 쇠로 만들어진 기구'는 무엇이었을 까? 당연히 '농기구나 일상생활에 필요한 도구들'도 있었겠지만, 금속 문명 은 '무력(武力)'을 의미했다.

그러니 가인의 족보에 나오는 인물들은 이 세상의 '경제 권력과 문화 권 력 그리고 군사력'의 조상이 되었다. 현실 세계를 지배하는 모든 권력이 '인 류 최초의 살인자 가인'의 후손들로부터 시작된 셈이다. 그리고 '도시 문명' 은 가인이 쌓은 성으로부터 시작되었다.

반면, 궁극적으로 '우리 주 예수 그리스도'께서 오실 '아담의 족보'에는 이 러한 내용이 전혀 없다. 아래 인용한 아담에서 노아에 이르는 족보에는 소 위(所謂) 어떠한 '업적(業績)'도 기록되어 있지 않다. 그저 누가 누구를 낳은 후 몇 년간 자녀들을 낳았으며, 그는 몇 세를 살고 죽었다는 내용이 전부다.

¹이것은 아담의 계보를 적은 책이니라 하나님이 사람을 창조하실 때에 하나님의 모양대로 지으시되 ²남자와 여자를 창조하셨고 그들이 창조되 던 날에 하나님이 그들에게 복을 주시고 그들의 이름을 사람이라 일컬 으셨더라 ³아담은 백삼십 세에 자기의 모양 곧 자기의 형상과 같은 아들 을 낳아 이름을 셋이라 하였고 ⁴아담은 셋을 낳은 후 팔백 년을 지내며 자녀들을 낳았으며 ⁵그는 구백삼십 세를 살고 죽었더라 ⁶셋은 백오 세

에 에노스를 낳았고 [7]에노스를 낳은 후 팔백칠 년을 지내며 자녀들을 낳았으며 [8]그는 구백십이 세를 살고 죽었더라 [9]에노스는 구십 세에 게난을 낳았고 [10]게난을 낳은 후 팔백십오 년을 지내며 자녀들을 낳았으며 [11]그는 구백오 세를 살고 죽었더라 [12]게난은 칠십 세에 마할랄렐을 낳았고 [13]마할랄렐을 낳은 후 팔백사십 년을 지내며 자녀들을 낳았으며 [14]그는 구백십 세를 살고 죽었더라 [15]마할랄렐은 육십오 세에 야렛을 낳았고 [16]야렛을 낳은 후 팔백삼십 년을 지내며 자녀를 낳았으며 [17]그는 팔백구십오 세를 살고 죽었더라 [18]야렛은 백육십이 세에 에녹을 낳았고 [19]에녹을 낳은 후 팔백 년을 지내며 자녀들을 낳았으며 [20]그는 구백육십이 세를 살고 죽었더라 [21]**에녹은 육십오 세에 므두셀라를 낳았고** [22]**므두셀라를 낳은 후 삼백 년을 하나님과 동행하며 자녀들을 낳았으며** [23]그는 삼백육십오 세를 살았더라 [24]**에녹이 하나님과 동행하더니 하나님이 그를 데려가시므로 세상에 있지 아니하였더라** [25]므두셀라는 백팔십칠 세에 라멕을 낳았고 [26]라멕을 낳은 후 칠백팔십이 년을 지내며 자녀를 낳았으며 [27]**그는 구백육십구 세를 살고 죽었더라** [28]라멕은 백팔십이 세에 아들을 낳고 [29]이름을 노아라 하여 이르되 여호와께서 땅을 저주하시므로 수고롭게 일하는 우리를 이 아들이 안위하리라 하였더라 [30]라멕은 노아를 낳은 후 오백구십오 년을 지내며 자녀들을 낳았으며 [31]그는 칠백칠십칠 세를 살고 죽었더라 [32]노아는 오백 세 된 후에 셈과 함과 야벳을 낳았더라(창세기 5장)

이렇게 '반복되는 패턴(pattern)' 가운데 눈에 띄는 인물이 있을 것이다. 그는 '죽음을 맛보지 않고 승천한 인물'로 성경에 기록된 '두 명'[82] 중 하나인 '에녹'이다. 에녹의 이름 뜻은 '순종하는 자, 따르는 자, 봉헌하다'이다. 이러한 '에녹'이 죽음을 맛보지 않고 승천한 이유를 성경은 "그가 하나님과 동행하더니"라고 밝히고 있다. 그렇다면 에녹은 어떻게 하나님과 밀접하게 동행하게 되었을까? 그 답 또한 위에 인용한 성경 본문 가운데 있다. '므두셀라를 낳은 후 삼백 년을 하나님과 동행하며', 에녹은 처음부터 하나님과 동행하지 않았다. 그는 므두셀라를 낳기 전까지는 하나님과 동행하지 않았다. 에녹은 65세에 므두셀라를 낳은 후 300년간 하나님과 동행했다. 그러한 이유로 신학자들은 에녹의 하나님과의 동행을 그의 아들 므두셀라의 이름과 연관이 있다고 말하곤 한다. '므두셀라'의 이름 뜻은 일차적으로 '창을 던지는 자'다. 동시에 '그가 죽으면 심판이 온다'라는 뜻 또한 가지고 있다고 신학자들은 말한다. 실제 성경에 나오는 족보에 기록된 나이들을 계산해보면, 므두셀라가 죽은 해에 '노아의 홍수'가 있었음을 알 수 있다.

이러한 정황으로 볼 때, 에녹은 그의 아들 므두셀라의 이름을 직접 지은 것 같지 않다. 하나님께서 태어날 아이의 이름을 지정(指定)해 주신 것으로 보인다. 그렇다면, 므두셀라가 태어난 후 에녹의 마음은 어떠했을까? 아들

---

[82] 에녹과 엘리야: "¹¹두 사람이 길을 가며 말하더니 불수레와 불말들이 두 사람을 갈라놓고 **엘리야가 회오리 바람으로 하늘로 올라가더라** ¹²엘리사가 보고 소리 지르되 내 아버지여 내 아버지여 이스라엘의 병거와 그 마병이여 하더니 **다시 보이지 아니하는지라** 이에 엘리사가 자기의 옷을 잡아 둘로 찢고"(열왕기하 2:11-12).: 참고로, 성경에 기록된 승천한 인물 중 예수님을 뺀 이유는 예수님께서 사람이 아니시기 때문이 아니다. 성육신(成肉身)하신 이후, 우리 주 예수 그리스도는 100% 참 하나님이신 동시에 우리와 동일본질(同一本質)이신 100% 참 사람이시다. 즉 성경에는 세 명의 승천 기록이 있다. 그런데 이 셋 중 우리 주 예수 그리스도만이 십자가에서 죽음을 맛보셨다. 그러한 이유로 '죽음을 맛보지 않고 승천한 인물' 명단에서 예수님을 제외했다.

의 이름을 부를 때마다 무엇을 기억했을까? 하나님께서 므두셀라의 이름을 직접 주셨다면, 에녹은 이와 관련된 하나님의 심판 계획을 들었을 것이다. 그 결과, 에녹은 아들의 이름을 부를 때마다 속으로 되새겼을 것이다. '이 아이가 죽으면 세상에 심판이 온다!' 그리고 이때부터 에녹은 하나님과 동행하는 삶을 살게 되었다. 그렇게 놓고 보면, 우리의 마지막을 기억하는 것은 신앙에 큰 유익이 있다. 무한(無限)하신 하나님 앞에 우리의 유한(有限)함을 기억하는 것은 피조물(被造物)로서의 우리의 바른 자리를 기억하게 해준다.

그 세월이 300년이었다. 그렇게 하나님과 300년간 친밀하게 동행한 에녹의 신앙은 어느 수준에 이르렀을까? 가늠하기는 쉽지 않겠지만, 어느 정도 상상할 수 있으리라 믿는다. 그렇게 이 땅에서의 성화(聖化)의 과정을 마치자 하나님께서는 그를 당신에게로 데려가셨다. 이러한 사실은 구원론에서 배우는 '칭의(稱義)와 성화(聖化)의 목적'을 이해하는 데 많은 도움을 준다. 성화(聖化)의 과정에서 우리가 겪게 되는 '고난'이 '하나님의 목적'이 아님을 깨닫게 된다. 에녹의 삶을 통해서도 우리는 하나님의 관심이 '당신의 자녀, 그들의 성숙'에 있음을 알 수 있다. 우리 인생 가운데 겪게 되는 '고난'은 하나님께서 우리에게 허락하신 '성숙의 도구'다.

또 한 가지 짚고 넘어갈 부분이 있다. 에녹이 하나님으로부터 므두셀라의 이름을 받으면서 하나님의 심판 계획을 들었을 것이라는 나의 추측이 사실이라면, 노아의 이야기가 새롭게 보일 것이다. 이러한 나의 추측이 사실이라면, 노아는 증조할아버지인 '에녹의 승천'과 '에녹으로부터 내려오는 이야기'를 알고 있었을 것이다. 그의 할아버지 므두셀라의 이름과 연관된 '하나님의 계획'을 어린 시절부터 들었을 것이다.

> 여호와께서 이르시되 나의 영이 영원히 사람과 함께하지 아니하리니 이
> 는 그들이 육신이 됨이라 **그러나 그들의 날은 백이십 년이 되리라** 하시
> 니라(창세기 6:3)

"그러나 그들의 날은 백이십 년이 되리라." 이 성경 말씀을 근거로 노아
의 홍수 이후 사람의 수명은 120년으로 제한되었다는 속설(俗說)이 돌아다
닌다. 그러나 이 말씀은 그런 뜻이 아니다. 하나님의 이 말씀은 노아에게 방
주를 지으라고 명령하신 때로부터 120년 뒤에 심판을 내리시겠다는 경고
다. 즉 그 당시 하나님을 떠난 죄인들이 하나님께로 돌아올 회개의 시간을
120년으로 정해주신 것이다. 동시에 그 당시 하나님을 떠난 죄인들이 그들
마음대로 죄를 지을 수 있는 '그들의 날이 영원하지 않을 것'이라는 경고다.
그들에게 주어진 120년 동안(노아가 방주를 만드는 120년 동안) 그대로 죄를 짓
다가 싹쓸이를 당할 것인지, 아니면 회개하여 '하나님의 마음을 돌이킬 것
인지'[83]는 그들의 선택이었다.

> [5]여호와께서 사람의 죄악이 세상에 가득함과 그의 마음으로 생각하는
> 모든 계획이 항상 악할 뿐임을 보시고 [6]땅 위에 사람 지으셨음을 한탄하

---

[83] "하나님이 그들이 행한 것 곧 그 악한 길에서 돌이켜 떠난 것을 보시고 **하나님이 뜻을 돌이키
사 그들에게 내리리라고 말씀하신 재앙을 내리지 아니하시니라**"(요나 3:10).

사 마음에 근심하시고 [7]이르시되 **내가 창조한 사람을 내가 지면에서 쓸**
어버리되 사람으로부터 가축과 기는 것과 공중의 새까지 그리하리니 이
는 내가 그것들을 지었음을 한탄함이니라 하시니라 [8]**그러나 노아는 여**
호와께 은혜를 입었더라(창세기 6:5-8)

또한, 하나님과 동행한 에녹 이야기를 통해 우리는 노아가 방주를 짓는
120년 동안 혼자가 아니었음을 예상할 수 있다. 아담에서 노아까지의 족보
를 자세히 살펴보면, 노아의 아버지 라멕은 노아의 할아버지 므두셀라보다
5년 빨리 세상을 떠났음을 알 수 있다. 그리고 '그가 죽으면 심판이 온다'라
는 노아의 할아버지 므두셀라가 죽자 노아의 홍수가 시작되었다. 쉽게 말
해, 노아는 방주를 짓는 120년 중 115년을 그의 할아버지 므두셀라 그리
고 아버지 라멕과 함께했을 것이다. 그리고 마지막 5년은 그의 할아버지 므
두셀라와 함께했을 것이다. 즉 노아는 방주를 그 혼자 만들지 않았을 것이
다.[84]

이러한 나의 추측은 노아의 아버지 라멕이 노아가 태어난 뒤 했던 신앙
고백 때문이다. '라멕은 백팔십이 세에 아들을 낳고, 이름을 노아라 하여 이
르되 여호와께서 땅을 저주하시므로 수고롭게 일하는 우리를 이 아들이 안
위하리라 하였더라.'[85] 생각이 여기까지 이르면, '왜 라멕의 자식 중 노아만

---

84 물론 노아의 방주에 들어간 노아의 아내와 그의 세 아들 그리고 세 며느리가 함께했을 것이다.
위의 문장은 노아의 방주에 들어간 노아의 가족 8명 외에 노아의 아버지 라멕과 할아버지 므
두셀라가 함께했을 것이라는 이야기다.

85 창세기 5:28-29

하나님의 명령에 순종했을까?'[86]라는 의문을 가지게 된다. 라멕은 노아를 낳은 후에도 595년을 지내며 자식을 낳았는데 말이다.[87] 그렇게 놓고 보면, 우리는 하나님의 은혜를 입은 자만이 하나님의 명령에 순종하는 삶을 살 수 있음을 알 수 있다. 같은 증조할아버지와 같은 할아버지 그리고 같은 아버지를 가졌지만, 노아의 형제자매 중 어느 누구도 노아의 방주에 들어가지 못했다는 사실은 우리에게 많은 생각을 하게 한다.

한 가지 사실을 더 짚고 가자면, 노아의 할아버지 '므두셀라'는 성경에 기록된 가장 장수(長壽)한 인물이다. 앞에서도 언급했지만, '므두셀라'의 이름 뜻은 '그가 죽으면 심판이 온다'이다. 그런데 그는 세상에서 가장 오래 산 인물이었다. 세상에서 가장 늦게 죽은 사람이었다. 이것을 통해서도 우리가 알 수 있는 사실이 있다. 그것은 하나님은 심판을 즐기시는 분이 아니시라는 것이다. 하나님은 어떻게 해서라도 할 수만 있다면 심판을 피하고 싶어 하신다는 점이다. 이러한 하나님과 300년을 동행한 에녹은 죽음을 맛보지 않고 승천했다. 이를 통해 우리는 '하나님과의 동행'이 신앙의 가장 높은 경지임을 알 수 있다. 동시에 우리 주 예수 그리스도께서 승천하신 뒤 보내주신 영, 그때부터 '예수의 영'이라 불리우는 '성령 하나님의 내주(內住)하심'을

---

86 비록 하나님께서 노아에게만 직접 방주를 지으라고 명령하셨다지만

87 이러한 사실을 통해서도 우리는 '부모의 양육'이 자식의 인격을 형성하는 '모든 환경'이 아님을 알 수 있다. 결국, 노아를 노아 되게 만든 것은 '라멕의 양육'에 더해 '노아를 둘러싼 또래 집단' 혹은 '멘토(mentor)가 되는 어른들'의 영향이었을 것이다. 즉 우리의 삶 가운데 누구를 만나느냐가 우리의 인생을 결정하게 된다. 이 부분이 바로 '하나님의 은혜'의 영역이다. : **"그러나 노아는 여호와께 은혜를 입었더라"**(창세기 6:8).

입은 성도들이 입은 은혜가 얼마나 큰지를 깨달을 수 있다. 우리 안에 '예수의 영이 들어와 사심'보다 밀접한 '하나님과의 동행'이 있을까? 그런 점에서 우리 모두는 성령의 충만함을 받아야 한다.

> 술 취하지 말라 이는 방탕한 것이니 **오직 성령으로 충만함을 받으라**(에 베소서 5:18)

그렇다면 '성령의 내주(內住)하심'과 '성령으로 충만함을 받는다'라는 것은 어떤 차이가 있을까? 간단하다. '성령의 내주(內住)하심'[88]은 '예수 내 안에 사심'이다. 그리고 '성령으로 충만함을 받는다'는 '예수 내 안에 마음껏 사심'을 뜻한다. 다시 말해서 성령으로 충만은 '성령의 사역의 충만' 곧 '성령이 내 안에서 마음껏 일하심'을 뜻한다. 방금 언급한 내용을 마음속 깊이 묵상하기 바란다.

이쯤 되면 '우리가 지금 무슨 말을 하다가 여기까지 왔지?'라는 생각을 할 것이다. 지금 우리는 '아브라함의 조카, 롯'의 성경인물 설교 네 번째를 나누고 있다. 우리는 지금 "성경에서 인정한 '의인(義人) 롯' 아래서 어떻게 '하나님의 대적(對敵)인 모압과 암몬'이 나오게 되었는가?"에 대한 이야기를 나누고 있다. 어떻게 '경건한 롯'의 자손들이 '하나님의 원수'가 되었는지를 추적

---

88 "내가 그리스도와 함께 십자가에 못 박혔나니 그런즉 이제는 내가 사는 것이 아니요 오직 내 안에 그리스도께서 사시는 것이라 이제 내가 육체 가운데 사는 것은 나를 사랑하사 나를 위하여 자기 자신을 버리신 하나님의 아들을 믿는 믿음 안에서 사는 것이라"(갈라디아서 2:20).

하고 있다.

　그 과정에서 인류 최초의 살인자 '가인의 족보'와 우리 주 예수 그리스도 께서 오신 '아담의 족보'를 비교해 보았다. 이제 두 족보의 차이가 눈에 들어 올 것이다. '가인의 족보'에는 족보에 나오는 인물들의 '업적(業績)'이 기록되 어 있다. 반면 '아담의 족보'에는 자녀를 낳아 기르다 하나님께서 정하신 때 에 삶을 마친 인물들이 기록되어 있다. 그리고 아담의 족보에는 이름을 부 를 때마다 심판을 떠올리는 므두셀라를 낳은 후 하나님과 동행하다 승천한 에녹의 이야기가 기록되어 있다. 즉 아담의 족보에는 '하나님께서 주신 자 리에서 일상을 유지하며 평범한 삶을 살다 간 인물들'이 기록되어 있다. 물 론 에녹과 라멕 그리고 노아를 제외하고는 그들의 신앙이 어느 정도였는지 는 성경에 직접적인 기록이 없으니 알 수 없다. 다만 우리가 알 수 있는 것 은 이것이다. 어찌 되었든, 이들을 통하여 '여호와 하나님을 아는 신앙'이 내 려왔다. 그리고 이들의 족보를 통하여 우리 주 예수 그리스도께서 이 땅에 오셨다. 하나님의 구원이 이들을 통하여 이 땅에 임(臨)했다.

　그렇다면, 우리 삶에 있어서 가장 중요한 '소명(召命)'이 무엇인지 분명해 진다. 우리 삶에 있어서 가장 중요한 '소명(召命)'은 '믿음의 대'를 이어가는 것이다. 믿음의 '다음 세대'[89]를 키워내는 것이다.

---

89 "[8]여호와의 종 눈의 아들 여호수아가 백십 세에 죽으매 [9]무리가 그의 기업의 경내 에브라임 산 지 가아스 산 북쪽 딤낫 헤레스에 장사하였고 [10]그 세대의 사람도 다 그 조상들에게로 돌아갔 고 그 후에 일어난 다른 세대는 여호와를 알지 못하며 여호와께서 이스라엘을 위하여 행하신

그런 의미에서 '아브라함의 조카, 롯' 두 번째 설교에서 했던 말을 이번 단원 초반에 인용한 것이다. ['맹모삼천지교(孟母三遷之敎)'는 다 아는 '고사(古事)'일 것이다. 나중에 졸업하고 나면 알게 되겠지만, 우리 CMF 지체들이 경제력을 가진 뒤에 이사 가는 곳은 대부분의 경우 정해져 있다. 그 도시의 의사들이 모여 사는 아파트촌과 학군(學群)은 정해져 있다. 그런데 생각해볼 일이다. 그 도시의 의사들이 모여 사는 지역에서 오가는 말과 문화는 어떠할까? 어떤 가치관이 자라나는 자녀들 사이에 오갈까? 과연 성경적인 이야기가 오갈까?]

위에 인용한 문단 중 핵심은 **"어떤 가치관이 자라나는 자녀들 사이에 오갈까?"**이다. 최근 몇 세기 동안 심리학계의 중요한 질문은 이것이었다. "사람의 인격은 어떻게 형성되는가?" "인간의 성격[90]은 어떻게 만들어지는가?" 그리고 이에 대한 대답은 이렇게 정리되었다. "사람의 인격은 유전과 환경이 만나 형성된다." 한 사람의 인격이 만들어지는 데 '유전과 환경'이 중요한 요소라는 주장에 반박할 사람은 없으리라 믿는다. 우리는 직관적으로 그리고 경험을 통해서 혹은 상상을 통해서도 한 사람의 인격이 만들어지는 데 '유전과 환경'이 영향을 준다는 사실을 알 수 있다.

물론 어떤 학자들은 유전이 환경보다 많은 영향을 끼친다고 주장한다.

일도 알지 못하였더라"(사사기 2:8-10).: 성경에서는 '믿음의 대물림'이 실패한 경우, '다음 세대' 대신 '다른 세대'라는 표현을 쓴다.
90 인성(人性)

어떤 학자들은 환경이 유전보다 중요하다고 말한다. 그러나 어느 쪽 주장을 따르든지 상관없이, 부모로부터 물려받은 유전은 이미 정해진 것이다.[91] 즉 우리가 어찌할 수 없는 영역이다. 그런 점에서, 지난 세기 심리학의 관심은 **'환경'**에 집중되었다. 어떤 환경이 자라나는 아이에게 '결정적인 영향'을 주는 것일까? 어떻게 해야 아이가 건강하고 책임감 있는 사회 구성원으로 성장하는 것일까?

여기에서 나온 이론이 바로 **'양육 가설'**이다. 쉽게 말하면 이와 같다. 누구나 알 수 있듯이 어린 시절 엄마[92]는 아이의 전부다. 즉 젖먹이 시절 엄마는 '아이의 모든 환경'이다. 그런 점에서 '육아(育兒)의 중요성'이 주목받게 되었다. 같은 맥락으로 아이가 잘못 성장하는 경우 모든 비난이 그 아이의 부모에게 집중되었다. '아브라함의 조카, 롯'의 첫 번째 두 번째 세 번째 설교문 가운데도 이러한 뉘앙스가 가득했다. "도대체 롯은 무엇을 잘못했기에 그의 아내와 두 딸이 그 모양이 된 것일까? 도대체 롯은 어떤 삶을 살았기에 그의 후손인 모압과 암몬이 저주받은 족속이 되었을까?"

더군다나 지난 단원 마지막 부분에서는 이렇게 말했다. ['아브라함의 조카, 롯' 설교문을 시작할 때 언급했듯이, 롯의 인생은 "어떤 삶을 살면 의인

---

91 그러한 이유로 유전을 '이중(二重) 환경'이라고 말하기도 한다. 모두가 쉽게 이해할 것이다. 우리에게는 이런 속담이 있다. "아롱이에게서 아롱이가 태어나고, 다롱이에게서 다롱이가 태어난다." 그리고 특별한 사정이 없다면, 아롱이에게서 태어난 아롱이는 아롱이가 제공한 환경에서 자라며, 다롱이에게서 태어난 다롱이는 다롱이가 제공한 환경에서 자라게 마련이다.

92 반드시 엄마일 필요는 없다. 아이의 '일차적 양육'을 책임진 양육자를 '엄마'라고 표현한 것일 뿐이다. '소아정신과'에서는 '엄마'보다는 'Primary Caretaker'라는 표현을 쓴다.

(義人)의 자식들이 하나님의 원수가 되는가?"에 대한 이야기다. 그리고 이 설교문을 미리 읽어보신 어느 목사님의 말씀대로 어쩌면 롯의 인생은 지금 한국 교회 성도들의 일반적인 모습일지도 모른다. 믿는 부모님 밑에서 자라는 자식들이 그들의 부모에게서 가장 많이 듣는 말은 무엇일까? 과연 몇이나 "예수 잘 믿어야 한다. 성경 읽어라"는 말을 듣고 자랄까? 그런 말을 듣고 자란다 할지라도, 그중에 몇이나 '신앙을 위해 손해 보는 선택'을 하는 부모의 모습을 볼까? 나는 20년 가까운 CMF간사 생활 동안 의사 아들을 둔 목사님과 장로님 그리고 권사님들이 의사 아닌 사람과 결혼하겠다는 자녀에게 성경적인 이야기를 하는 경우를 거의 보지 못했다. 자녀의 결혼 과정에서 성경에서 말하는 대로 하는 분을 '거의' 보지 못했다. 그분들은 대부분 말이 아닌 행동으로 '소금 기둥'을 사랑했다.] 즉 이번 단원은 앞에서 언급되었던 이러한 내용을 보강하기 위해서 썼다. 오해를 줄이고 실생활에 적용하는 것을 돕기 위해 썼다.

바로 앞에서도 언급했듯이, 사람의 인격을 만드는 데는 '유전과 환경'이 작용한다. 그리고 지난 세기 많은 학자들은 두 요소 중 '변화시킬 수 없는 유전'을 제외한 '환경'에 관심을 집중했다. 이미 주어진 '유전'을 바꾸는 것은 불가능하니, '우리의 능력과 노력으로 **바꿀 수 있을 것 같은 환경**'에 집중하겠다는 시도였다. 그 과정에서 주요하게 부각(浮刻)된 지점이 바로 '양육(養育)'이다. 쉽게 말해 좋은 양육 환경을 제공하는 훌륭한 부모 밑에서는 훌륭한 인격을 가진 아이들이 성장하고, 그렇지 못한 부모 밑에서는 사회에 해악(害惡)을 끼치는 아이들이 성장한다는 가설이 성립되었다. 그 결과 사회에 해악을 끼친 범죄에 대한 '책임자(責任者)들'을 쉽게 지목할 수 있게 되었다. 사회에 해악을 끼진 범죄자의 부모는 '죄인(罪人)'이 되었다. 동시에 훌륭한 인물의 부모에게는 찬사(讚辭)가 이어졌다. 이것이 바로 '양육 가설'[93]이다.

그런데 한 아이가 성인으로 성장하는 과정에서 만나게 되는 모든 환경을 우리의 능력과 노력으로 통제할 수 있을까?

물론 젖먹이 시절 엄마는 아이의 전부다. 엄마는 젖먹이 아이의 모든 환경이다. 하지만 아이는 두세 살만 되어도 같은 또래의 아이를 만나는 경우, 엄마보다는 또래 아이들과 논다. 아이들은 아이들끼리 의사소통하지, 그 옆에 있는 엄마와 소통하지 않는다. 이런 현상은 또래 아이가 있는 옆집에 아이를 데리고 놀러 가보면 바로 경험할 수 있는 일이다. 이 말에 "그래도 제 아이는 다른 아이들과 놀면서도 자꾸 엄마를 뒤돌아보는데요?"라고 반문(反問)하는 엄마들이 있다. 반문(反問)하는 엄마에게는 서운하게 들릴 수 있으나, 아이의 이러한 행동은 엄마와 의사소통하기 위해서가 아니다. 엄마와 노는 것이 옆집 아이와 노는 것보다 재미있어서가 아니다. 이때 아이는 '베이스캠프(Base Camp)'로서의 엄마가 자신을 잘 지켜보고 있나를 확인하기 위한 행동을 하는 것이다. 새 차를 산 사람이 내 차가 잘 있나 확인하기 위해 자꾸 창문 밖으로 눈길이 가는 것과 같은 맥락의 행동이다.

93　참고도서, 『양육 가설』(주디스 리치 해리스, 최수근 역, 도서출판 이김)

아이는 엄마만 존재할 때는 엄마와 의사소통하지만, 같은 또래가 나타나면 바로 엄마를 버리고 자신의 또래와 노는 것을 좋아한다. 이러한 사실을 서운해 할 필요는 없다. 엄마 또한 마찬가지이지 않은가? 하루종일 소위(所謂) '독박육아(?)'에 시달린 엄마가 남편의 퇴근을 기다리듯이, 아이 또한 선택할 수만 있다면 또래를 자신의 환경으로 선호(選好)하게 마련이다. 아이를 키우는 '여자 의사들'이 병원에 쉬러 나온다는 말은 농담처럼 들리지만 사실이다. 엄연한 현실이다. 엄마 또한 자신의 또래와 지내는 것이 편하고 재미있지 않은가? 그런 점에서, 사람의 인격에 가장 큰 영향을 주는 환경은 '또래 집단'이다.

이 지점에서 적지 않은 사람들은 '맹모삼천지교(孟母三遷之敎)'를 떠올릴 것이다. 그래서 교육환경이 좋은 대치동(?) 같은 곳으로 이사 가야 하는 것이라고 생각할 수도 있다. 공부를 잘하는 아이들이 많은 곳이 좋은 환경이라고 생각할 것이다. 물론 '할렘가나 슬럼가'가 존재하는 미국과 같은 곳에서는 어느 정도 타당한 생각이다. 하지만 우리 대한민국에서는? 내 대답은 '글쎄'다.

문제는 아무리 교육환경이 좋은 곳으로 이사 간다 한들 한 아이에게 결정적으로 영향을 주는 환경은 의외로 '작은 단위'라는 점이다. 나는 1991년 걸프전에 참전했었다. 참전하기 전 '논산훈련소와 육군화학학교 그리고 특전사 사령부'를 포함하여 6개월 가까운 군사훈련을 받았다. 특별히 화학병과로서 화학탄이 터지는 경우 '공기의 흐름'을 공부했었다. 우리 대한민국을 기준으로 이야기하면 이와 같다. 한반도는 겨울에는 '차갑고 건조한 북서풍', 여름에는 '덥고 습한 남동풍'이 부는 곳이다. 하지만 그것은 어디까지나 한반도를 거시적(巨視的)으로 볼 때 그렇다는 이야기다. 우리가 서 있는 지상으로부터 수백 미터 상공에서 그렇다는 이야기다. 우리가 사는 곳으로부터 수백 미터 떨어진 상공에서 겨울에는 북서풍이 여름에는 남동풍이 불 뿐이다. 그런데 생각해보라. 우리는 지상으로부터 수백 미터 상공에 흐르는 공기를 호흡하지는 않는다. 우리가 호흡하는 공기는 수백 미터 상공에서 어느 산맥에 부딪혀 방향이 바뀐 지상(地上)의 공기일 수밖에 없다. 이러한 기상을 '작을 미(微)'자를 붙여 '미기상(微氣象)'이라고 부른다. 그러한 이유로 화학탄이 터지는 경우, 바로 이 '미기상(微氣象)'이 중요하다. 겨울에 화학탄이 터졌으니 독가스가 북서쪽으로부터 남동쪽으로 퍼질 것이라는 생각은 큰 낭패를 부를 수 있다. 오히려 우리가 직면하는 바람의 방향은 그 반대인 경우가 많은 것이 현실이다.

마찬가지다. 교육환경이 좋은 곳에서 자라는 것은 좋은 일이다. 아무리 강조해도 지나치지 않은 부분이다. 그러나 아이에게 실제 영향을 주는 환경은 그 아이가 어울리는 '대여섯 명의 또래 집단'이다. 거기에 더해, 아무리 그 또래 집단이 서로 친밀해 보인다 하더라도 그 또래 집단 안에서 각자의 아이가 처한 위치는 각자 다를 수밖에 없다. 다섯 명이 어울리는 또래 집단에서 내 아이가 지구를 지키는 '독수리 오형제(?)'의 일원(一員)인 경우는 당연히 긍정적인 환경이 맞다. 조금은 모자란(?) 집단일지라도, 내 아이가 그 집단의 '리더(leader)'라면 의외로 나쁘지 않다. 그러나 만에 하나 내 아이가 '사형제와 빵셔틀(?) 한 명' 중 한 명이 되는 경우는 어떻게 될까? 아무리 교육환경이 좋은 동네라 하더라도 그 환경은 치명적일수 밖에 없다. 그러니 이미 주어진 유전을 바꾸는 것은 불가능하니 '우리의 능력과 노력으로 바꿀 수 있을 것 같은 환경'에 집중하겠다는 시도는 실제 적용단계에 오면 한계(限界)를 가질 수밖에 없다.

여기에서도 우리는 '그가 죽으면 세상에 심판이 온다!'라는 뜻의 므두셀라를 낳은 후 하나님과 동행했던 에녹을 기억하게 된다. 무한(無限)하신 하나님 앞에 설 때, 비로소 우리는 우리의 '유한(有限)'함을 자각(自覺)하게 된다. 피조물(被造物)로서의 우리의 한계를 깨닫게 된다. 그리하여 우리의 '바른 자리'를 기억하게 된다. 유전뿐 아니다. 많은 심리학자들이 우리의 능력과 노력으로 바꿀 수 있다고 생각했던 '환경'마저 '하나님의 은혜'가 아니고서는 희망이 없다. 20년 가까운 CMF 간사생활 동안 나는 자신의 아이에 대해 전지전능(全知全能)한 하나님이 되고 싶은 엄마들을 적지 않게 만났다.

그러면 우리는 모든 것을 포기하고 하나님의 처분과 은혜만 기대해야 하는 존재인가? 그렇지 않다. "우리 주 예수 그리스도는 부활하신 뒤 왜 승천하셨을까? 이 땅에 그대로 계셨다면 이단도 존재하지 않았을 것이고, 교회 내의 분쟁이나 분리도 없었을 텐데 말이다." 이것이 바로 '하나님 나라'를 이루어가시는 '하나님의 방식'이다. '하나님의 디자인(design)'이며 '하나님의 계획'이다. 하나님께서는 '하나님의 사람'을 통해서 '하나님의 나라'를 이루어가신다. 즉 하나님께서는 우리를 통해서만 '하나님 나라'를 완성 시키기로 하셨다. 서툴고 어쭙잖은 우리를 동역자 삼으셔서 '하나님 나라'를 완성 시키기로 하셨다. 그리고 그 과정에서 예수님께서 승천하셔서 보내주시는 영,

그때부터 '예수의 영'이라고 불리우는 '성령 하나님의 내주(內住)하심'을 통하여 우리와 함께하시기로 하셨다.

그러므로 이러한 문제 제기는 정당하다. 한 사람의 인격을 만드는 데 영향을 주는 '환경'은 구체적으로 무엇일까? '아브라함의 조카, 롯'을 살펴보는 가운데, 우리가 나누었던 내용은 "어떻게 경건하고 의로운 롯의 두 딸이 소돔의 여인이 되었는가?"이다. 동시에 이러한 문제 제기는 "우리는 자녀를 양육하는 데 있어서 어떤 점을 조심해야 하는가?"를 의미한다.

그런데 나는 '아브라함의 조카, 롯' 두 번째 설교에서 **"그 도시의 의사들이 모여 사는 아파트촌과 학군(學群)에 사는 부모와 자녀 사이에는 어떤 가치관이 오갈까?"**라고 하지 않았다. **"어떤 가치관이 자라나는 자녀들 사이에 오갈까?"**라고 했다. 여기에 답이 있다.

여기에서 한 가지를 짚고 넘어가고 싶은 부분이 있다. "그 도시의 의사들이 모여 사는 아파트촌과 학군에 사는 부모가 자녀에게 성경적인 바른말(?)을 한다 한들, 그 부모가 신앙을 위해 손해를 감수하는 삶을 살지 않는 한 아무 의미가 없다. 자녀들은 그들 부모의 삶과 선택을 통한 가치관을 흡수할 뿐이다." 그리고 그렇게 그 지역 부모로부터 흡수된 가치관은 자라나는 자녀들 사이를 오가는 과정에서 증폭되게 마련이다. 이는 먹이사슬을 통해 중금속이 최종 포식자에게 축적되는 현상과도 같다.

어찌 되었든 이와 연관된 결론을 미리 이야기하자면, 롯의 최대 실수는 아브라함을 떠나 소돔에 간 것이었다. 아브라함을 떠나 약속의 땅을 벗어난 것이었다. 21세기 대한민국 '버전(version)'으로 이야기한다면, 교회를 떠나 세속적인 사람들 사이에서 자식을 키운 것이다. 여호와 앞에 악하며 큰 죄인들로 가득했던 소돔에서 롯의 딸들이 만났던 또래 집단은 어떠했을까?[94] 물론 앞에서도 설명했지만, 좋은 환경에 갔다 한들 롯의 딸들이 그들의 또래 가운데 좋은 위치에 있었을지는 알 수 없다. 우리에게는 자녀가 실제 만나게 되는 환경을 조정할 수 있는 능력이 없다. 하지만 롯의 소돔 행(行)은 그의 딸들이 좋은 또래를 만날 기회 자체를 없애버린 선택이었다. 그의 딸들이 또래 집단 내에서 좋은 위치를 차지할 수 있는 가능성을 싹부터 잘라버린 행동이었다. 소돔에서 그의 딸들이 하나님의 사람으로 자라나기를 바란다는 것은 정신없는 일이었다.[95] 더군다나 롯의 소돔 행(行)은 세상을 향한 '하나님의 복의 통로'인 아브라함을 떠난 어리석은 선택이었다.[96]

그런 점에서 우리가 기억해야 할 지점은 바로 이것이다. 세상을 살다 보면 '뭔지는 모르겠는데, 분명히 하나님께서 저 사람과 함께하신다'라는 느낌이 오는 사람이 있을 것이다. 오랜 시간을 볼 경우, 그런 사람을 못 알아보는 것도 힘들다. 멀리 있거나 오래 사귀지 않은 경우는 몰라도, 가까이서 오래 사귀고 나서도 그런 사람을 못 알아볼 수는 없는 일이다. 그런 사람이 주위에서 발견된다면, 그와 함께하시는 하나님을 나도 만나려 노력하는 것이

---

94 "소돔 사람은 여호와 앞에 악하며 큰 죄인이었더라"(창세기 13:13).
95 "누가 깨끗한 것을 더러운 것 가운데에서 낼 수 있으리이까 하나도 없나이다"(욥기 14:4).
96 "²내가 너로 큰 민족을 이루고 네게 복을 주어 네 이름을 창대하게 하리니 너는 복이 될지라 ³너를 축복하는 자에게는 내가 복을 내리고 너를 저주하는 자에게는 내가 저주하리니 땅의 모든 족속이 너로 말미암아 복을 얻을 것이라 하신지라"(창세기 12:2-3).

인생의 지혜다.

다시 한번 반복한다. 나는 '아브라함의 조카, 롯' 두 번째 설교에서 **"그 도시의 의사들이 모여 사는 아파트촌과 학군(學群)에 사는 부모와 자녀 사이에는 어떤 가치관이 오갈까?"**라고 하지 않았다. **"어떤 가치관이 자라나는 자녀들 사이에 오갈까?"**라고 했다. 물론 부모와 자녀 사이에 오가는 가치관이 중요하지 않다는 말이 아니다. **부모보다는 또래 집단이 자녀에게 더 많은 영향을 준다는 이야기는 하는 것이다.** 여기에 답이 있다. 또한, 부모가 선택한 지역의 문화와 가치관은 그 부모를 닮게 마련이다. 그러니 자녀들이 만나는 또래 집단 또한 그 부모와 닮은 아이들일 확률이 높다. 이것이 치명적이다. 동시에 사람의 인생과 그가 만나게 되는 환경은 그렇게 간단하지 않다. 우리가 이러한 다양한 변수를 볼 수 있다면, 우리의 신앙을 자녀에게 대물림하는 데 많은 유익이 있을 것이다.

이것을 이해하면, 왜 '모세의 손자 요나단'이 그의 할아버지의 신앙을 따르지 않았는지 설명할 수 있게 될 것이다.[97] 이것을 이해하면, 왜 다윗에게 기름을 부은 '사무엘의 아들들'이 그 아비의 신앙을 따르지 않았는지 짐작할 수 있게 될 것이다.[98] 이것을 이해하면, 왜 '다윗의 아들인 솔로몬'이 그 아비

---

97 "단 자손이 자기들을 위하여 그 새긴 신상을 세웠고 **모세의 손자요 게르솜의 아들인 요나단**과 그의 자손은 단 지파의 제사장이 되어 그 땅 백성이 사로잡히는 날까지 이르렀더라"(사사기 18:30).

98 "¹사무엘이 늙으매 그의 아들들을 이스라엘 사사로 삼으니 ²장자의 이름은 요엘이요 차자의 이름은 아비야라 그들이 브엘세바에서 사사가 되니라 ³**그의 아들들이 자기 아버지의 행위를 따**

의 신앙을 따르지 않았는지 깨닫게 될 것이다.[99]

　　한 사람의 인격이 만들어지는 데는 분명히 '유전과 환경'이 영향을 준다. 물론 "하나님의 은혜가 가장 먼저잖아요"라고 한다면 할 말은 없다. 하지만 지금 하려는 이야기는 그런 흐름이 아니라는 것 정도는 이해하리라 믿는다. 게다가 "하나님의 은혜가 가장 먼저잖아요"라는 주장은 맞는 말이지만, 동시에 '무책임한 동시에 위험한 말'이기도 하다.

　　미혹하는 자가 세상에 많이 나왔나니 이는 **예수 그리스도께서 육체로 오심을 부인하는 자라** 이런 자가 미혹하는 자요 적그리스도니(요한2서 1:7)

르지 아니하고 이익을 따라 뇌물을 받고 판결을 굽게 하니라 ⁴이스라엘 모든 장로가 모여 라마에 있는 사무엘에게 나아가서 ⁵그에게 이르되 보소서 당신은 늙고 당신의 아들들은 당신의 행위를 따르지 아니하니 모든 나라와 같이 우리에게 왕을 세워 우리를 다스리게 하소서 한지라"(사무엘상 8:1-5).

99 "⁶솔로몬이 여호와의 눈앞에서 악을 행하여 그의 아버지 다윗이 여호와를 온전히 따름 같이 따르지 아니하고 ⁷모압의 가증한 그모스를 위하여 예루살렘 앞 산에 산당을 지었고 또 암몬 자손의 가증한 몰록을 위하여 그와 같이 하였으며 ⁸그가 또 그의 이방 여인들을 위하여 다 그와 같이 한지라 그들이 자기의 신들에게 분향하며 제사하였더라 ⁹솔로몬이 마음을 돌려 이스라엘의 하나님 여호와를 떠나므로 여호와께서 그에게 진노하시니라 **여호와께서 일찍이 두 번이나 그에게 나타나시고** ¹⁰이 일에 대하여 명령하사 다른 신을 따르지 말라 하셨으나 그가 여호와의 명령을 지키지 않았으므로 ¹¹여호와께서 솔로몬에게 말씀하시되 네게 이러한 일이 있었고 또 네가 내 언약과 내가 네게 명령한 법도를 지키지 아니하였으니 내가 반드시 이 나라를 네게서 빼앗아 네 신하에게 주리라 ¹²그러나 네 아버지 다윗을 위하여 네 세대에는 이 일을 행하지 아니하고 네 아들의 손에서 빼앗으려니와 ¹³오직 내가 이 나라를 다 빼앗지 아니하고 내 종 다윗과 내가 택한 예루살렘을 위하여 한 지파를 네 아들에게 주리라 하셨더라"(열왕기상 11:6-13).

우리는 '영'이신 성자 하나님께서 우리를 구원하시기 위하여 우리의 '육체'를 입고 세상에 오셨음을 기억해야 한다. 하나님은 우리를 시공간(時空間) 안에 창조하셨으며 당신이 창조하신 시공간(時空間) 안에 직접 오셨다. 즉 우리는 하나님께서 창조하신 시공간(時空間)을 통하여 무언가를 경험하고 배우는 동시에 성숙해가는 존재다. 특별히 위에 인용한 요한2서는 '영지주의(靈知主義)' 이단을 경계하기 위해 쓰여진 성경이다. 최초의 이단으로 알려진 '영지주의(靈知主義)'는 '영적인 지식'을 통해서만 구원받을 수 있다는 이단으로, 모든 것을 영적인 것으로만 해석하는 특징을 가진다.

그런 점에서 '한 사람의 인격이 만들어지는 시공간(時空間) 가운데 어떤 요소가 영향을 주는가?'라는 질문은 정당하다. 우선 한 사람의 인격이 만들어지는 요소로 '유전과 환경'을 꼽는 데는 이견이 없을 것이다. 그리고 왜 우리는 한 사람의 인격이 만들어지는 데 '환경'을 살펴야 하는지도 이해했을 것이다.

그런 점에서 성경인물 설교는 우리의 신앙생활에 정말 많은 유익이 있다. 앞에서 언급했듯이, 하나님은 우리를 시공간(時空間) 안에 창조하셨다. 우리는 하나님께서 우리에게 허락하신 시공간을 통해서 배우고 성숙해가는 존재다. 즉 우리는 우리 자신과 우리 주변 인생들을 통해 배우고 성숙해가는 존재다. 그런데 하나님께서 우리에게 주신 성경에도 이러한 인생들이 가득히 담겨 있다. 즉 성경인물 설교는 성경에 담긴 이러한 실례(實例)를 캐내는 작업이다. 특별히 이번 책에서는 '솔로몬의 어머니 밧세바와 아브라함의 조카 롯'의 인생을 통하여 '믿음의 다음 세대'를 위한 교훈을 캐냈다.

우리 한국 교회의 젊은 세대에게 성경을 읽히고 싶어 시작한 성경인물 설교였다. 익숙한 친구가 있는 모임에는 발길이 가는 것이 사람이다. 마찬가지로, 성경에 기록된 인물들이 지금의 젊은 세대들에게 친숙한 사람들이 되기를 바라는 마음에서 시작한 성경인물 설교였다. 그렇게 시작한 성경인물 설교가 해를 거듭해 가면서 가장 먼저 설교자인 내 자신을 변화시켰다. 인생을 보는 눈이 깊어졌다. 인생의 아픔과 고난 그리고 기쁨을 바라보는 눈이 깊어졌다. 무엇보다도 여유가 생겼다. 나를 붙들고 계신 하나님의 따뜻한 손이 더 분명하게 보이기 시작했기 때문이다. 그리고 이제는 성경에 기록된 믿음의 선배들의 인생들이 남의 이야기가 아닌 우리네 이야기로 다가오기 시작했다. 그 인생들이 나를 지혜롭게 함을 깨닫는다. 동시에 인생의 한계를 처절히 절감하게 되었다. 이 모든 것이 나를 겸손하게 만든다. 이 모든 것이 나로 하여금 우리 주 예수 그리스도의 십자가 앞에 무릎 꿇게 만든다.

어느 순간부터인가 성경 66권에 나오는 인물 전체를 다루고 싶다는 소망이 생겼다. 오직 하나님의 은혜로 이 여정(旅程)을 잘 마무리할 수 있기를 기도한다. 이 책을 읽는 독자들에게도 인생을 배우고 하나님의 사람으로 성숙해가는 동일한 하나님의 은혜가 함께하시길 기도하며 이 책을 마친다.